肩水金關漢簡字形編

第壹冊

黄艷萍　張再興　編著

學苑出版社

教育部人文社會科學重點研究基地重大項目

秦漢出土實物文字數據庫語料深加工研究

（16JJD740011）成果

教育部人文社會科學青年項目
基於數據庫建設的西北屯戍漢簡分類整理與研究（18YJC770009）

凡例

一、本字形編收錄字形來源於中西書局2011年至2016年出版的五卷《肩水金關漢簡》中冊的紅外線掃描圖版。《肩水金關漢簡》文獻總字形135611個，本字形編選收68811個。

二、本字形編收錄字頭2202個，合文13個，未釋字43個。

三、正文各字頭下包括隸定字頭、《說文》正篆字形、肩水金關漢簡字形三個部份。《說文》重文與金關簡字形相合者，皆有按語。

四、字頭按大徐本《說文》部首排序，分爲十四卷。見於《說文》的字頭按照《說文》爲序，不見於《說文》的字頭歸入相應的《說文》之部首，按筆畫數由少到多順序排列，筆畫相同者按筆順排列。

五、歸字說明：單字字頭主要依據《肩水金關漢簡》整理釋文，釋文隸定有誤者以最新的考釋校訂意見爲準。

1.由於簡文用字量大，書寫情況複雜，純字形角度區分不僅處理難度大且不符合其用字實際。反復權衡利弊，以用法相同爲歸字的基本原則。

2.釋文中前後隸定不統一者，統一爲同一個隸定字，如：，釋文前後隸定作「冣」或「最」，統一隸定作「冣」。

3.異體字歸入同一個字頭，如構件「竹」訛作者：「節」寫作（T30:240）和（T30:033A）、「等」寫作（T31:149）和（T37:527）、「籍」寫作（T37:738A）和（T07:049）等，這類構件訛混字依據用法視爲異體字併入同一字頭。

4.通假字一律歸於本字下，不另括注說明。

5.肩水金關漢簡中文字形體的書寫訛變普遍存在，訛變之後常與別的字形同形。這種形近訛混字根據其用法歸入相應字頭，容易引起誤會的字加按語說明。如「粟」與「栗」、「梁」與「粱」等。

6.幾個特殊處理的字：

（1）「轢得」的「轢」字，金關簡中有13例省右邊構件「樂」作（F3:314），F3:314簡

文爲「角（觻）得千秋里王放，年三十五」。而金關簡中也有16例「角」字。爲了避免與這16例「角」字混淆，依據語境及用法將這13例「觻」省的形體歸入「觻」字頭。

（2）「居攝」的「攝」字，金關簡中有12例作「攝」，21例省寫作「聑」。由於金關簡中沒有其他意義的「聑」字，不至於引起混淆，因此爲了字形的清晰，這21例省寫的形體獨立作「聑」。

（3）「烽燧」的「燧」字，金關簡中有59例省寫作「隊」。同樣由於金關簡中沒有其他意義的「隊」字，所以這59例省寫的形體獨立作「隊」。

六、本字編盡可能全面地展現《肩水金關漢簡》的文字書寫面貌，提供盡量豐富的字形。但簡文殘損較多，字形殘損漶漫者眾，在切取字形時以清晰可識爲總原則，選收字形68811個，其約佔簡文總量的51%。

1.簡文中除圖畫、符號、殘泐嚴重字、漶漫不清字外，其他字形均按簡牘書寫原貌切字入編。字頻極低，甚至是孤例字者，爲照顧《肩水金關漢簡》單字頭的完整性，即便字形十分模糊或殘損嚴重亦選入。爲方便排版，經電腦處理，字形大小按原形長寬比例有適當的調整。

2.字形排序：本字編單字頭下未按字形形體差異分類排序，而以字形在簡牘中簡號順序排列。同一簡號中相同的字亦按出現的先後順序排列。

七、關於簡號簡稱，爲行文方便，前四卷簡號規律性強，省簡號前綴「73EJ」。分別以T、F、H開頭。如：73EJT1:1簡省作「T01:001」，73EJT37:100簡省作「T37:100」，73EJF1:1簡省作「F01:001」。第五卷的簡號較複雜，省簡容易混淆，故依原整理者的簡號錄入。

八、本書附錄《未收字出處索引》，列出由於字形模糊、殘缺等原因未在正編中收錄的66800個字形的出處簡號。此索引與文字編正編一起可以兼具逐字索引的功能，進一步增強本字形編的功能。由於篇幅所限，《未收字出處索引》以pdf格式電子文檔形式發佈在華東師範大學中國文字研究與應用中心網站（www.ecnu.edu.cn/qinhan/jinguan/fulu.htm）上，供讀者下載。

九、勘誤與根據學界最新研究成果所作的改釋校訂也將隨時在華東師範大學中國文字研究與應用中心網站（www.ecnu.edu.cn/qinhan/jinguan/fulu.htm）上發佈。

前言

肩水金關位於甘肅省金塔縣北部，是漢代張掖郡肩水都尉下轄的一個烽塞關城，作爲河西走廊進入居延地區的南北交通咽喉，是漢代重兵把守的一個重要關卡。肩水金關遺址的發掘主要分兩次，第一次是1930-1931年，以貝格曼爲首的瑞典科學家和中國科學家組成的西北科考團在肩水塞發掘出850餘枚簡牘，這批簡整理入「居延漢簡」出版。第二次是1972-1976年，甘肅居延考古隊對肩水金關遺址大規模發掘，獲得約11000枚漢代簡牘，這批簡牘也就是我們字形編的資料來源。

20世紀70年代出土的這批肩水金關漢簡（下文簡稱「金關簡」）由甘肅省簡牘保護中心、甘肅省文物考古研究所、甘肅省博物館、中國文化遺產研究院古文獻室、中國社會科學院簡帛研究中心共同負責整理主編，中西書局負責出版發行。2011年至2016年《肩水金關漢簡》分成五卷全部出版，每卷簡牘分上中下三册，上册爲彩色圖版，中册爲紅外線圖版，下册爲釋文。

金關簡保存了漢代的政治、經濟、軍事、外交、絲綢之路、民族關係、郵驛交通、科學文化、宗教信仰、社會生活等領域資料，被稱爲「漢代文庫」，真實地反映了當時西北邊境地區屯戍人員的日常生活，是研究漢代社會歷史文化的「活化石」，具有極高的學術研究價值。金關簡所涉及的豐富語料，具有重要的語言文字研究價值。金關簡出版以來，我們一直致力於金關簡的研究，這本字形編即是研究成果之一。

在整理金關簡文字時我們常常會遇到一些棘手的問題，處理起來左右爲難，這是由於金關簡文字的特殊性、複雜性決定的。特殊性在於它是民間書寫，書手爲屯戍人員，書寫內容包羅萬象。複雜性在於內容複雜和文字形態複雜。在編撰字形編的過程中，我們時常因爲這些複雜的文字形態要再三斟酌，即便如此，面對紛繁複雜的文字現象，字形編要找到一個能夠一以貫之的體例依然是很難的，很多時候衹能根據實際情況，採用一種我們認爲相對比較合理、也比較容易操作的處理方法。因此，這種處理方法有時並不一定能完全符合所有的文字現象。

字形複雜多變

金關簡中紀年簡、日期簡、曆譜簡共計約2235枚，其中原簡明確書有紀年的簡939枚，紀年簡中最早爲西漢武帝太初五年（73EJT4:107），最晚是東漢和帝元興元年（72EJC:77B），歷時205年。根據這些紀年簡、曆譜簡以及可考證的日期簡的時間分佈，大概可以推斷絕大部份簡文應該是書寫於西漢中晚期及新莽時期，書寫於東漢的簡牘應相對較少。因此，金關簡書寫時代延續較長，並非一時書寫之物。

西漢中晚期是文字發展由隸到真草的關鍵時期。金關簡呈現出的書體衆多，涵蓋了篆書、隸書、隸草、草書、楷書、行書六大類書體，其中隸書和隸草字體中還包含了古隸和草寫古隸。整體上呈現出隸書、隸草爲主，草書次之，篆書偶現，楷書和行書萌芽的書體格局，以及各簡之間甚至同一簡上書體變換靈活自然的書法特色。

金關簡書寫內容複雜多樣，按簡文性質和內容來看，主要包含了書檄記、簿籍、藝文、刺課符券、檢楬、其他等六大類。各類簡文的主要書寫書體有所不同，書體使用呈現出一定的傾向性。書檄、簿籍、藝文、檢楬、刺課符券等文書中均有隸書的使用，其中檢楬和藝文類簡牘基本以書寫工整的隸書爲主。根據我們的數據庫統計，隸書簡 4862 枚，約佔總簡文數的 40%。檢楬是提示説明的標題、封緘，字數較少，文字要求清晰易識，故書以標準的隸書。藝文類包括典籍、方技、小學習字等爲學習和使用類文書，亦要求書寫規整便於識讀。就隸書數量而言，書檄類和簿籍類的簡牘數量最多。隸草簡 5496 枚，約佔總簡數的 45%，是金關簡中使用最廣泛的書體，簿籍簡、書檄簡、刺課郵書簡等均大量使用隸草。隸草的廣泛使用與書寫的追求便捷密切相關。草書簡 683 枚，約佔總簡數的 5.6%，草書主要應用於書檄類文書，尤其是書信簡幾乎皆書草字，簡文裡草字書寫已經非常成熟。篆書簡 17 枚幾乎均是練習之作。楷書、行書尚處在萌芽發展階段，書體風格尚未完全形成，經我們初步統計這批簡文裡楷書、行書簡約 23 枚。

金關簡的書寫者多是當地的屯戍卒，書手數量眾多，文化程度參差不齊，書寫水平千差萬別，所書寫出來的字形自然也各具特色，姿態萬千。

以上種種使得金關簡的字形呈現出複雜多變的現象。這種複雜多變，使得字形編編纂過程中的字形取捨選擇成爲一件極其困難的事情。其實，金關簡中的每一個字形都有其獨特的認識價值。爲給讀者提供多書體、多寫手、多時期的豐富形體樣本，字形收錄時衹要是清晰完整的字形，本字形編基本都收錄其中，以避免主觀選擇帶來的缺憾。除此之外，還輔以未收字出處索引，爲學術界提供比較全面的字形數據。

同時，這種複雜多變不僅增加了文字釋讀方面的難度，尤其是有些與書體變化相關的疑難字詞釋讀，更爲重要的，是增加了字際關係確認的難度，而這一點正是字形編工具書需要著重考慮的問題。

字形訛混普遍

形近訛混是手寫文獻中比較普遍存在的現象，金關簡也不例外，甚至可以説表現得更加突出。金關簡是屯戍人員的日常生活書寫，記載內容繁雜，書寫名目繁多，而且對書寫沒有太多的規範或約束，這導致金關簡訛混字形更加豐富多樣。從訛混的層次來説，簡文裡的訛混包括構件上的訛混和整字的訛混同形，這些訛混大多因筆畫的簡省或訛變以及移位重組、書寫的草化而成，有的字則是因爲用法尚未發生分化而混用，如「巳與已」、「阜與早」等。從時間上來説，金關簡訛混字既有共時的訛混同形字，又有異時的訛混同形字。手書中訛混隨著書寫者不同和書體的變換具有偶然性和不確定性，但字形形體相近和書寫心理趨同使得在不同的時代某些構件或形近字的訛混有一定的歷史繼承。如秦文字中的形近訛混字延續到西漢中晚期的金關簡中的有：人與入、壬與王、日與白、支與丈、告與吉、和與私等字組。漢魏六朝碑刻中的訛混構件則大多承襲了西漢中晚期簡牘文字的訛混寫法。

金關簡裡訛混同形字隨處可見。最爲典型且具有系統性的構件混同例子是「艸」和「竹」的混同，許多理據上是从「竹」的構件都寫成了从「艸」的訛混同形構件。

此外許多字在書寫過程中也存在著或多或少的訛混同形情況。如：「送」字「辶」上楷書作「关」的部件一般寫作（T37:1315），上面兩點，中間兩横，一豎撇縱貫兩横，最後是右下一點。豎撇有時會寫得比較直，最後一點偶爾會省略，作（T23:635）、（T28:054），所从即與「半」同形。而最後一點偶爾也會寫成一豎，如（T10:227）、（T23:641），這樣所从就與「幷」同形了。

「秦」字一般作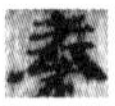（T37:1085），上面作三横。但三横時常會省略作一横，如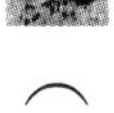（T06:093）、

（T10:314）、（T24:028）、（T30:184）、（T37:279B）。這種省略寫法在「奉」字中也時常出現，如（73EJD:358）、（F01:093A）、（T04:108B）、（T10:179）、（T23:574）、（T33:007B）、（T35:006）、（T37:1120）、（T37:1391）。「秦」字的這種省略寫法，容易和「奈」字產生同形。如（73EJD:16B）、（T21:213）、（T21:272）、（T23:068B）、（T37:024B）。

再如：「轢得」的「轢」字，符合結構理據的字形寫作（T24:022），簡文實際書寫中圍繞構件「樂」產生了多個訛變字形，其訛變的大致類型有以下五種：

一、上部的三個構件部份或全部用三角符號代替。如：（73EJC:609）、（T09:087）、（T24:384A）、（T30:157）。

二、上部簡寫成三個點。如：（T09:042）、（T23:773）、（T26:154）、（T37:622）。

也有三角與點並用的訛變，如：（T37:1333）字。三點偶爾會寫成四點，如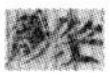（T37:1092）。

三、三點又省略作二點：如（73EJF3:462）、（73EJF3:538）。省略成兩點後有時形體與「米」相同：（T05:083）、（73EJD:210）、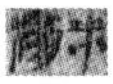（T24:099）、（T37:1154）。

四、上面兩點連寫成一條直線，這樣有時與「禾」同形，如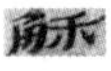（73EJC:300）、（73EJD:134）。或與「未」同形，如（T06:051）、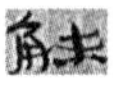（T06:083A）、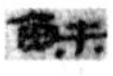（T37:759）。或與「示」同，如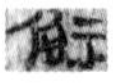（73EJC:311）、（T35:004）。

五、上面由兩點連寫形成的橫筆與下橫筆繼續連寫，則形成與簡化的「乐」字類似的寫法，如（73EJF3:376）、（T37:1061A）、（T37:1152）。

上述「鱳」字中構件「樂」的訛變過程，是一個草寫簡化的過程，從其字形變化來看似乎帶有一定的漸進性，至少可以說體現了一定的線性序列，「樂」上部構件先是草省成三點或兩點，點畫再連寫成橫筆或撇筆，從而產生簡化的「乐」字，構件「乐」再訛混作「示、未、禾」等形體。

在這些同形字的歸字原則上，顯然應該根據功能用法，而不僅局限於形體來歸字。因此用法相同是我們字形編的歸字和字形分析的總原則。但是，有些特殊訛混字的歸字原則很難兼顧到所有的字，如「粱」與「梁」，金關簡含「粱」或「梁」字的簡共計87枚，分別爲粱米的「粱」和表示姓氏侯國的「梁」。寫法有：（T37:550）、（T24:874）、（T05:014）、

（T04:153）、（T02:043）、（T01:161）、（T01:157）、（T01:137）、（T01:135）、（T01:134）、（T01:081）、（T01:075），它們或爲（粱）的訛混字形，「粱」的構件「米」上部點、撇筆畫連寫成橫訛混作「未」或「禾」。「粱」通假作「梁」，整理者據簡文語境直接隸定作「梁」。T29:13A 簡和 T27:6 簡中的，爲「粱」字，兩簡中上下語境爲「粱米」，整理釋文據語境直接隸定作「梁」。雖然「梁」和「粱」可以依據語音關係看作互爲通假字關係，但簡文中還有同樣訛混情況的「粟」與「栗」，「粟」有（T23:284）、（T10:081）、（T10:070）、（T24:016）等訛混字形，也就是「粟」的構件「米」多訛寫成「未、末、木、禾」等形近構件。當「粟」的構件「米」訛混成「木」時，字形與「栗」同形。「栗」簡文中用例衹有兩個，亦有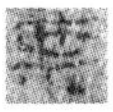（T14:022），構件「木」訛混成「禾」。分析字形時我們按照簡文中的語境處理，「梁」與「粱」字的構件「木」、「米」的訛混與「粟和栗」訛混情況相同，鑒於這樣相同的訛混現象，我們未將「粱」寫成「梁」的字看成通假字，而視作訛混字。

雖然傳統的訛混字處理是根據字形來歸字，但金關簡中的訛變情況實在太普遍，根據字形歸字操作難度很大，歸字結果也會很凌亂，且很難顧及全面。因此以用法和功能歸字，將不同語境下一些相同字形看作同形字，不失爲一種合理且具有可操作性的處理方法。

字形省寫常見

字形省寫包括筆畫省寫和構件省寫，筆畫省寫十分普遍，在這批簡文中字形的筆畫多一筆或少一筆顯得沒那麼重要。如73EJT37:529簡中「卌井塞尉」的「塞」字簡文寫作，至少省寫了二豎筆。「雒」的構件「隹」省寫第二個豎筆寫作（T37:1109）、「觻」的構件「角」省寫豎筆（T23:661）等。T23:928簡兩個表示「奉錢」的「奉」分別寫作和，第二個即省豎筆等。

構件省寫相對於筆畫省寫較少見一些，但也是金關簡書寫現象之一。如：觻得的「觻」字，396例作「觻」。實際書寫中「觻得」的「觻」字分別有省寫作「角」或「樂」的情況，其中省「樂」以「角」表示的有13例，如（F3:314），如F3:314簡文爲「角（觻）得千秋里王放，年三十五」，而金關簡中也有16例「角」字。爲了避免與這16例「角」字混淆，我們依據語

境及用法將這13例「觻」省寫的形體歸入「觻」字頭。「觻」字省「角」以「樂」表示的僅在金關簡見到4例，分別是73EJT24:248簡的「樂得廣昌里」作、73EJF1:30+28簡的「樂得廣昌里」作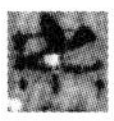、73EJF3:254的「樂得」作、73EJF3:178A「樂得丞印」作。金關簡中非「觻」字省寫的「樂」字235個，若按「角得」中「角」字的處理原則，「樂得」的「樂」字也可以放在「觻」字頭下。但由於「樂」是「觻」的聲符，「觻」寫作「樂」既可以看作是省寫，也可看成是「樂」借作「觻」。因此，爲避免一個字頭下出現太多迥異的字形，我們將「觻」字省作「樂」的寫法放在「樂」字頭下。

又如：「居攝」的「攝」字，金關簡中有12例作「攝」，21例省寫作「聑」。由於金關簡中沒有其他意義的「聑」字，不至於引起混淆，因此爲了區別字形將這21例省寫的形體獨立作「聑」。

顯然，上述的歸字處理方式，看似很不符合體例一致的原則。然而，針對上述金關簡中結構理據往往喪失的文字書寫狀態下所呈現出來的複雜且特殊的字形特征，體例的一致執行起來很困難，總是會顧此失彼，權宜和折衷是難免的。我們在處理理據與功能嚴重脱節的訛混、簡省等字形時採取的歸字總原則是功能爲主，形體爲輔。同時，用按語形式加以必要的説明，以便在一定程度上彌補形式上的缺憾。

金關簡的文字書寫現象遠非三言兩語能説明白，其錯綜複雜的字際關係有待結合其他同時代西北漢簡，甚至更廣闊時空背景下的文字材料進行更深入更系統的研究。同時，金關簡發表時間不久，一些字的識讀、簡的綴合等尚在學術界熱烈的討論過程中。目前在字形認識上的不足也需要在以後不斷吸收學術界最新研究成果的基礎上加以不斷的糾正和完善。

作　者　二〇一八年八月於江南大學

《肩水金關漢簡字形編》總目錄

《肩水金關漢簡字形編》正編目錄

卷一上

卷一下

卷二上

艸部

卷二下

卷三上

卷四上

卷五上

箕部

丌部

左部

工部

巫部

甘部

曰部

乃部

丂部

可部

兮部

卷六上

卷六下

卷七上

邑部

𨛜部

卷七下

卷八上

人部

卷八下

卷九上

卷九下

卷十上

廌部

鹿部

麤部

兔部

犬部

㹜部

卷十下

竝部
思部
心部

卷十一上

水部

卷十一下

卷十二上

拒（一八九四） 抻（一八九四） 掃（一八九四） 摸（一八九五）
擔（一八九五） 攔（一八九五）

卷十二下

女部

毋部

民部

丿部

卷十三上

素部

絲部

率部

虫部

卷十三下

卷十四上

金部

勺部

卷十四下

《肩水金關漢簡字形編》合文目錄

肩水金關漢簡字形編·卷一上

一

0001

T01:045

T01:103

T01:123

T01:170

T03:071

T03:094

T03:102

T04:064

T04:098B

T05:026

T06:019

T06:041A

T06:041A

T06:054

T07:005

T07:036

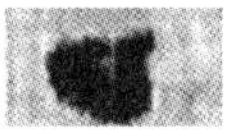
T07:036

T07:107B

T07:135

T08:008

T08:018

T08:054A

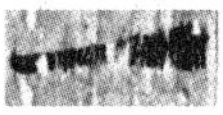
T08:067

T08:068

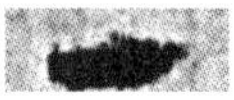
T08:068

T08:070

T08:076

T09:041

T09:046

T09:046

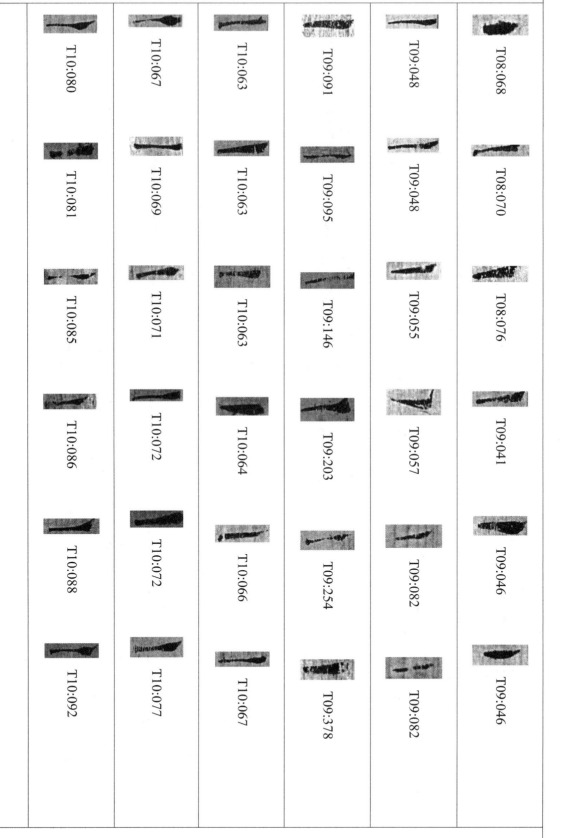

T09:048
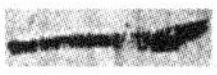
T09:048
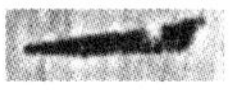
T09:055
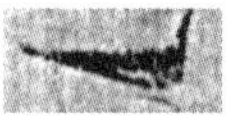
T09:057
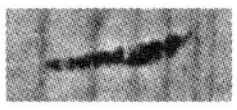
T09:082
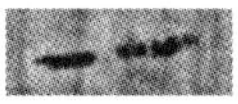
T09:082

T09:091

T09:095

T09:146
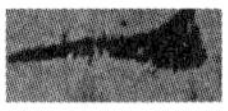
T09:203

T09:254

T09:378

T10:063

T10:063
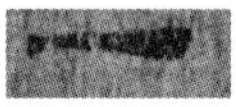
T10:063

T10:064

T10:066

T10:067

T10:067

T10:069
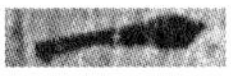
T10:071

T10:072

T10:072

T10:077

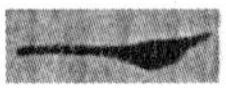
T10:080

T10:081

T10:085

T10:086

T10:088

T10:092

T10:093

T10:093

T10:095

T10:107
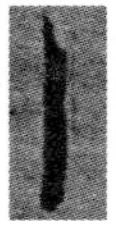
T10:116

T10:116

T10:124A
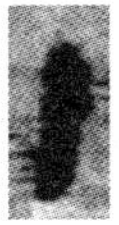
T10:126

T10:126

T10:131

T10:131

T10:133

T10:133

T10:134

T10:134

T10:151

T10:151

T10:162

T10:169

T10:170

T10:170

T10:171

T10:173

T10:180
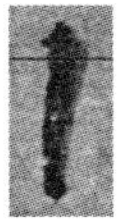
T10:239A
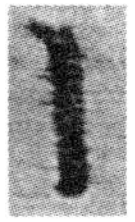
T10:269
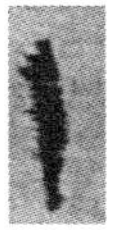
T10:269

T10:279

T10:279

T10:279

T10:280

T10:297

T10:297

T10:308

T10:308

T10:309

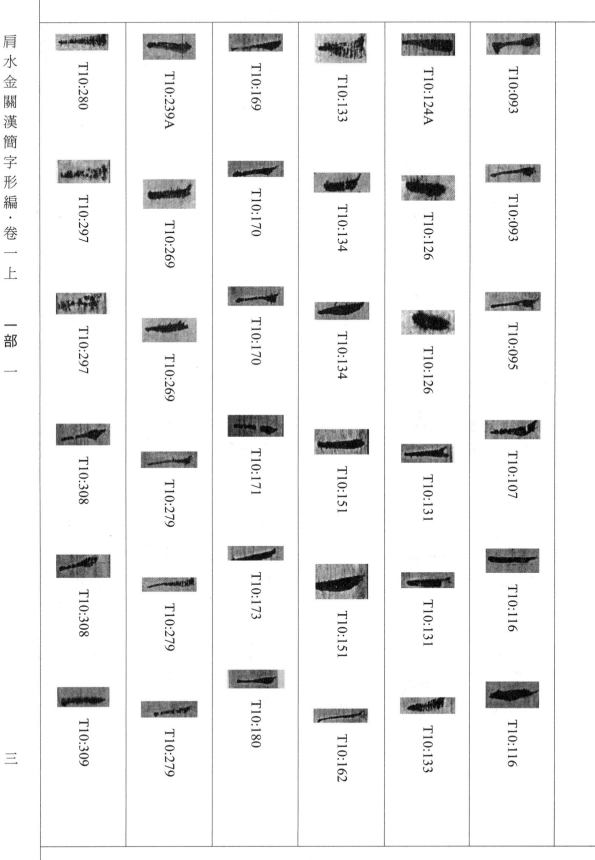

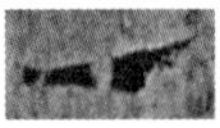
T10:316
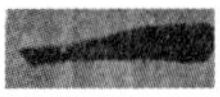
T10:319

T10:324A

T10:380

T10:380

T10:395

T10:416

T11:022

T14:009
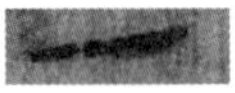
T14:009

T15:014

T21:016

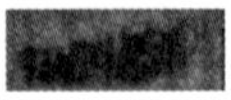
T21:024

T21:047
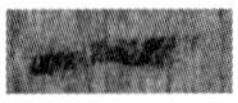
T21:052A
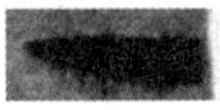
T21:084

T21:097

T21:112

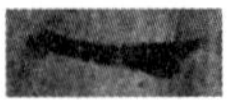
T21:124
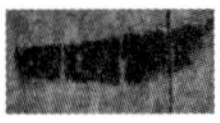
T21:131B

T21:142

T21:145
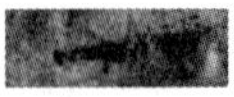
T21:156

T21:180

T21:201

T21:209
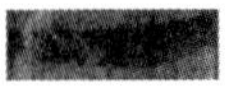
T21:211

T21:225

T21:226
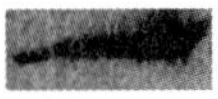
T21:226

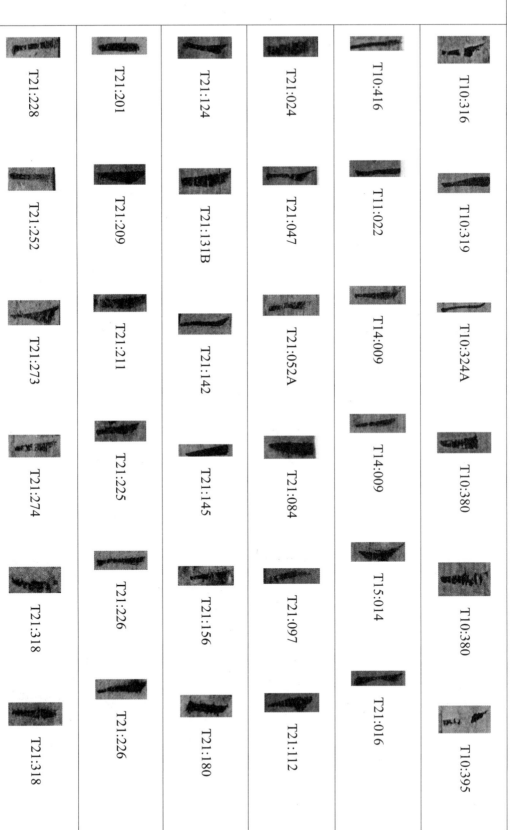

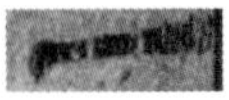
T21:228
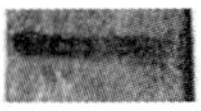
T21:252
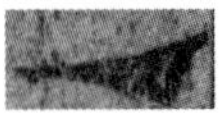
T21:273

T21:274
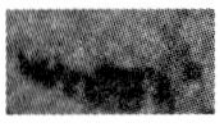
T21:318
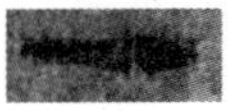
T21:318

 T21:326	 T21:368	 T21:381	 T21:407	 T21:407	 T21:409
 T21:420	 T21:443	 T21:444	 T21:458	 T21:464	 T22:001
 T22:007	 T22:015	 T22:024	 T22:030	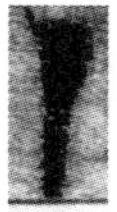 T22:032	 T22:033
 T22:060	 T22:091	 T22:091	 T22:111A	 T22:111A	 T22:121
 T22:124	 T22:153	 T23:039	 T23:044	 T23:131	 T23:131
 T23:145	 T23:145	 T23:145	 T23:145	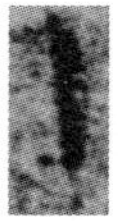 T23:292	 T23:303

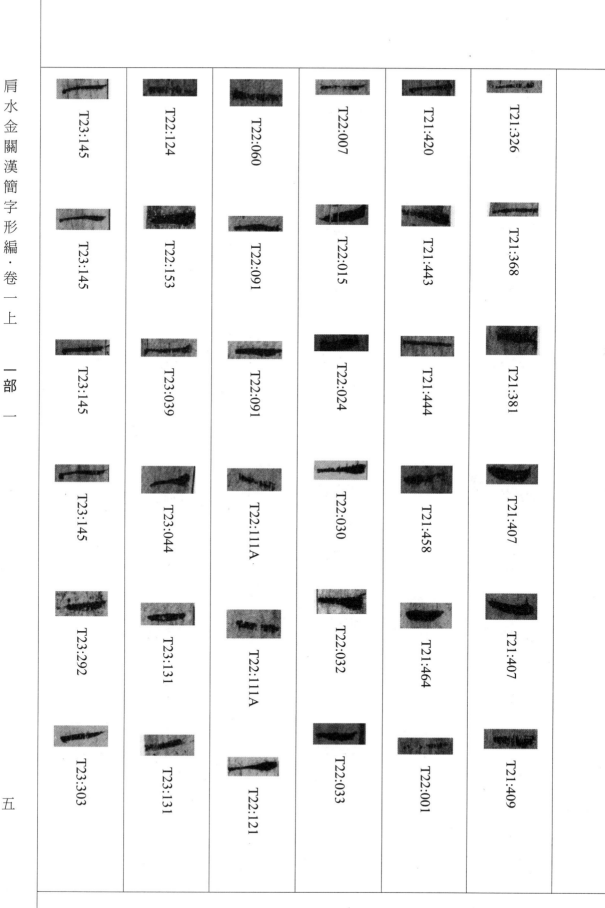

T23:303
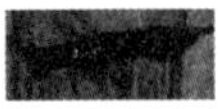
T23:311
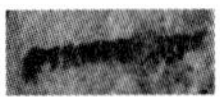
T23:329

T23:330

T23:350

T23:357
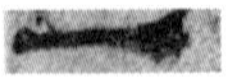
T23:389
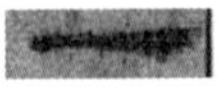
T23:404A
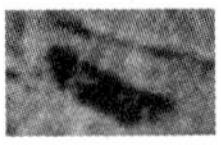
T23:496
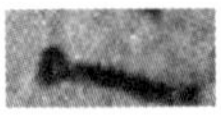
T23:506
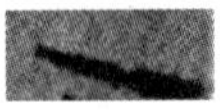
T23:506

T23:521

T23:566
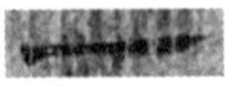
T23:623
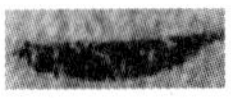
T23:634

T23:657
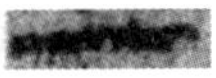
T23:660
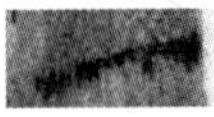
T23:663B
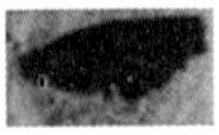
T23:765
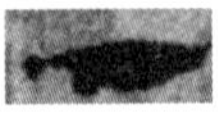
T23:765
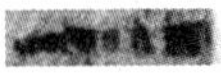
T23:770

T23:770
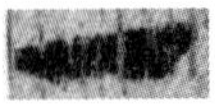
T23:774
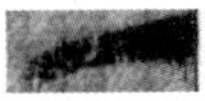
T23:775
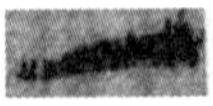
T23:775

T23:816

T23:823

T23:855A

T23:873
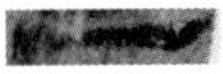
T23:873
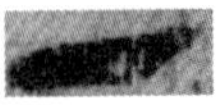
T23:897A

T23:905

T23:905
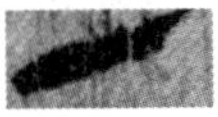
T23:906B
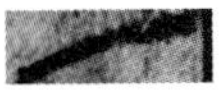
T23:906B

T23:924

 T23:925	 T23:933	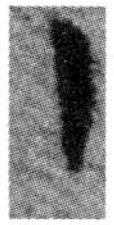 T23:933	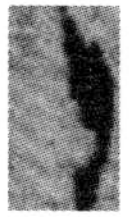 T23:933	 T23:933	 T23:933
 T23:933	 T23:933	 T23:933	 T23:934	 T23:937	 T23:938
 T23:963	 T23:964	 T23:965	 T23:968	 T23:969	 T23:973
 T23:973	 T23:975	 T24:012	 T24:015B	 T24:016	 T24:018
 T24:019	 T24:029	 T24:046	 T24:051	 T24:065A	 T24:065A
 T24:102	 T24:114	 T24:122	 T24:124	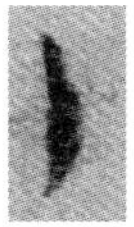 T24:143	 T24:143

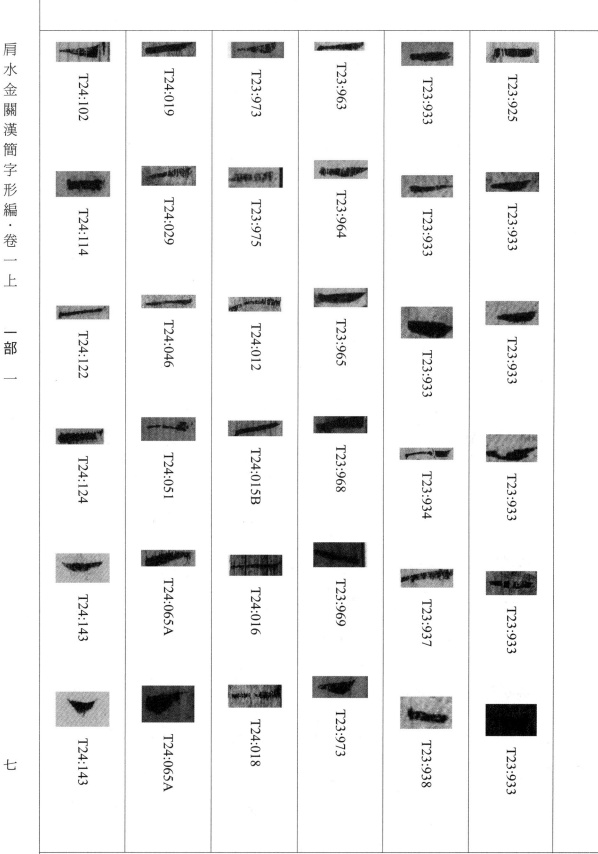

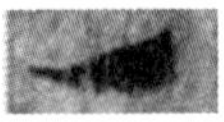
T24:150
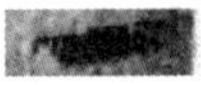
T24:165

T24:195
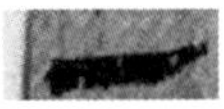
T24:206

T24:208
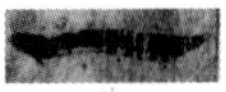
T24:213

T24:241
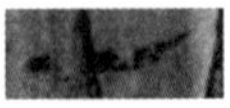
T24:241

T24:247A

T24:247B

T24:248

T24:260

T24:268A
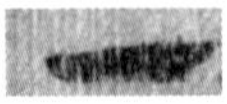
T24:268B
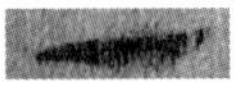
T24:268B
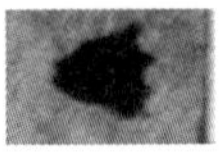
T24:354
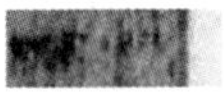
T24:412
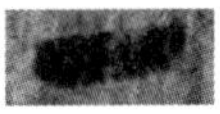
T24:412

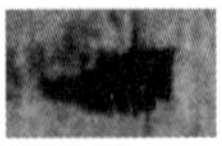
T24:416B
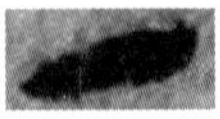
T24:430

T24:527
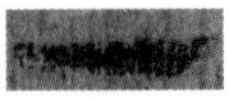
T24:537

T24:539

T24:547

T24:551

T24:551

T24:551

T24:552
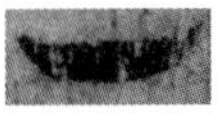
T24:561
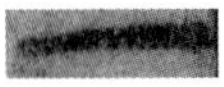
T24:564

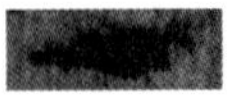
T24:583

T24:730

T24:730
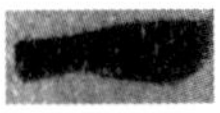
T24:740

T24:740
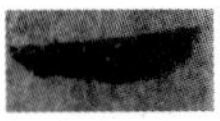
T24:769

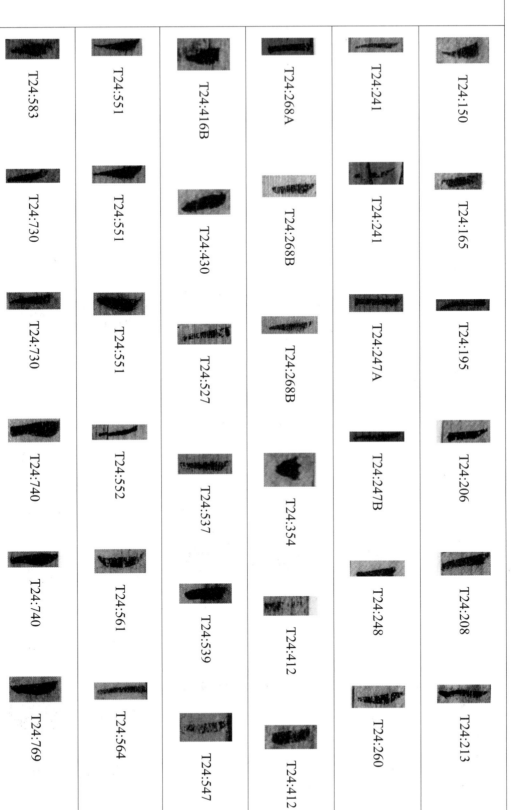

 T24:789	 T24:792	 T24:795	 T24:804	 T24:804	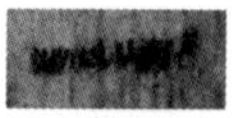 T24:857
 T24:951	 T24:955	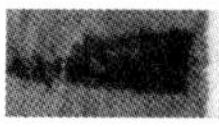 T24:985	 T25:005	 T25:005	 T25:024
 T25:047	 T25:048	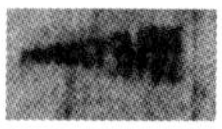 T25:061	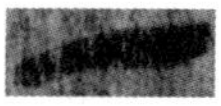 T25:066	 T25:087	 T25:102
 T25:109	 T25:153	 T25:168	 T25:168	 T25:169	 T26:003
 T26:011	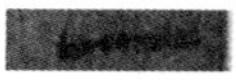 T26:011	 T26:016	 T26:023	 T26:031	 T26:035
 T26:036	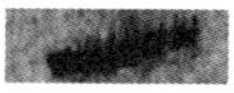 T26:036	 T26:054	 T26:062	 T26:063	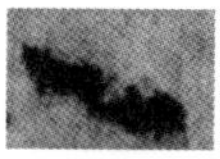 T26:067

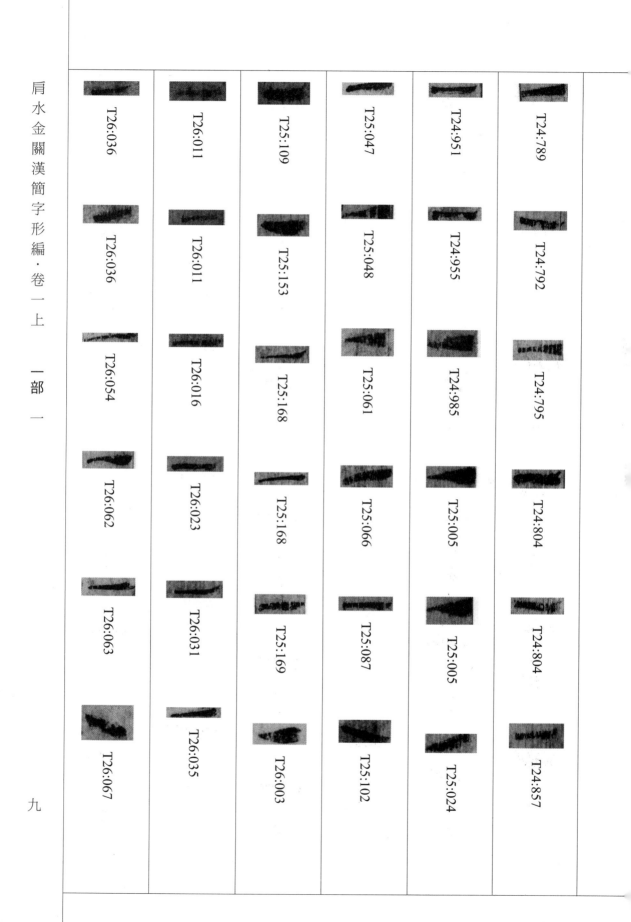

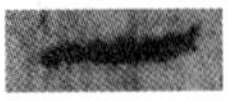
T26:088A
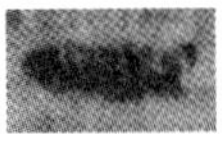
T26:088A

T26:095

T26:109

T26:134

T26:191
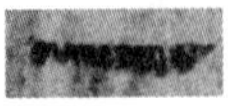
T26:196

T26:231
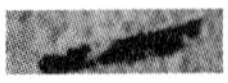
T26:231

T26:238

T26:245
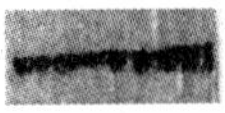
T26:284
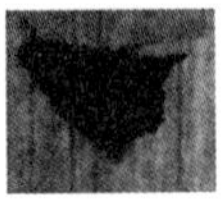
T27:004
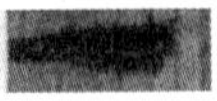
T27:005
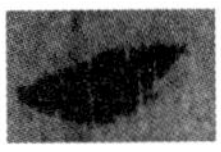
T27:048
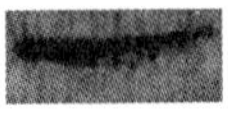
T27:058A

T27:062

T27:063
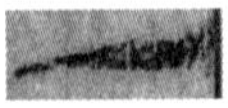
T28:011

T28:016

T28:025
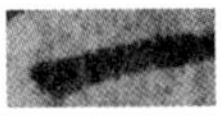
T28:027
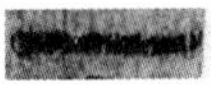
T28:047
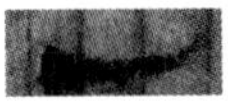
T28:058
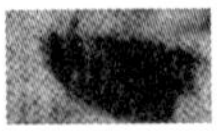
T28:061
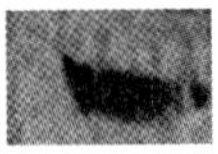
T28:061

T28:061
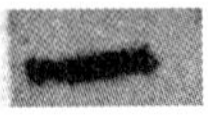
T28:066

T28:073
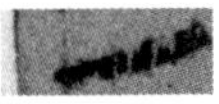
T28:081

T28:093

T28:101

T28:104
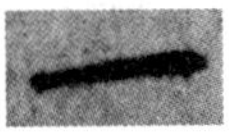
T28:107

T29:001

T29:003

 T29:003	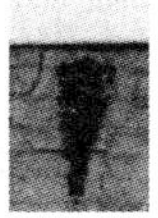 T29:013A	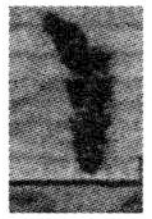 T29:013A	 T29:056	 T29:060	
 T29:071	 T29:073	 T29:073	 T29:089	 T29:089	 T29:102
 T29:108	 T29:118A	 T29:126A	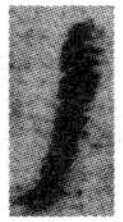 T29:130	 T30:002	 T30:004
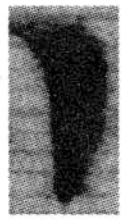 T30:009	 T30:009	 T30:010	 T30:010	 T30:020	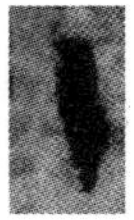 T30:020
 T30:024B	 T30:034A	 T30:035A	 T30:035A	 T30:040	 T30:058
 T30:059A	 T30:062	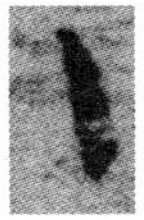 T30:081B	 T30:093	 T30:093	 T30:103

T30:113

T30:119
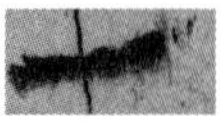
T30:119
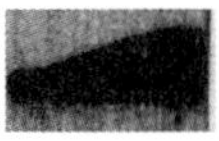
T30:120

T30:120
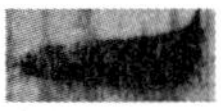
T30:133

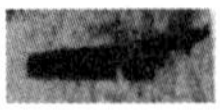
T30:134
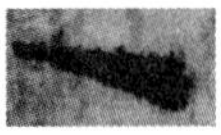
T30:137
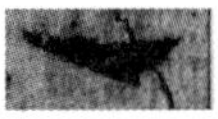
T30:137

T30:146
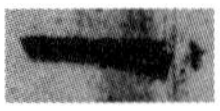
T30:146

T30:147

T30:147

T30:153A
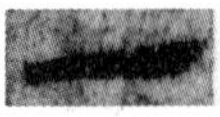
T30:162

T30:173

T30:173
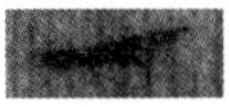
T30:181

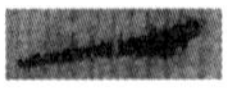
T30:181

T30:186

T30:206

T30:214
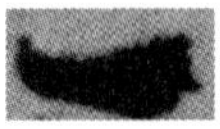
T30:216
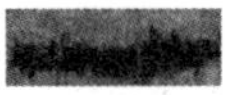
T30:242

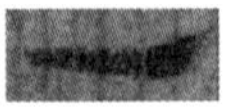
T30:248
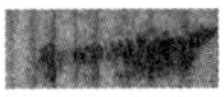
T30:248
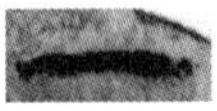
T30:251

T30:252

T30:265
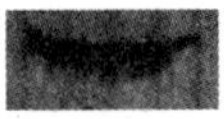
T30:265

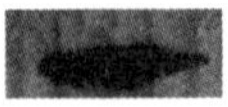
T30:265

T30:266

T30:266

T31:017

T31:017

T31:029

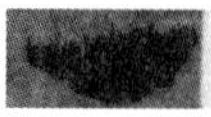
T31:031

T31:031

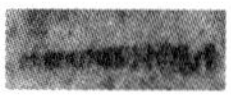
T31:033

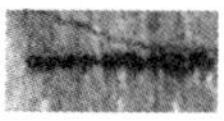
T31:065

T31:066

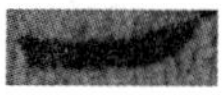
T31:066

T31:066

T31:092A

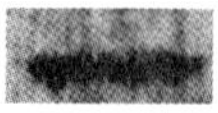
T31:096

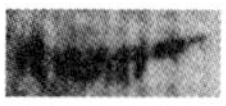
T31:096

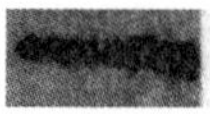
T31:105

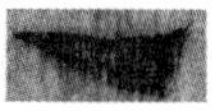
T31:110

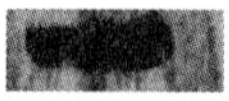
T31:114A

T31:137

T31:140

T31:146

T31:148

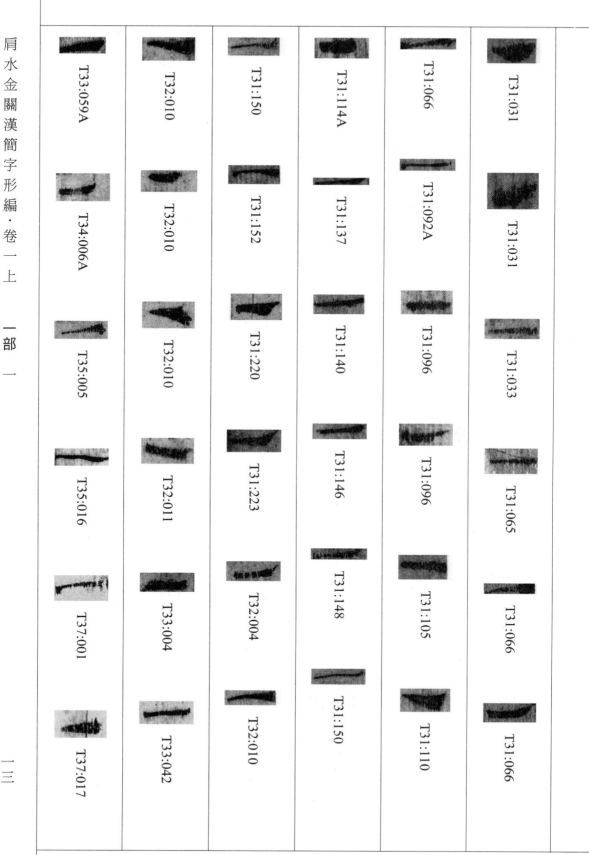

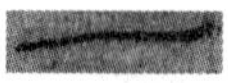
T31:150

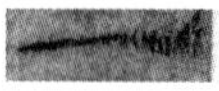
T31:150

T31:152

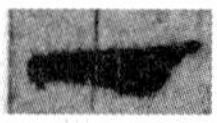
T31:220

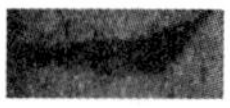
T31:223

T32:004

T32:010

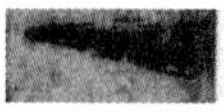
T32:010

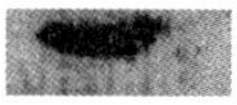
T32:010

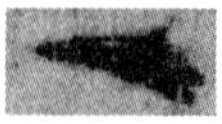
T32:010

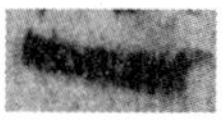
T32:011

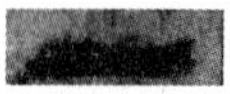
T33:004

T33:042

T33:059A

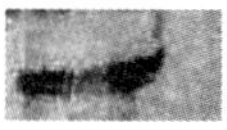
T34:006A

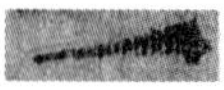
T35:005

T35:016

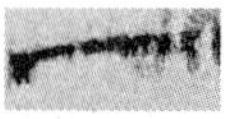
T37:001

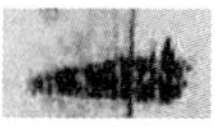
T37:017

一部 一

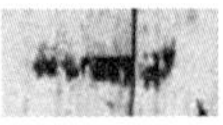 T37:017	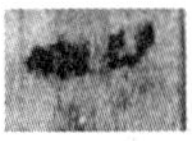 T37:036	 T37:037	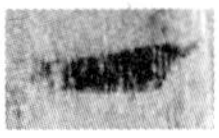 T37:049B	 T37:058	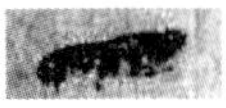 T37:059
 T37:060	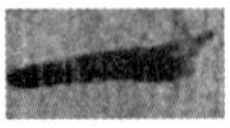 T37:060	 T37:081	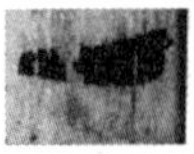 T37:087	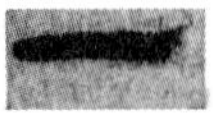 T37:102	 T37:111
 T37:123	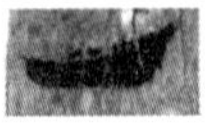 T37:127	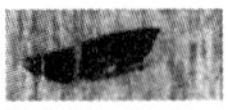 T37:149	 T37:161A	 T37:167	 T37:174
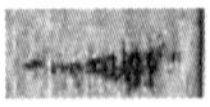 T37:175	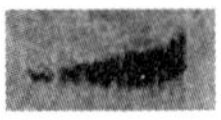 T37:175	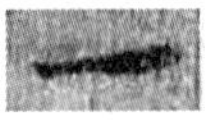 T37:178	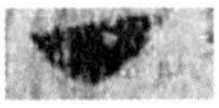 T37:178	 T37:269	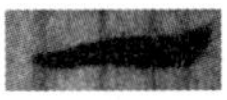 T37:353
 T37:388	 T37:388	 T37:448	 T37:448	 T37:519A	 T37:522B
 T37:524	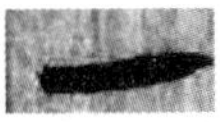 T37:525	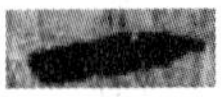 T37:525	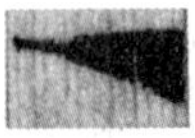 T37:543	 T37:567	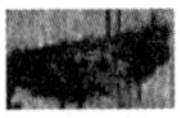 T37:618

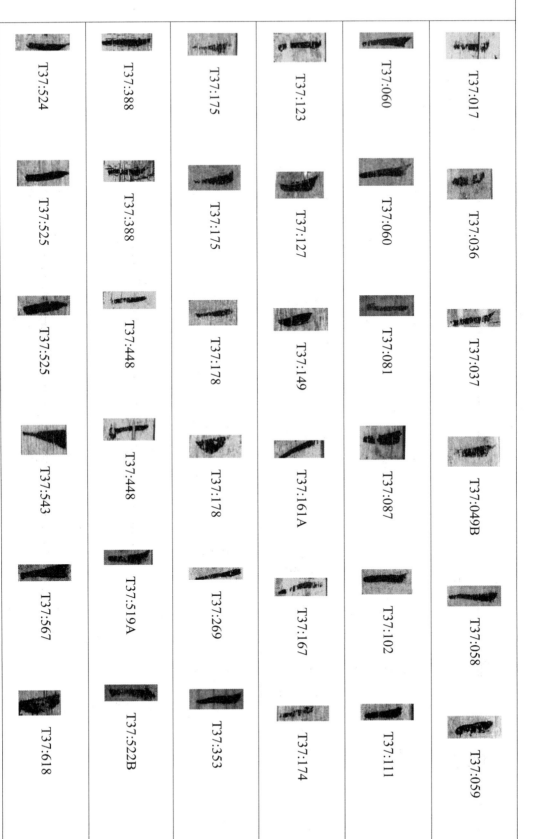

 T37:624	 T37:624	 T37:670	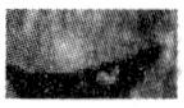 T37:696	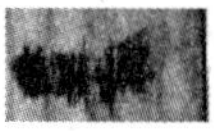 T37:700	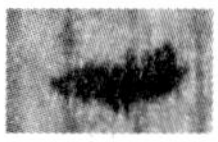 T37:700
 T37:710	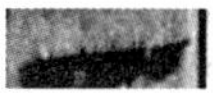 T37:712	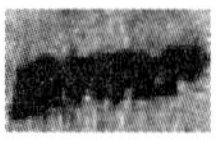 T37:712	 T37:715	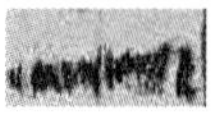 T37:721	 T37:738A
 T37:742	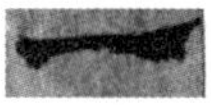 T37:748	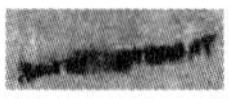 T37:748	 T37:748	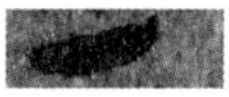 T37:758	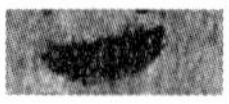 T37:758
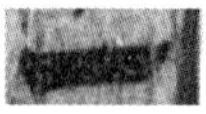 T37:761	 T37:762	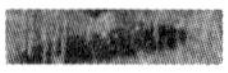 T37:762	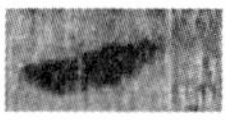 T37:762	 T37:767	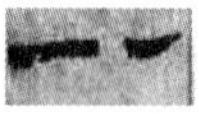 T37:770A
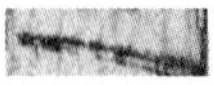 T37:773	 T37:773	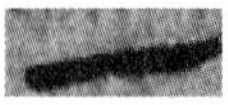 T37:779	 T37:779	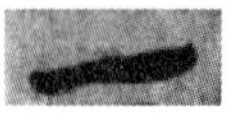 T37:779	 T37:782
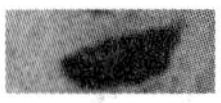 T37:785	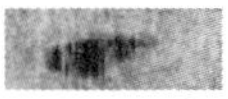 T37:796	 T37:808	 T37_837	 T37_837	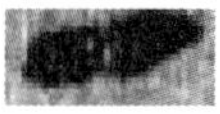 T37:841

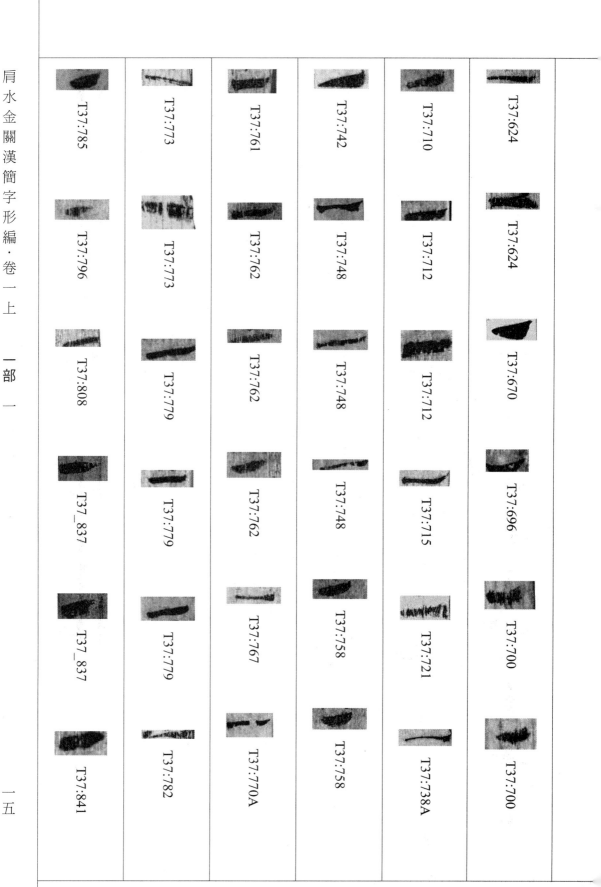

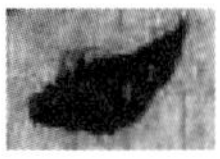
T37:859
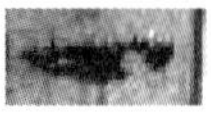
T37:870
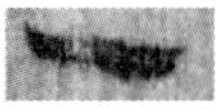
T37:874
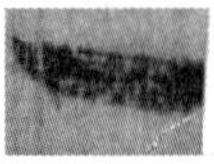
T37:874
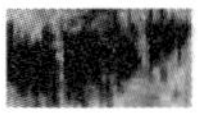
T37:885
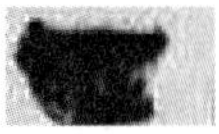
T37:919

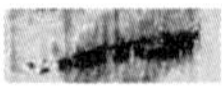
T37:927

T37:957

T37:963
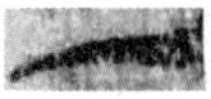
T37:973
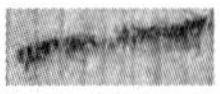
T37:986
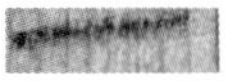
T37:986

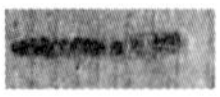
T37:986

T37:996

T37:996
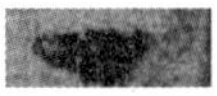
T37:997
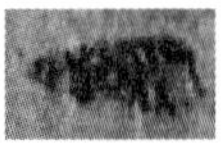
T37:997

T37:999

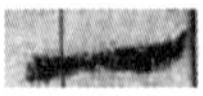
T37:1010
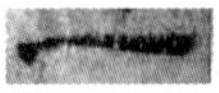
T37:1016
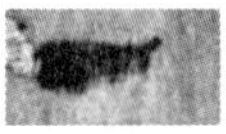
T37:1017
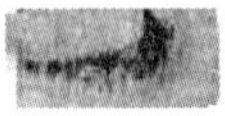
T37:1034
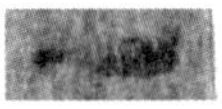
T37:1039A

T37:1042

T37:1057A
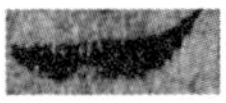
T37:1076A
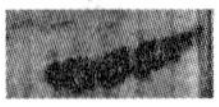
T37:1107
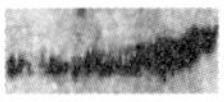
T37:1115

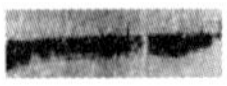
T37:1126
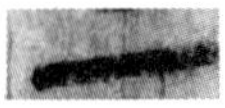
T37:1126
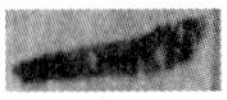
T37:1136

T37:1137

T37:1148

T37:1159

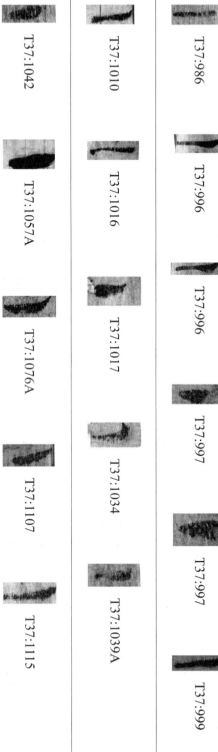

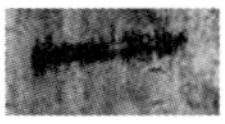
T37:1161

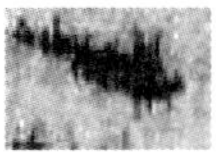
T37:1184

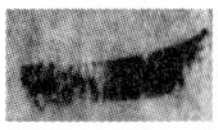
T37:1236

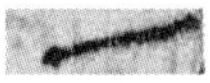
T37:1265

T37:1334

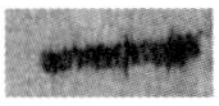
T37:1338

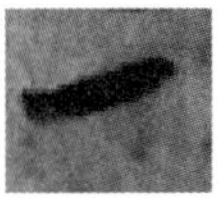
T37:1369

T37:1381

T37:1382

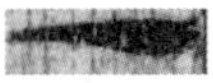
T37:1383

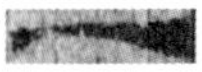
T37:1383

T37:1384

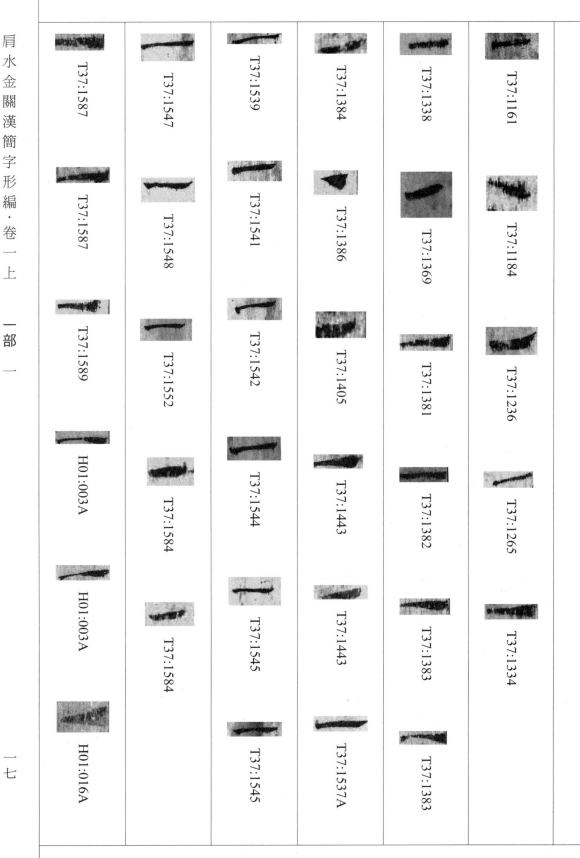

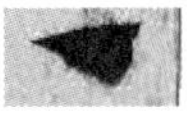
T37:1386

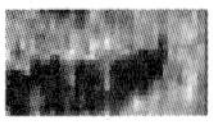
T37:1405

T37:1443

T37:1443

T37:1537A

T37:1539

T37:1541

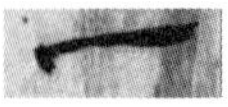
T37:1542

T37:1544

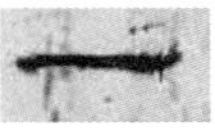
T37:1545

T37:1545

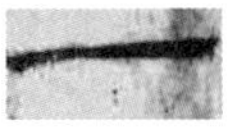
T37:1547

T37:1548

T37:1552

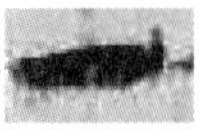
T37:1584

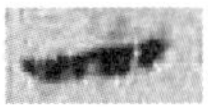
T37:1584

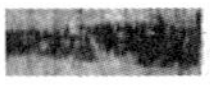
T37:1587

T37:1587

T37:1589

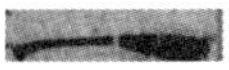
H01:003A

H01:003A

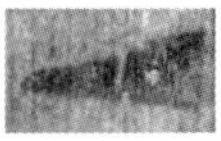
H01:016A

H01:016B

H01:018
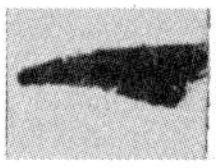
H01:026
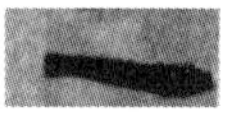
H01:034

H01:041
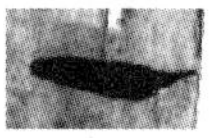
H01:047
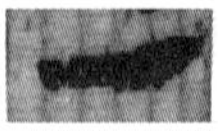
H01:062

H02:003

H02:008

H02:008
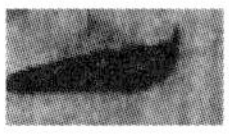
H02:009
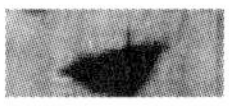
H02:009

H02:012
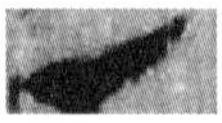
H02:016
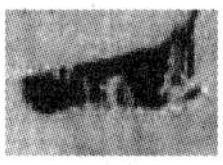
H02:016
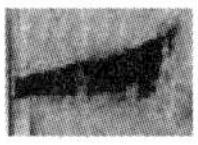
H02:016

H02:020
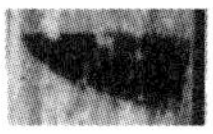
H02:021
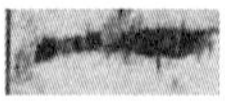
H02:032

H02:032

H02:040

H02:040

H02:040

H02:041
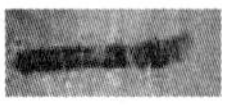
H02:041
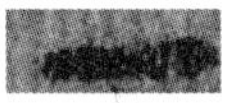
H02:051
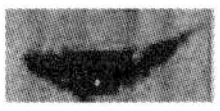
H02:053A

H02:063
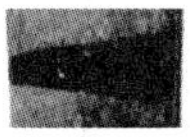
H02:082

F01:015
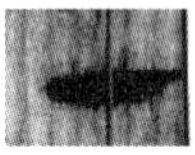
F01:026
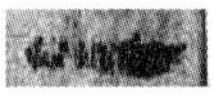
F01:031
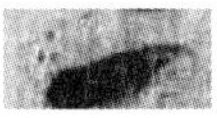
F01:036

F01:096
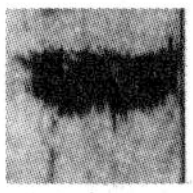
F01:118A

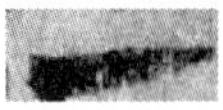
73EJF2:1

73EJF2:4

73EJF2:11

73EJF2:12
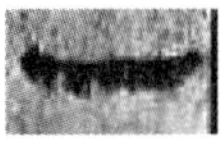
73EJF2:13

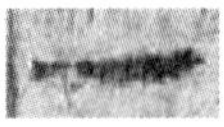
73EJF2:13
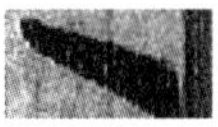
73EJF2:38

73EJF3:2

73EJF3:37

73EJF3:40B

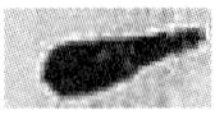
73EJF3:41A
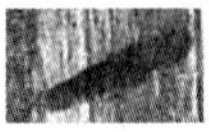
73EJF3:42

73EJF3:45
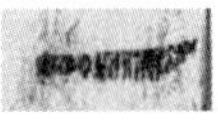
73EJF3:59
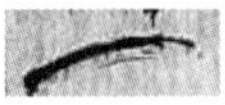
73EJF3:85

73EJF3:88
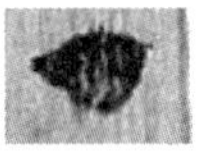
73EJF3:89

73EJF3:105
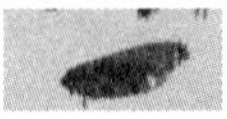
73EJF3:110

73EJF3:290+121

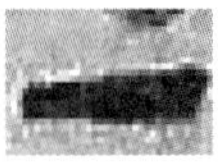
73EJF3:290+121

73EJF3:123B

73EJF3:129

73EJF3:129

73EJF3:129

73EJF3:132
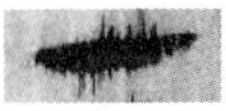
73EJF3:135
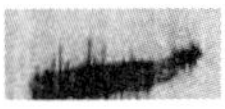
73EJF3:135
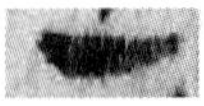
73EJF3:139

73EJF3:144

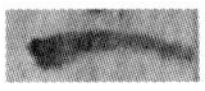
73EJF3:149

73EJF3:150A

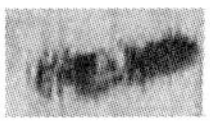
73EJF3:156

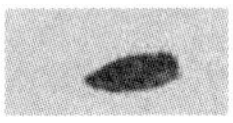
73EJF3:159A

73EJF3:159A

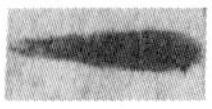
73EJF3:159B

73EJF3:160

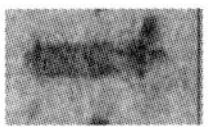
73EJF3:172

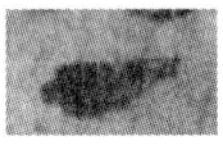
73EJF3:172

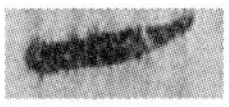
73EJF3:178A

73EJF3:182A

73EJF3:189+421

73EJF3:189+421

73EJF3:194+198

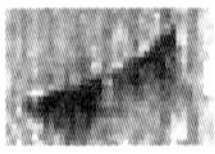
73EJF3:209+200

73EJF3:232

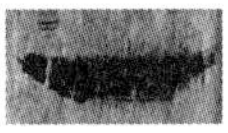
73EJF3:232

73EJF3:256

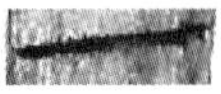
73EJF3:433+274

73EJF3:298

73EJF3:298

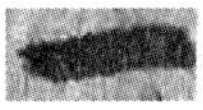
73EJF3:326

73EJF3:329B

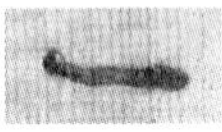
73EJF3:332

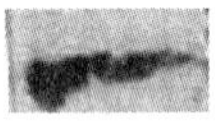
73EJF3:344

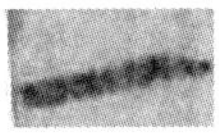
73EJF3:344

73EJF3:346

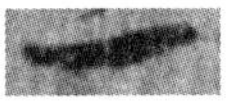
73EJF3:347

73EJF3:368

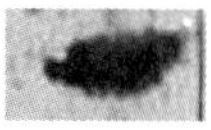
73EJF3:369

73EJF3:370

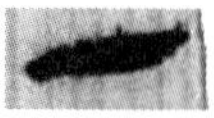
73EJF3:370

73EJF3:371

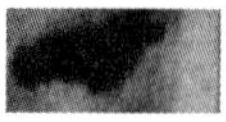
73EJF3:372

73EJF3:372

73EJF3:373

73EJF3:382A

73EJF3:404

73EJF3:405

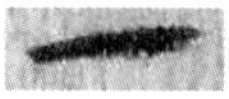
73EJF3:412

73EJF3:417

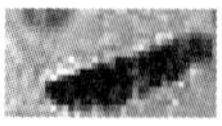
73EJF3:536+424

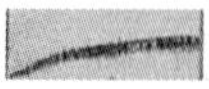
73EJF3:426

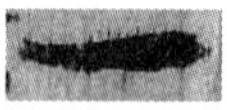
73EJF3:446

73EJF3:449B

73EJF3:459

73EJF3:474

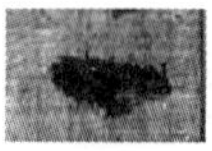
73EJF3:481

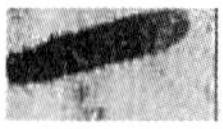
73EJF3:486

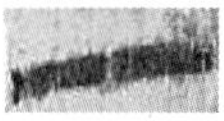
73EJF3:486

73EJF3:490

73EJF3:494

73EJF3:507

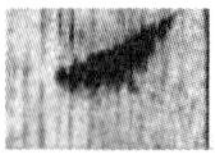
73EJF3:524

73EJF3:553

73EJF3:557

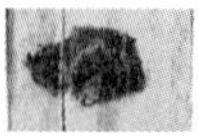
73EJF3:591

73EJD:1

 73EJD:5	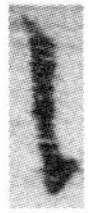 73EJD:6	 73EJD:7	 73EJD:17	 73EJD:33A
 73EJD:33A	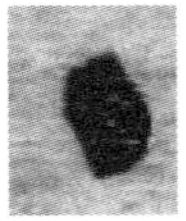 73EJD:33A	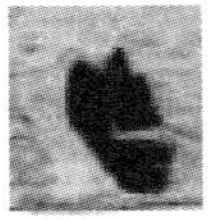 73EJD:33A	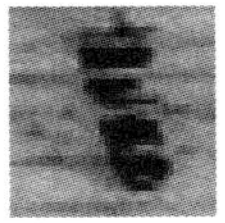 73EJD:34	 73EJD:34
 73EJD:34	 73EJD:35	 73EJD:35	 73EJD:37A	 73EJD:39A
 73EJD:43A	 73EJD:45	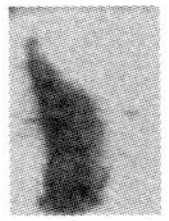 73EJD:47	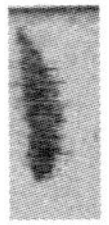 73EJD:47	 73EJD:47
 73EJD:58A	 73EJD:65	 73EJD:65	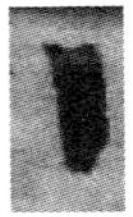 73EJD:69	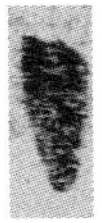 73EJD:71A
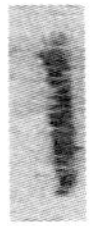 73EJD:79B	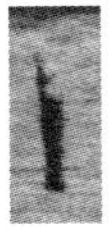 73EJD:82	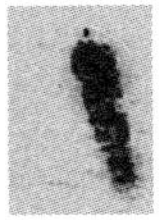 73EJD:88B	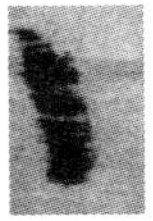 73EJD:91A	 73EJD:96

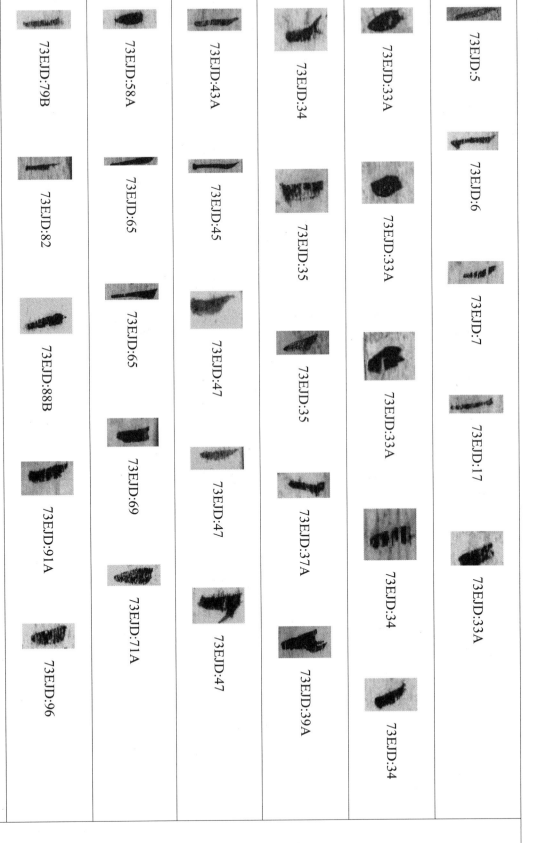

73EJD:191

73EJD:211

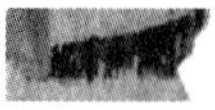
73EJD:224

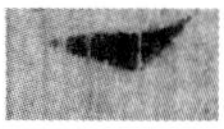
73EJD:224

73EJD:236

73EJD:236

73EJD:247

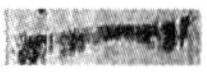
73EJD:280+250A

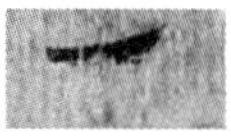
73EJD:256

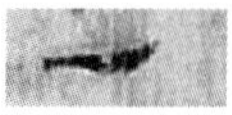
73EJD:256

73EJD:271

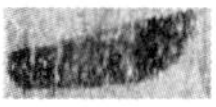
73EJD:271

73EJD:273

73EJD:299A

73EJD:299B

73EJD:300A

73EJD:300A

73EJD:312

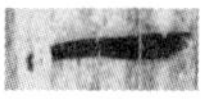
73EJD:314A

73EJD:314B

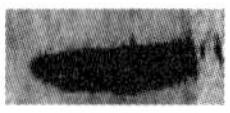
73EJD:335

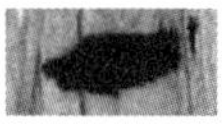
73EJD:335

72EJC:3

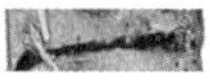
72EJC:4

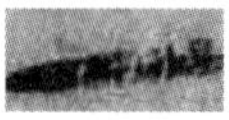
72EJC:5

72EJC:38

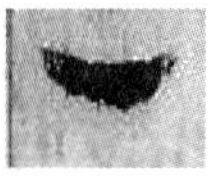
72EJC:42

72EJC:618+47

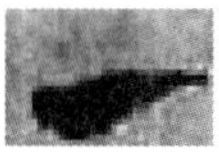
72EJC:618+47

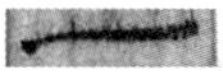
72EJC:149

72EJC:149

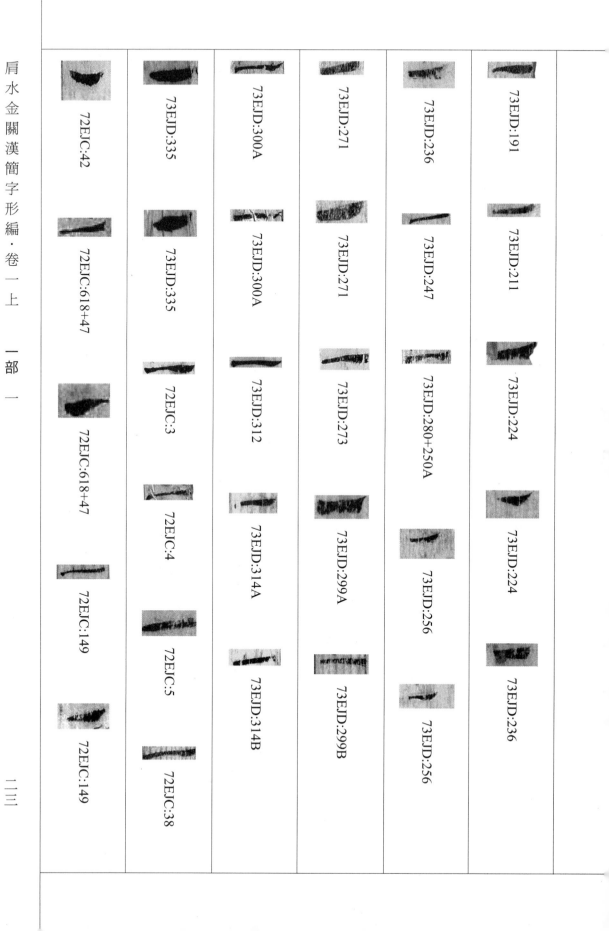

一部 一

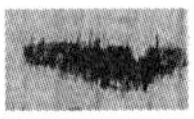
72EJC:156

72EJC:162

72EJC:162
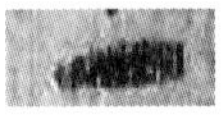
72EJC:197

72EJC:277

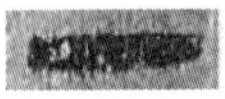
72EJC:277

72EJC:285
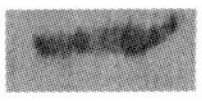
73EJC:294
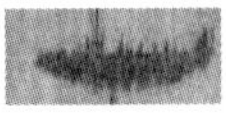
73EJC:294

73EJC:305

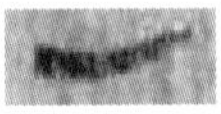
73EJC:306
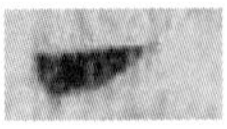
73EJC:306

73EJC:308
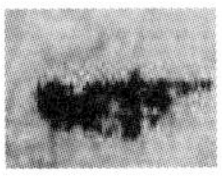
73EJC:308

73EJC:311

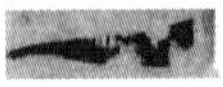
73EJC:332
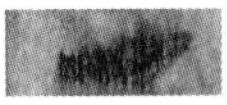
73EJC:337
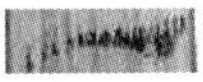
73EJC:407
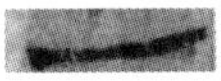
73EJC:417

73EJC:417

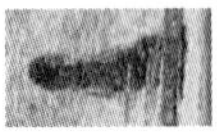
73EJC:447B
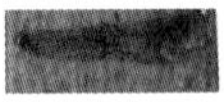
73EJC:458

73EJC:521
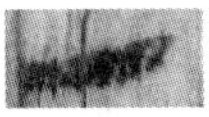
73EJC:529A

73EJC:536

73EJC:550

73EJC:551
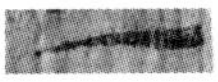
73EJC:552

73EJC:552

73EJC:552

73EJC:554

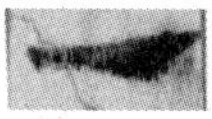
73EJC:554

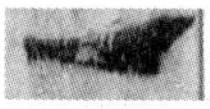
73EJC:554

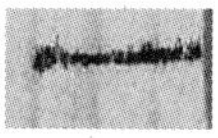
73EJC:568

73EJC:585

73EJC:587

73EJC:591

73EJC:600

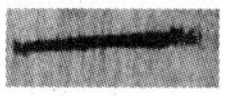
73EJC:603

73EJC:604

73EJC:615

73EJC:616

73EJC:617

73EJC:647

73EJC:647

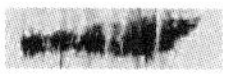
73EJC:650

73EJC:650

73EJC:651

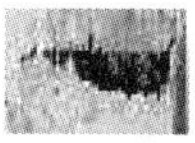
73EJC:671

73EJC:671

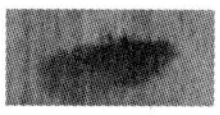
72EDAC:6

72EDAC:7

72EDAC:7

72ECC:1+2B

72ECC:49A

72EBS7C:1A

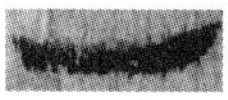
72EBS7C:1A

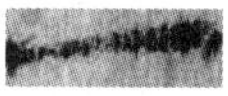
72EBS7C:1A

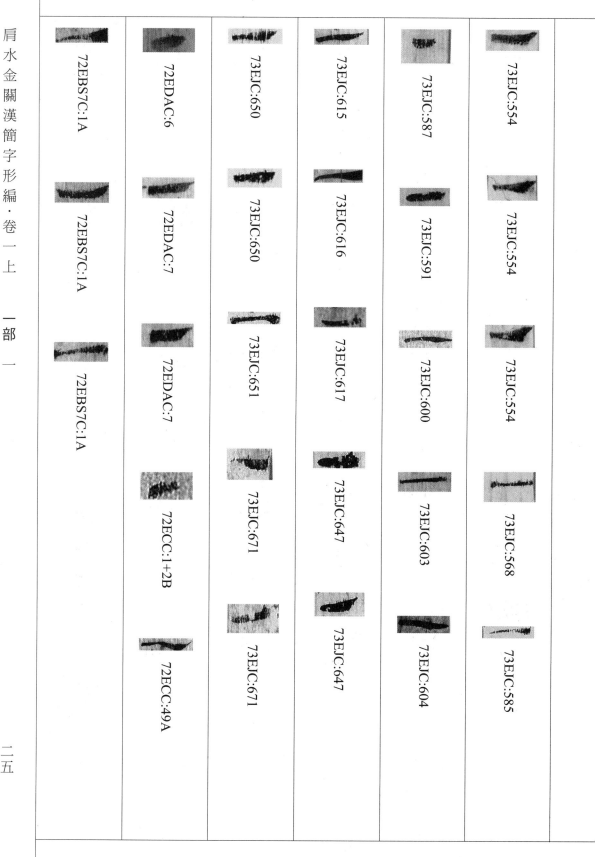

元

0002

T01:001

T01:028

T01:123

T01:217A

T03:006

T03:047A

T03:047B

T03:067

T03:098

T04:060

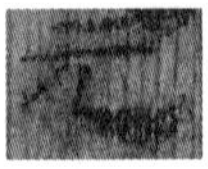
T04:098B

T04:120

T04:131

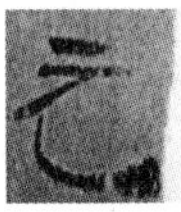
T04:144

T05:013

T05:061

T05:108

T06:027A

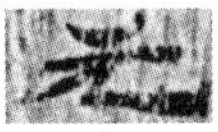
T06:042

T07:021

T07:074

T07:132

T08:008

T08:009

T08:053A

T08:075

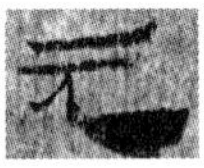
T09:009A

T09:086

T09:217

T09:311

T09:317A

T10:062

T10:065

T10:107

T10:116

T10:150

T10:155

T10:209

T10:295

T10:311

T10:312A

T10:341

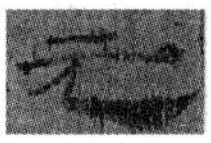
T10:376

T11:001

T11:006

T11:031A

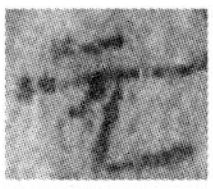
T21:001

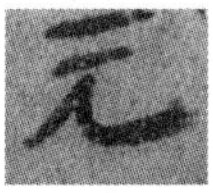
T21:043A

T21:062

T21:096

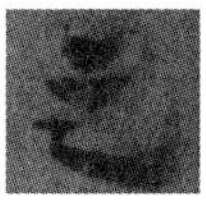
T21:098

T21:101

T21:101

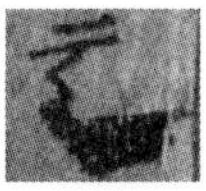
T21:102A

T21:108

T21:108

T21:138

T21:140A

T21:175A

T21:307

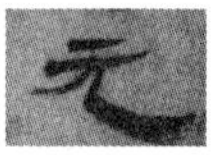
T21:309

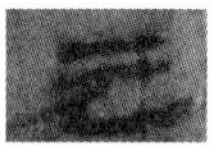
T21:310

T21:422

T22:011A

T22:067

T22:084

T23:079A

T23:141A

T23:141B

T23:172A

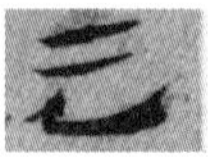
T23:200:①

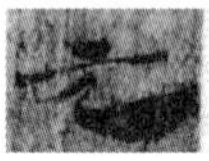
T23:290

T23:309

T23:317

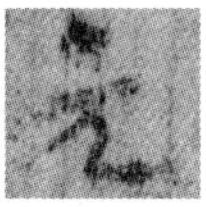
T23:330

T23:372

T23:380

T23:380

T23:389

T23:561

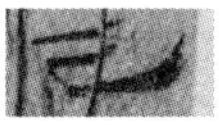
T23:619

T23:667

T23:701

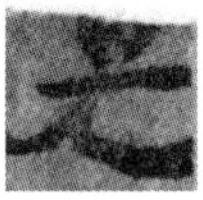
T23:756

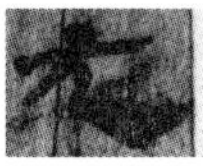
T23:762A

T23:786

T23:787

T23:787

T23:855A

T23:897A

T23:905

T23:991

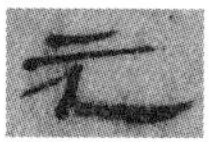
T24:022

T24:031A

T24:032

T24:036

T24:073B

T24:078

T24:144

T24:145

T24:214

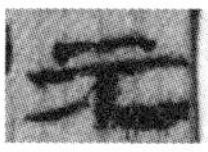
T24:277

T24:284

T24:315

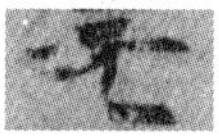
T24:336

T24:345B

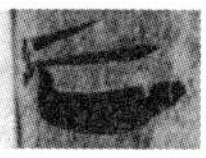
T24:345B

T24:705

T24:705

T25:030

T26:016

T26:183

T26:220

T27:023

T27:028

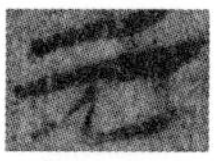
T27:028

T27:032B

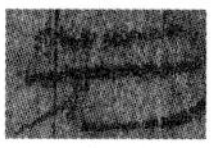
T28:004B

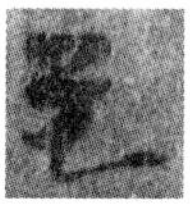
T28:040

T29:092

T29:092

一部　元

T29:125B

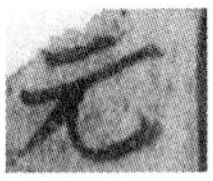
T30:017

T30:021A

T30:041

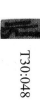

T30:048

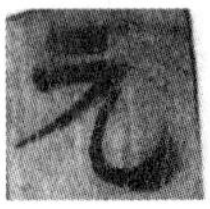
T30:049B

T30:062

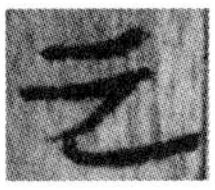
T30:213

T30:264

T31:020A

T31:040

T31:060

T31:131

T31:137

T32:005A

T33:042

T33:058

T33:067B

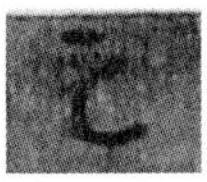
T34:030

T35:002

T37:059

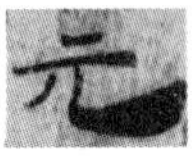
T37:115

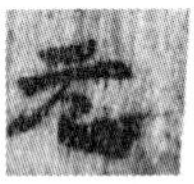
T37:152

T37:223

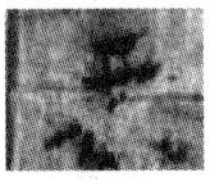
T37:223

T37:273

T37:273

T37:276A

T37:446

T37:521

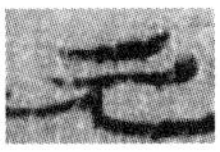
T37:522A

T37:523A

T37:528

T37:528

T37:529

T37:561

T37:585A

T37:615

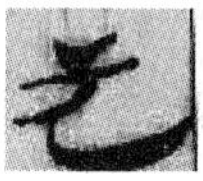
T37:617

T37:637

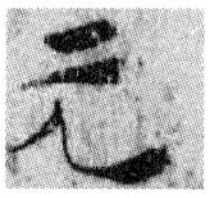
T37:640

T37:666

T37:671

T37:698

T37:698

T37:706

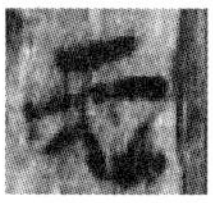
T37:719

T37:739

T37:754

T37:773

T37:778

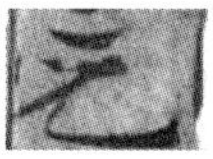
T37:875

T37:876A

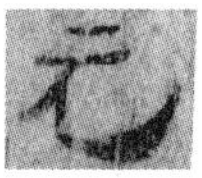
T37:1025

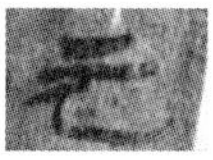
T37:1045

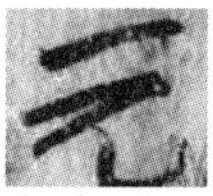
T37:1061A

T37:1063

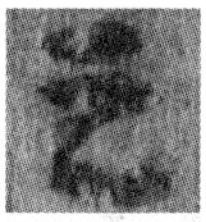
T37:1070

T37:1100

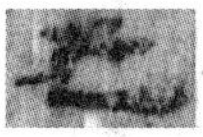
T37:1229A

T37:1396A

T37:1396A

T37:1400A

T37:1408

T37:1441B

T37:1450

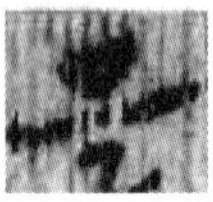
T37:1451A

T37:1451A

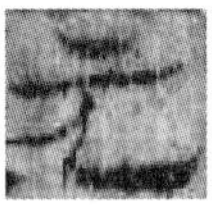
T37:1452

T37:1500

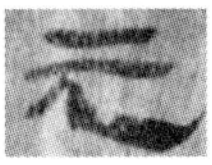
T37:1503A

T37:1504B

T37:1517

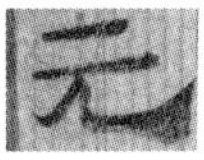
T37:1534

H01:003A

H02:018

H02:048B

H02:050

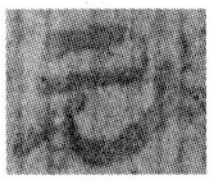
H02:072

F01:001

F01:031

F01:085

F01:085

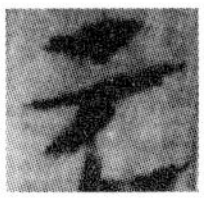
F01:101

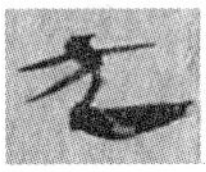
73EJF3:39A

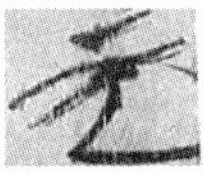
73EJF3:44

73EJF3:45

73EJF3:115

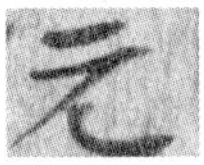
73EJF3:117A

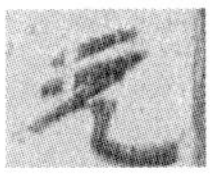
73EJF3:118A

73EJF3:120A

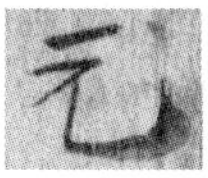
73EJF3:125A

73EJF3:131

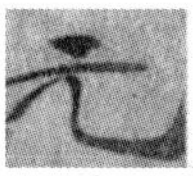
73EJF3:153

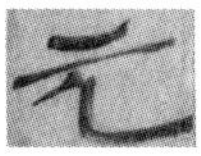
73EJF3:157

73EJF3:179A

73EJF3:338+201

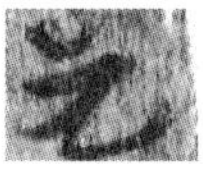
73EJF3:300

73EJF3:305

73EJF3:483

73EJT4H:39

73EJD:20

73EJD:28B

73EJD:49A

73EJD:63

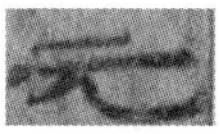
73EJD:76

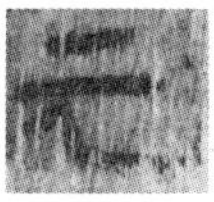
73EJD:315B

73EJD:352

72EJC:15A

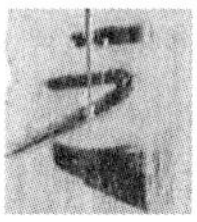
72EJC:28

72EJC:51

72EJC:64

72EJC:145

72EJC:227

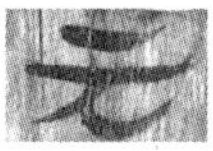
72EJC:284

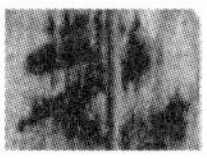
73EJC:316A

73EJC:316A

73EJC:452

73EJC:531A

73EJC:546

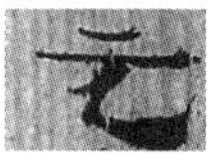
73EJC:589

73EJC:592A

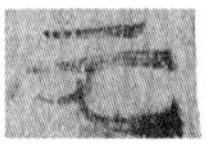
73EJC:593

73EJC:599A

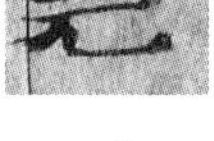
73EJC:603

73EJC:655

73EJC:655

天

0003

T04:098B

T08:094

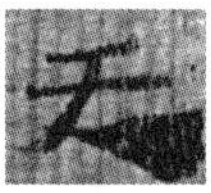
T09:073

T10:166

T21:177

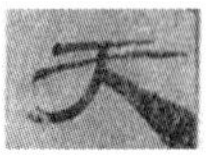
T21:245

T23:333

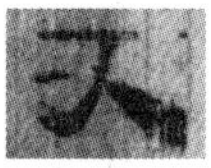
T23:767

T23:878

T23:878

T24:140

T24:304

T24:599

T24:833

T26:196

吏

0004

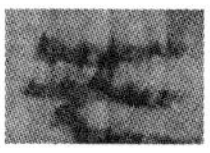
T28:013A

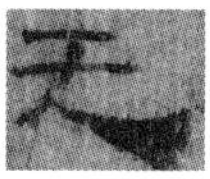
T29:107

T30:028A

T31:042A

T31:102A

T31:104A

T37:524

H01:017

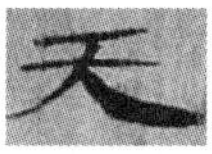
73EJF3:39A

73EJF3:44

73EJF3:119A

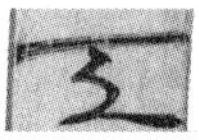
73EJF3:160

73EJF3:179A

73EJF3:354

73EJD:16A

72EJC:1

72EJC:102

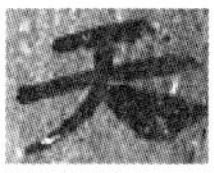
73EJC:611

T01:002

T01:056

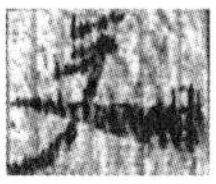
T01:057

T01:174C

T01:206

T03:013A

T03:047A

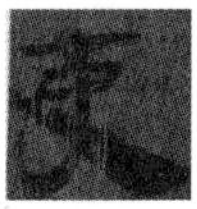
T03:047B

T03:098

T04:063A

T04:065

T04:128

T04:173

T05:007

T05:071

T05:071

T06:035

T06:067A

T07:025

T07:025

T07:065

T07:098B

T07:148

T08:021

T09:013

T10:079

T10:135

T10:170

T10:172

T10:179

T10:187

T10:206

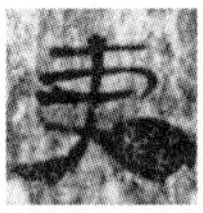
T10:317

T10:367A

T14:035

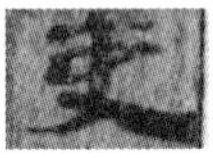
T21:010

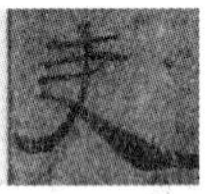
T21:042A

T21:088

T21:103

T21:108

T21:176

T21:278A

T21:293

T21:456

T22:091

T22:099

T23:015A

T23:037

T23:090
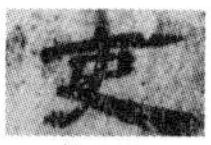
T23:097

T23:280
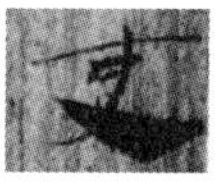
T23:290
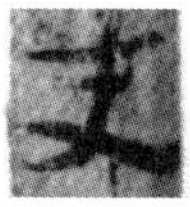
T23:415

T23:480

T23:555

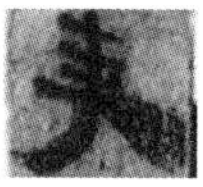
T23:562
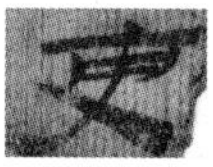
T23:618

T23:619

T23:620

T23:620

T23:804B

T23:919A

T23:943

T23:966
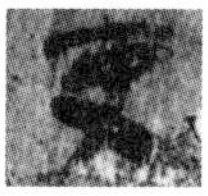
T24:012

T24:015A

T24:019

T24:024A

T24:024A

T24:032

T24:037

T24:181

T24:197

T24:419

T24:521

T25:077

T25:234

T26:024

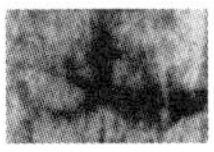
T26:032

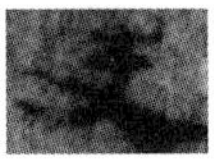
T26:032

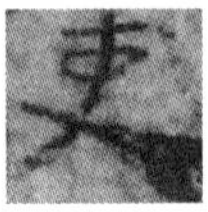
T26:088A

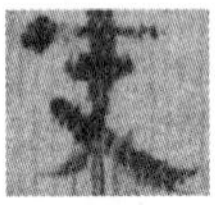
T26:177

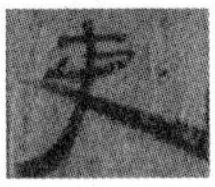
T27:002B

T27:024

T28:034A

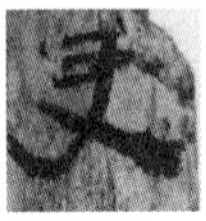
T28:044

T28:054

T28:071

T29:085

T29:097

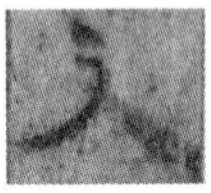
T30:017

T30:017

T30:017

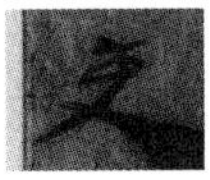
T30:026

T30:050

T30:058

T30:153A

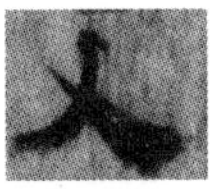
T30:179

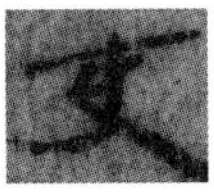
T31:064

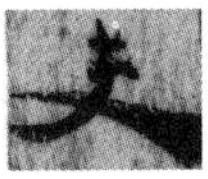
T31:071

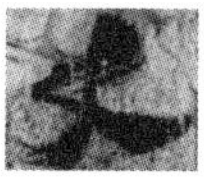
T31:076

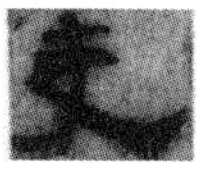
T31:126

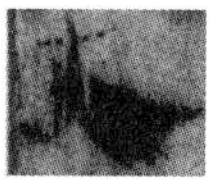
T32:024

T32:039

T32:075

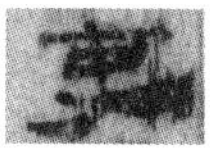
T32:075

T32:075

T33:042

T33:055

T34:030

T35:002

T37:023A

T37:056

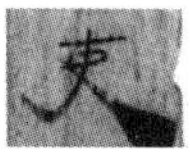
T37:115

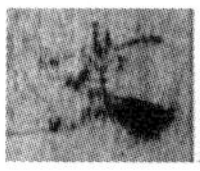
T37:152

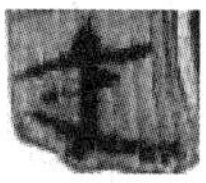
T37:345

T37:640

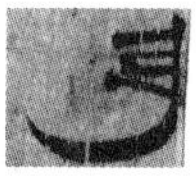
T37:666

T37:719

T37:759

T37:783A

T37:913A

T37:1009

T37:1013

T37:1067A

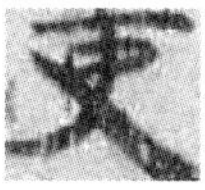
T37:1134

T37:1151A

T37:1198

T37:1339

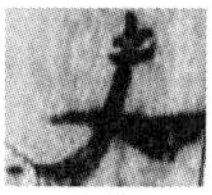
T37:1502A

T37:1519

T37:1534

H01:027

H02:011

F01:002

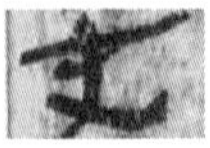
F01:013

F01:027

F01:027

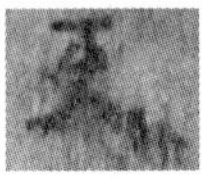
73EJF2:2

73EJF2:28

73EJF3:39A

73EJF3:92

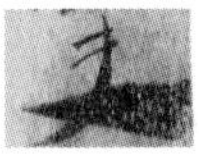
73EJF3:107

73EJF3:107

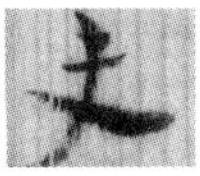
73EJF3:112

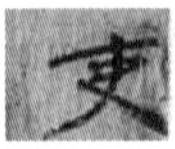
73EJF3:116B

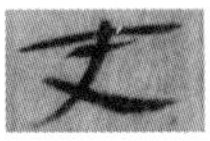
73EJF3:117A

73EJF3:120A

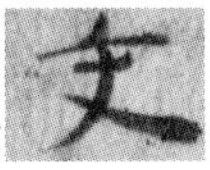
73EJF3:125A

73EJF3:155A

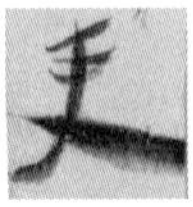
73EJF3:161

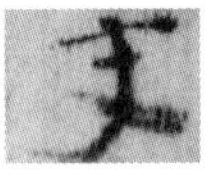
73EJF3:171

73EJF3:179B

73EJF3:225

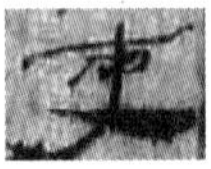
73EJF3:430B+263B

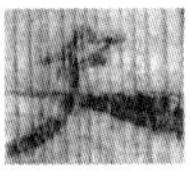
73EJF3:325

73EJF3:327

73EJF3:343

73EJF3:343

73EJF3:378

73EJF3:408A

73EJF3:417

73EJF3:463

73EJF3:522

73EJF3:561A

73EJF3:569

73EJD:22

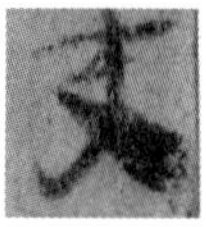
73EJD:38

73EJD:48

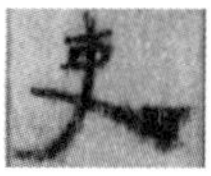
73EJD:48

73EJD:203

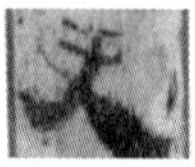
73EJD:206

73EJD:226

73EJD:238

73EJD:260A

73EJD:262A

72EJC:2A

72EJC:8

72EJC:62

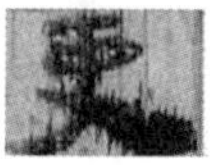
72EJC:156

72EJC:182

72EJC:268

72EJC:286

72EJC:287

73EJC:310B

73EJC:331

73EJC:423

73EJC:443

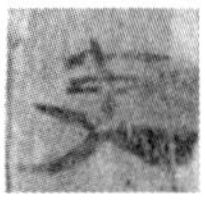
73EJC:463

73EJC:551

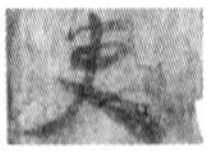
73EJC:563

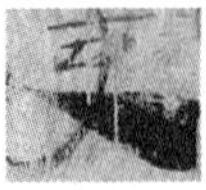
73EJC:593

73EJC:604

73EJC:604

72ECC:70

72EBS7C:2B

丄

丄

0005

T01:019

T01:085A

T01:091

T02:048

T04:011

T04:020

T04:024

T04:026

T04:071

T04:155

T05:036

T06:027A

T06:090

T06:135B

T06:138

T07:087

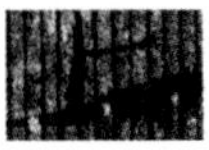
T09:002

T09:067
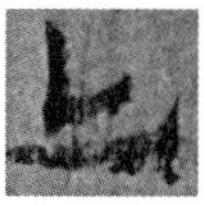
T09:069

T09:083

T09:246

T10:124B

T10:127

T10:210A

T10:310
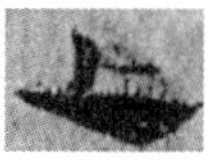
T10:357
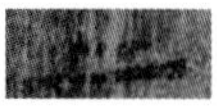
T11:004

T21:060A

T21:121

T21:124

T21:177

T21:212
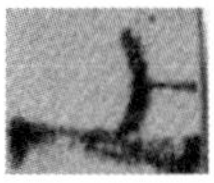
T21:341

T21:409
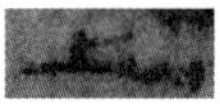
T21:427
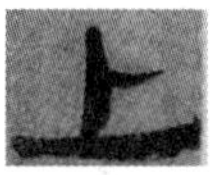
T21:436
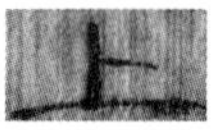
T21:468
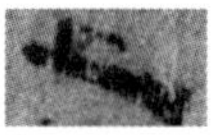
T22:093

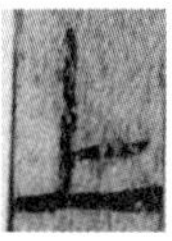
T22:155
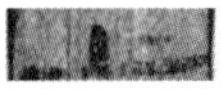
T23:034
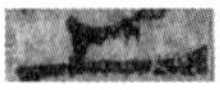
T23:267
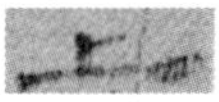
T23:619

T23:672
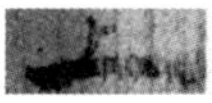
T23:767

T23:780
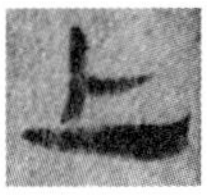
T23:797B

T23:896A
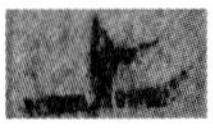
T23:896A

T23:920

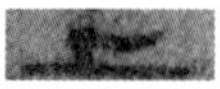
T23:922
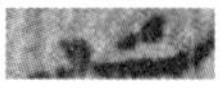
T23:928

T23:994B

T24:021

T24:058A
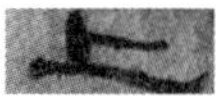
T24:121

T24:148

T24:155

T24:243

T24:243
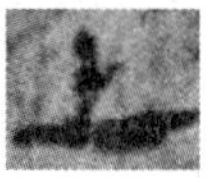
T24:243
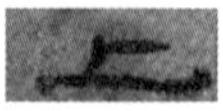
T24:256
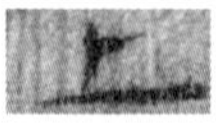
T24:262
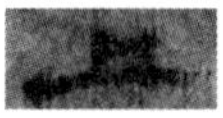
T24:418
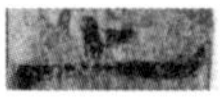
T24:637
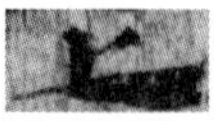
T24:649
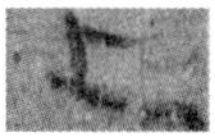
T24:656
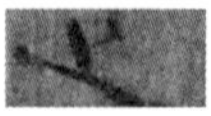
T24:721
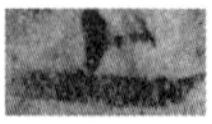
T24:987
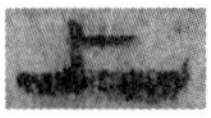
T25:007A

T25:063

T25:069
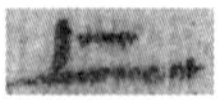
T25:092
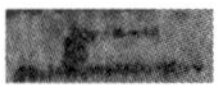
T26:009
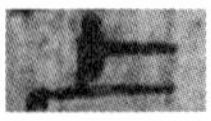
T26:184
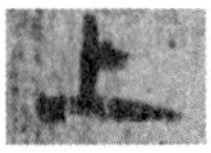
T26:216
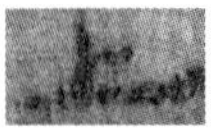
T26:271
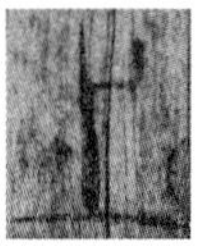
T28:065B
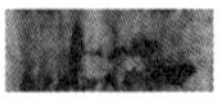
T29:022
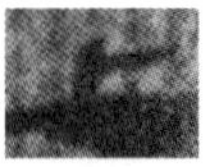
T29:089
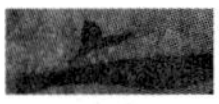
T30:026
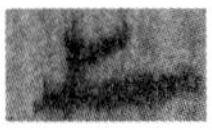
T31:027
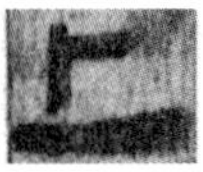
T31:073

T33:039

T33:077

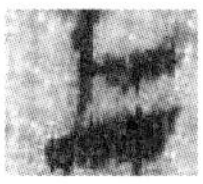
T37:028A

T37:087

T37:150

T37:340

T37:456

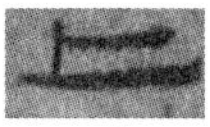
T37:522A

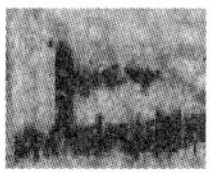
T37:568

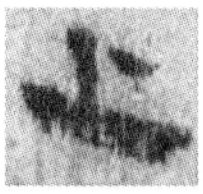
T37:582

T37:744A

T37:754

T37:784A

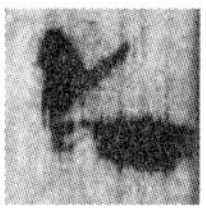
T37:794

T37:1070

T37:1110

T37:1153

T37:1217

T37:1381

T37:1386

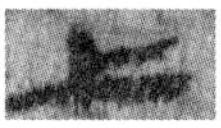
T37:1448A

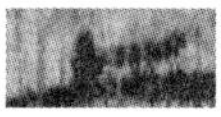
T37:1448B

T37:1450

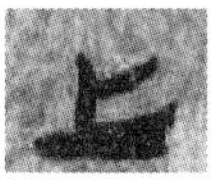
T37:1491

T37:1492

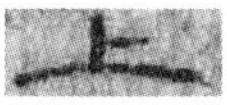
T37:1495

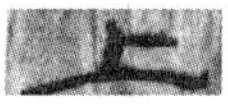
T37:1549

T37:1585A

H01:039

H01:050

H01:052

H02:001

H02:028

F01:002

F01:122

F01:122

73EJF2:3

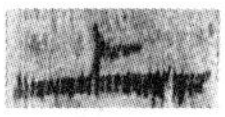
73EJF2:10

73EJF3:119A

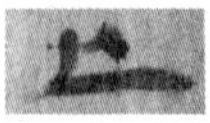
73EJF3:137

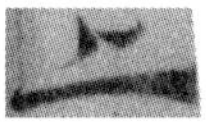
73EJF3:183B

73EJF3:255

73EJF3:265

73EJF3:465+500

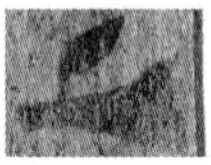
73EJT4H:3A

73EJD:4

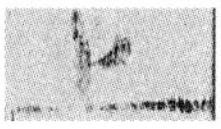
73EJD:29A

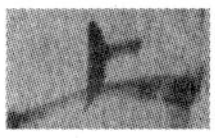
73EJD:40B

73EJD:144

73EJD:315B

73EJD:332

73EJD:332

73EJD:378

72EJC:256+22

72EJC:119

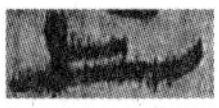
73EJC:303

73EJC:438

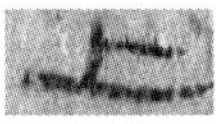
73EJC:439

73EJC:539

73EJC:560

73EJC:588

73EJC:599B

73EJC:613

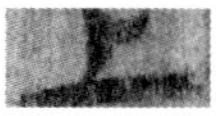
72EBS7C:4

帝

0006

T21:001

T23:570B

T23:767

T23:966

T26:031

T37:223

T37:763

T37:772

旁

0007

T21:059

T37:763

H01:029

73EJF2:17

73EJF3:41A

丁

0008

T01:002

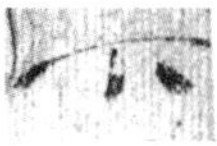
T01:048

T01:090A

T01:118

T01:230

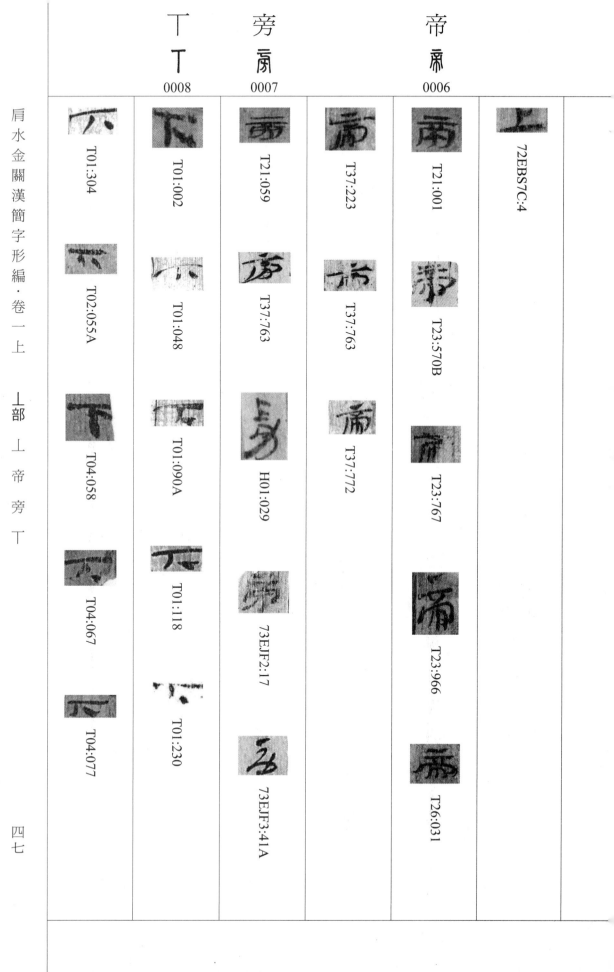

T01:304

T02:055A

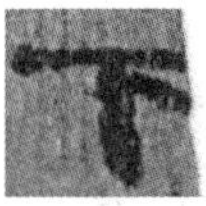
T04:058

T04:067

T04:077

T06:044B

T06:172

T06:176

T06:187

T07:003

T07:027A
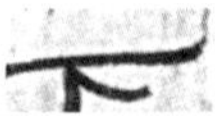
T07:063

T08:094

T09:218A
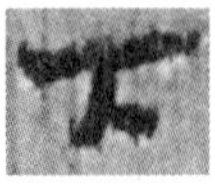
T10:220A
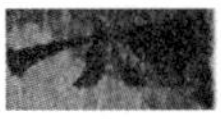
T10:220B

T10:343B

T10:352
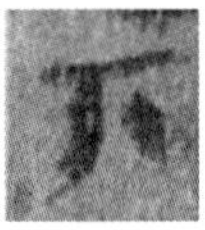
T15:001A

T21:124
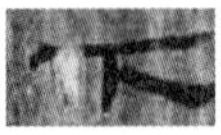
T21:208

T21:270
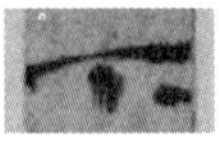
T21:312A
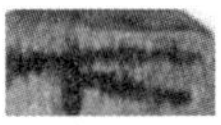
T21:424
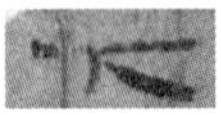
T21:437
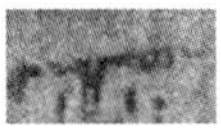
T22:005
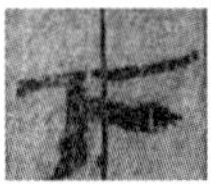
T23:040A

T23:071

T23:239
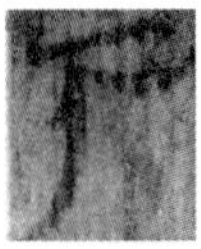
T23:388

T23:484
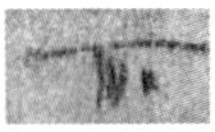
T23:554
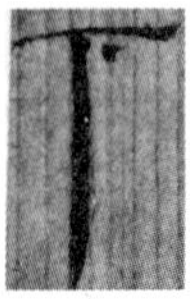
T23:616

T23:630
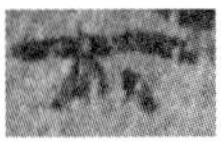
T23:696
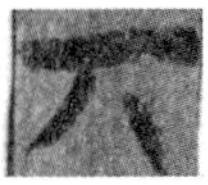
T23:749
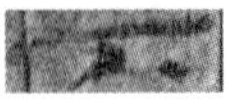
T23:764

T23:877A

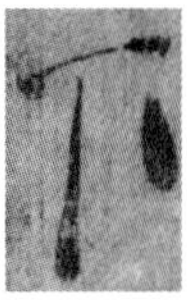
T23:897B

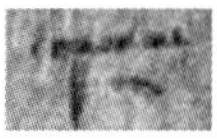
T23:931

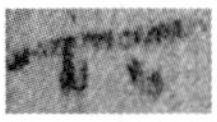
T23:994B

T24:015A

T24:028

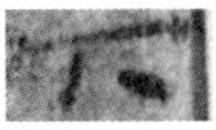
T24:040

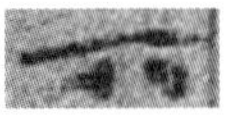
T24:046

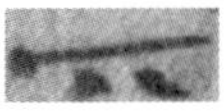
T24:235

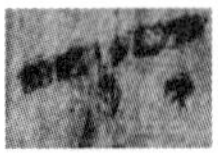
T24:417A

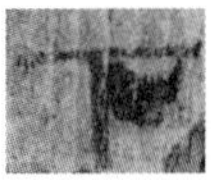
T24:772

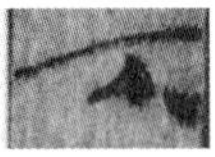
T24:973

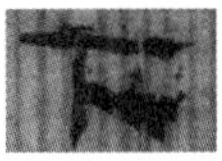
T25:006

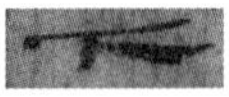
T26:001A

T26:095

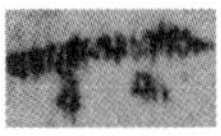
T26:103

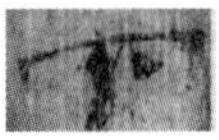
T26:150

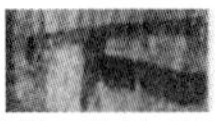
T26:182

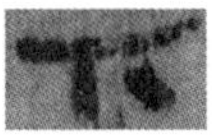
T26:238

T27:024

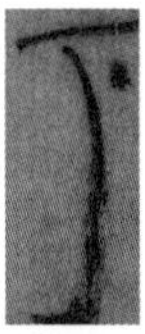
T27:049

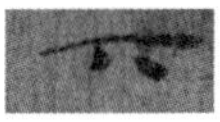
T27:055

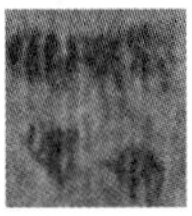
T29:114A

T30:001

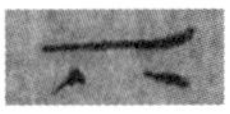
T30:028A

T30:028A

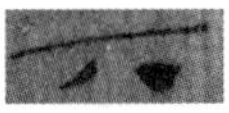
T30:068

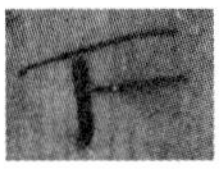
T30:107

T30:136

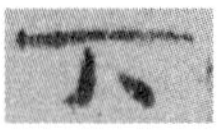
T30:163

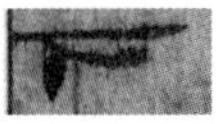
T30:169

T30:202

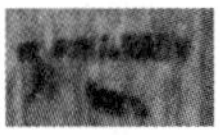
T30:206

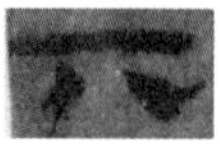
T30:235

T31:064

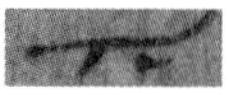
T31:064

T31:104A

T31:128

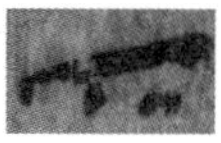
T32:048

T37:016

T37:223

T37:562

T37:654A

T37:757

T37:763

T37:770A

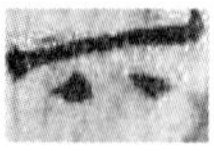
T37:772

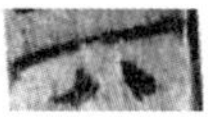
T37:905A

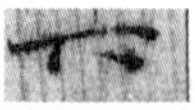
T37:1375A

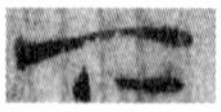
T37:1375A

T37:1549

H01:040

H01:040

H02:047A

H02:048A

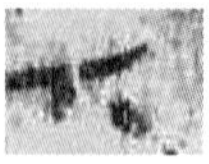
H02:048B

H02:056A

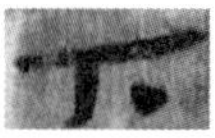
F01:009

F01:012

F01:012

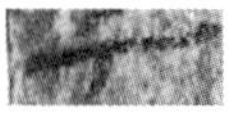
F01:013

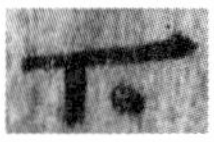
F01:014

F01:014

F01:015

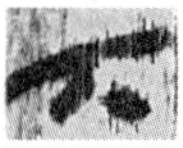
73EJF3:46

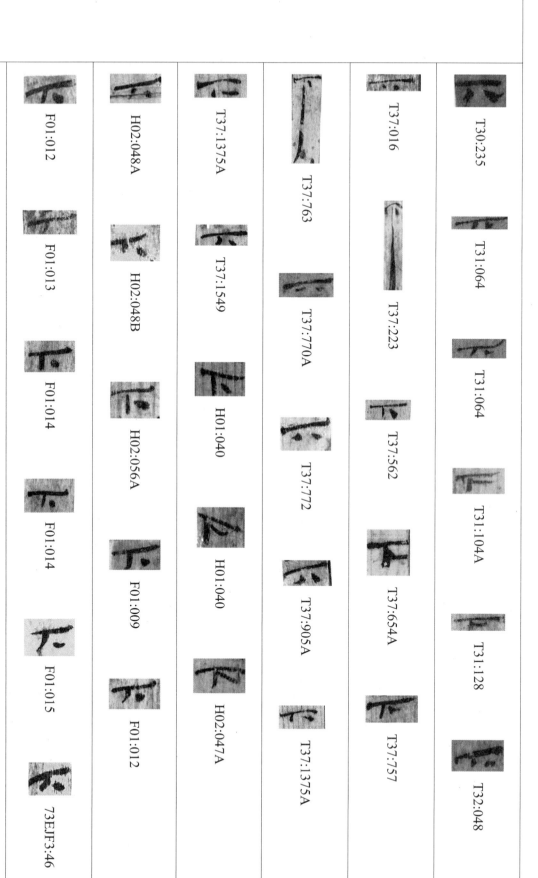

73EJF3:139

73EJF3:139

73EJF3:183A

73EJF3:430B+263B

73EJF3:368

73EJF3:427

73EJF3:552

73EJF3:592

73EJF3:604A

73EJD:28B

73EJD:39A

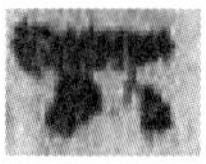
73EJD:93

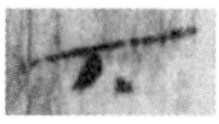
73EJD:124A

73EJD:141

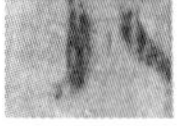
73EJD:172

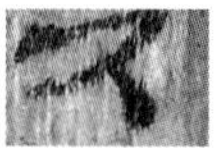
73EJD:266A

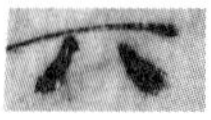
73EJD:360

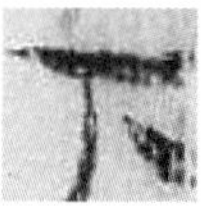
72EJC:155A

72EJC:165

72EJC:281

72EJC:283

73EJC:292

73EJC:599A

73EJC:604

73EJC:607

73EJC:628

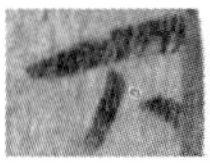
72ECC:48A

禮

禮

0009

T15:008A

T24:902

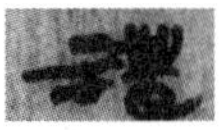

T30:032

72EJC:272B

73EJC:303

73EJC:599A

祿

祿

0010

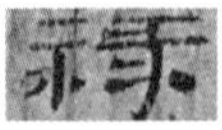

T03:075

T07:213

T08:061

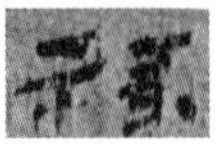

T09:149

T11:001

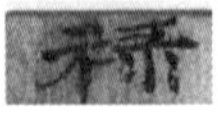

T15:004

T23:379

T23:967

T25:097

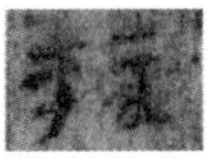

T25:106

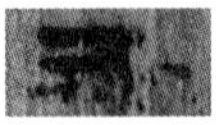

T29:022

T37:026

T37:141

T37:161A

T37:531

T37:785

T37:920

T37:991

T37:995

H01:038

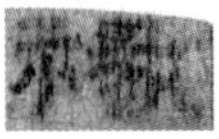

H02:067

F01:036

福

福

0011

73EJF3:76+448A

73EJF3:110

73EJF3:116B

73EJF3:431

73EJD:13

72EJC:157

T02:078

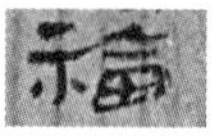
T03:075

T04:137

T05:007

T07:007

T07:211

T08:008

T08:061

T08:081

T09:082

T09:149

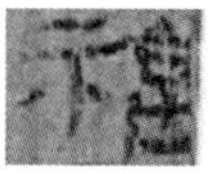
T09:162A

T09:201

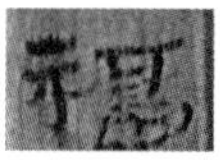
T10:163A

T10:303

T15:004

T21:015

T21:137

T21:198A

T21:355

T22:011B

T22:120

T23:379

T23:509

T23:633

T23:695

T23:967

T23:978

T23:978

T24:046
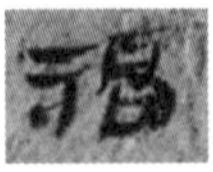
T24:265

T24:724

T24:797

T25:077
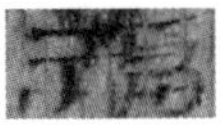
T25:097

T25:106

T25:122
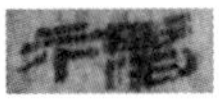
T26:154

T27:008

T28:013B

T29:005

T29:022
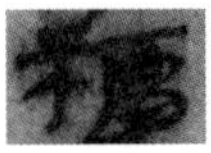
T30:013

T30:168

T31:117
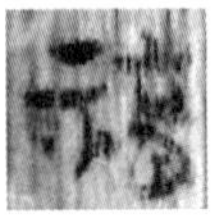
T33:080A

T34:004A

T37:026

T37:141

T37:161A

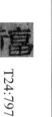

T37:785

T37:985

H01:018

H01:038

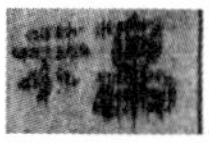
H02:067

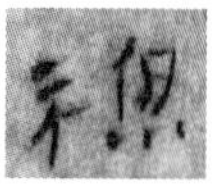
F01:036

73EJF2:2

73EJF2:32

73EJF3:242

73EJF3:285

73EJF3:431

73EJT4H:76

73EJD:1

73EJD:13

72EJC:15A

72EJC:26

72EJC:27

72EJC:95

72EJC:121

72EJC:201

73EJC:426

73EJC:560

73EJC:652

神

0012

T03:113

T04:098A

T04:100

T07:070A

T23:480

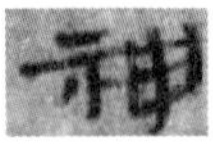
T34:006A

T37:520A

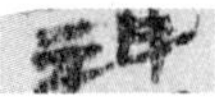
T37:739

T37:871

T37:1379A

T37:1448A

T37:1448B

T37:1529

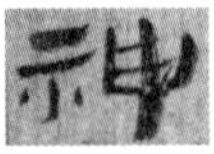
T37:1534

H01:003A

H01:003A

H01:012B

H02:002

H02:027

齋

0013

T02:049

T05:068A

T06:062A

T07:003

T23:737

T23:765

T23:827

T23:874

T24:591

T26:230A

T27:022

T28:107

T37:049B

T37:092

T37:491

T37:519A

F01:027

祭
0014

T30:032

T37:734B

祀
0015

T37:055

H01:017

祖
0016

T09:233

T24:969

T25:049

T30:170

T33:041A

祝
0017

73EJD:118

T03:015

T09:041

73EJF3:280

73EJD:154A

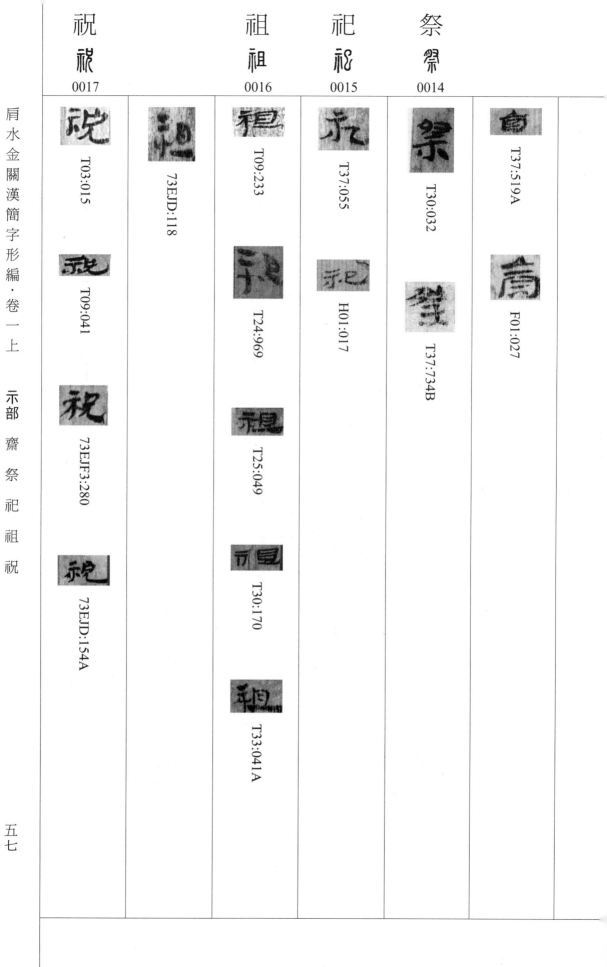

社

0018

T06:048

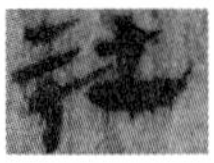

T25:107

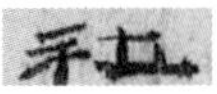

73EJF3:106

72EJC:79B

禁

0019

T03:055

T06:109

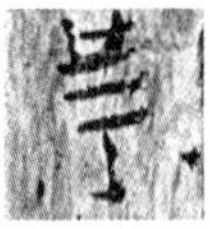

T07:094

T09:138

T09:252B

T21:014

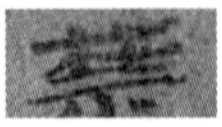

T21:100

T23:202

T23:769B

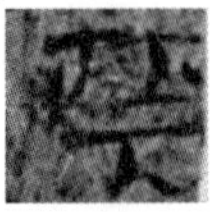

T23:991

T24:605

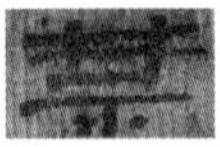

T24:739

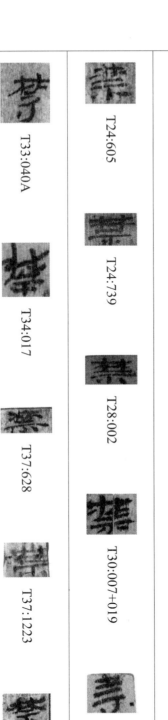

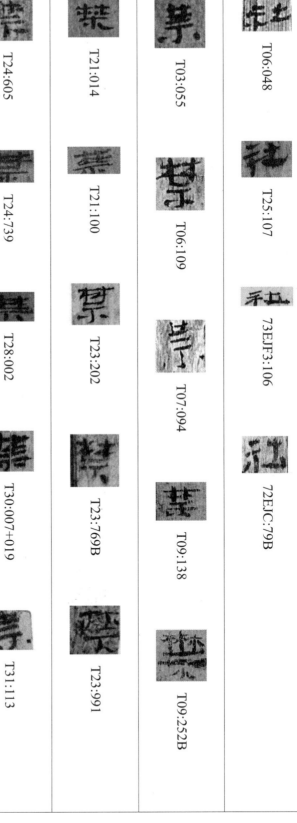

T28:002

T30:007+019

T31:113

T33:040A

T34:017

T37:628

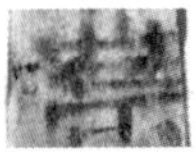

T37:1223

T37:1453

F01:011

73EJF3:78+623

73EJF3:97

73EJD:311B

72EJC:225

73EJC:292

73EJC:444

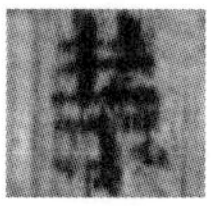
73EJC:491

72EDIC:22

祊 0020

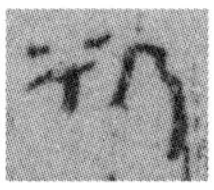
T28:045

三 0021

T01:152

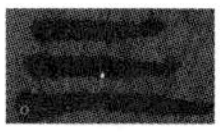
T03:047A

T03:047B

T03:050

T03:070

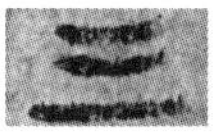
T03:086

T04:047A

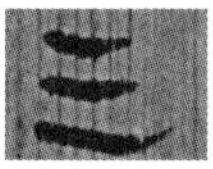
T04:098A

T05:113

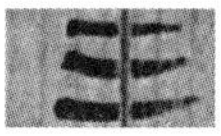
T05:113

T06:025

T06:031

T07:009

T07:023

T07:027A

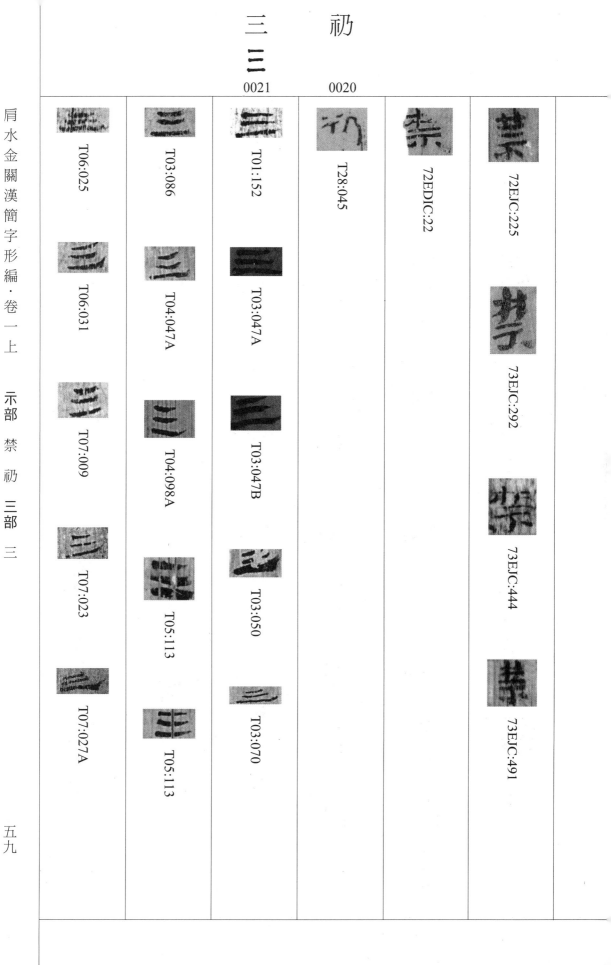

T07:101

T08:051A

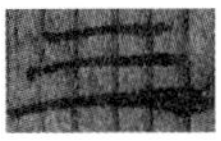
T08:052A

T08:052A

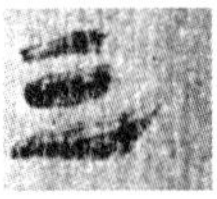
T08:075

T09:009A

T09:055

T09:084

T09:086

T09:098

T09:135

T09:384

T09:384

T10:071

T10:073

T10:079

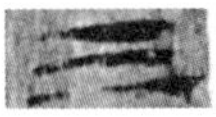
T10:079

T10:082

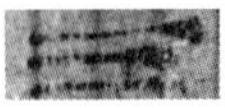
T10:083

T10:088

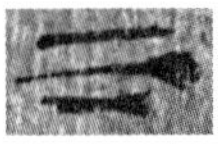
T10:095

T10:167

T10:170

T10:172

T10:306

T10:316

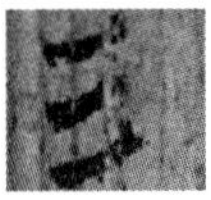
T10:331

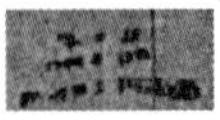
T10:385

T11:003

T11:031A

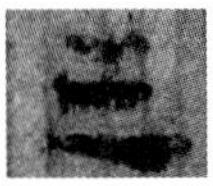
T11:031A

T14:012

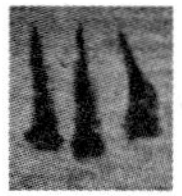 T21:004	 T21:098	 T21:124	 T21:138	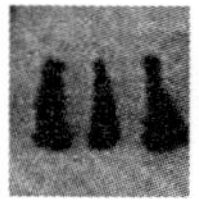 T21:180
 T21:203	 T21:212	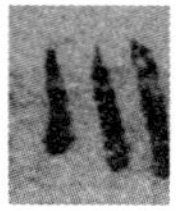 T21:281	 T21:314	 T21:314
 T21:422	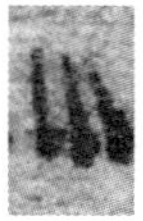 T21:494	 T22:005	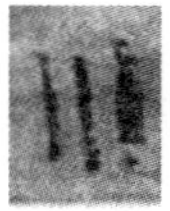 T22:005	 T22:005
 T22:007	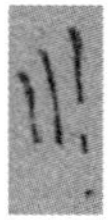 T22:011B	 T22:022	 T22:024	 T22:033
 T22:048	 T22:054	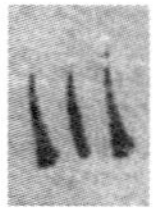 T22:095	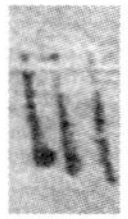 T22:095	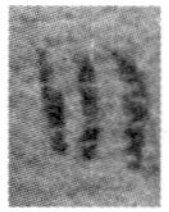 T22:103
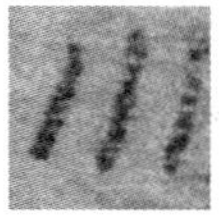 T22:111A	 T22:111A	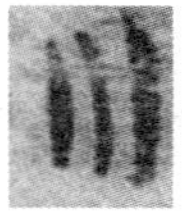 T22:131B	 T23:026	 T23:054

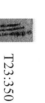

T23:057

T23:118

T23:145

T23:160

T23:213

T23:213

T23:307

T23:349A
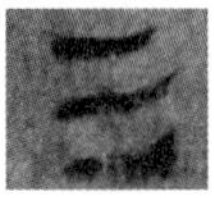
T23:349A

T23:350

T23:352
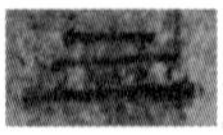
T23:389
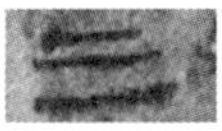
T23:389
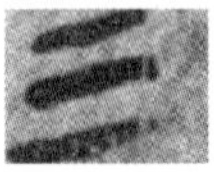
T23:413

T23:511
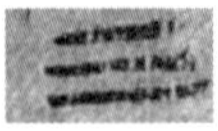
T23:555
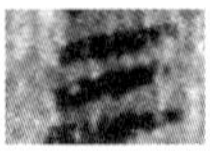
T23:567

T23:584

T23:656

T23:663B

T23:820

T23:895
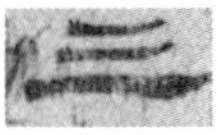
T23:925
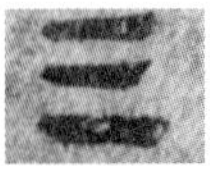
T23:936

T23:963

T23:964

T23:966
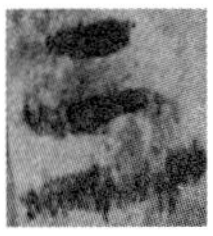
T23:966

T24:024A

T24:026

T24:031A

T24:034

T24:036
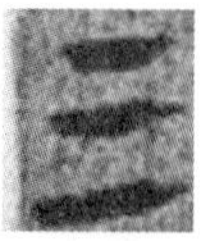
T24:046
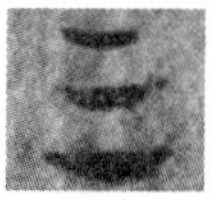
T24:092A

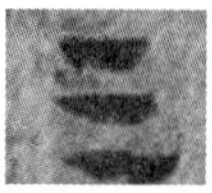
T24:092A

T24:143

T24:197

T24:205

T24:267A

T24:355A
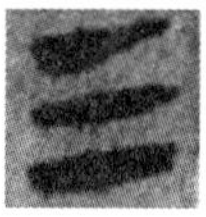
T24:389

T24:561
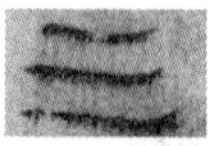
T24:585
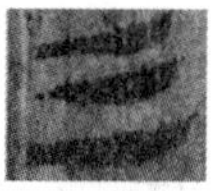
T24:828

T25:006
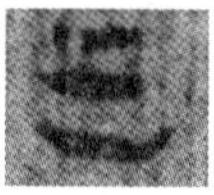
T25:022

T25:086
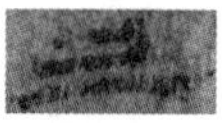
T25:093

T25:093

T26:033
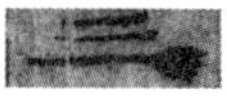
T26:034

T26:052
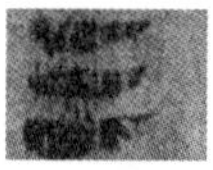
T26:057

T26:070

T26:152

T26:229A
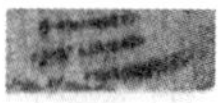
T26:259
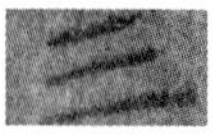
T27:006
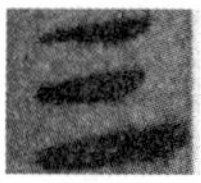
T27:022

T27:052

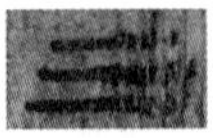
T27:057

T28:022

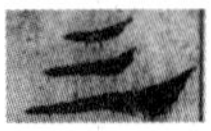
T28:022

T28:046A

T28:053A

T28:055

T29:029

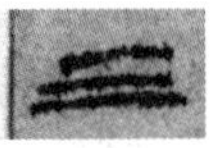
T29:049

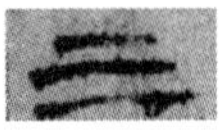
T29:049

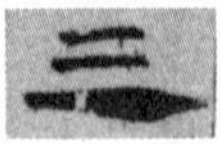
T29:080

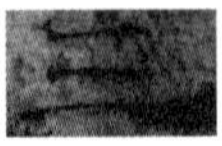
T29:115A

T30:002

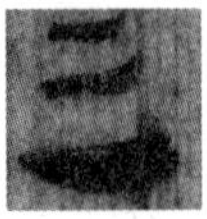
T30:010

T30:020

T30:024B

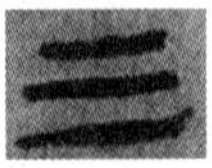
T30:031

T30:032

T30:034A

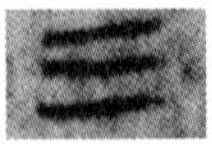
T30:040

T30:041

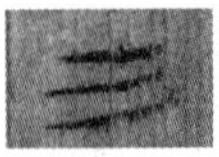
T30:043

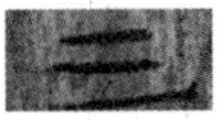
T30:046

T30:068

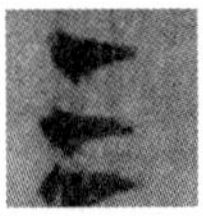
T30:124+96+123

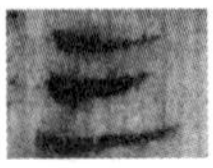
T30:132

T30:138

T30:258

T31:026

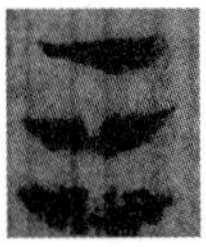
T31:031

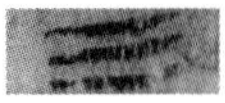
T31:033
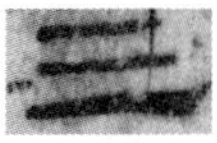
T31:060

T31:076
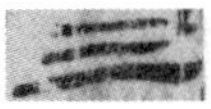
T31:101A

T31:140

T31:140

T31:140

T31:160
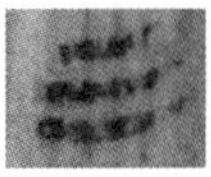
T32:001

T32:004
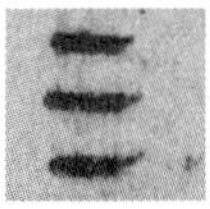
T32:010

T32:010
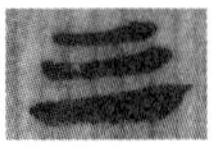
T32:036B

T32:036B
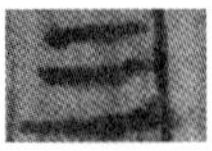
T32:039
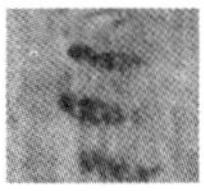
T32:040

T32:075
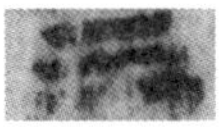
T32:075

T33:011
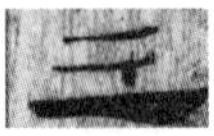
T33:051

T33:058
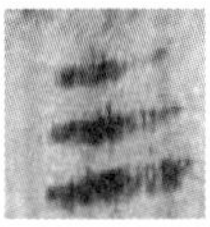
T34:006A
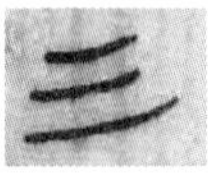
T34:010

T34:020

T34:033

T35:002
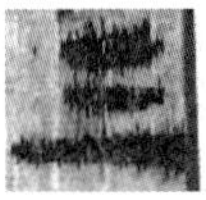
T37:025

T37:047B

T37:053
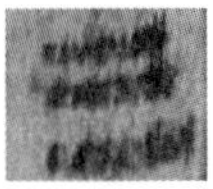
T37:097
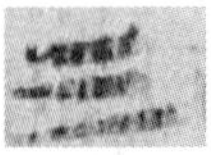
T37:112

T37:114

T37:115

T37:125

T37:161A

T37:238

T37:276A

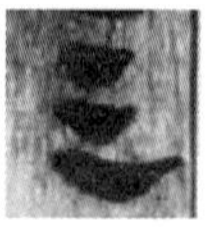
T37:446

T37:448

T37:448

T37:519A

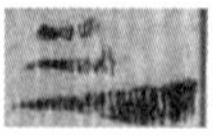
T37:519A

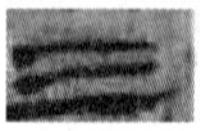
T37:524

T37:525

T37:526

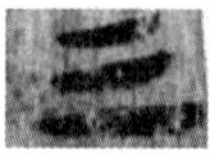
T37:591

T37:626

T37:655

T37:660

T37:666

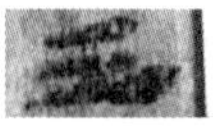
T37:710

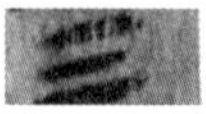
T37:710

T37:711

T37:717

T37:719

T37:743

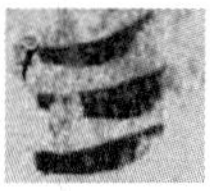
T37:746

T37:749A

T37:755

T37:755

T37:755

T37:761

T37:761

T37:764

T37:768

T37:768

T37:773

T37:773

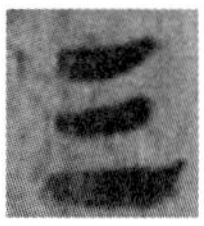
T37:785

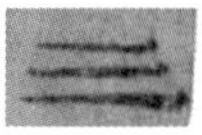
T37:788A

T37:806+816

T37:833A

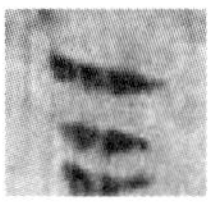
T37:874

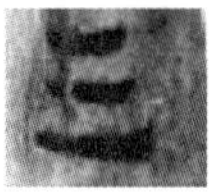
T37:952

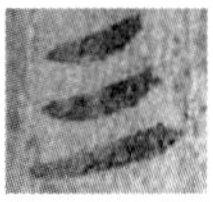
T37:960

T37:990

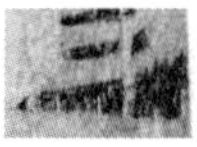
T37:997

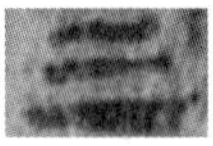
T37:1003

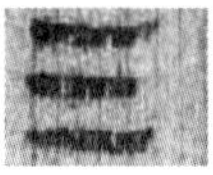
T37:1006

T37:1007

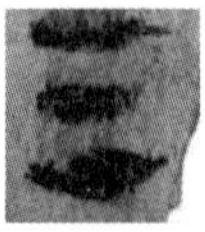
T37:1025

T37:1058

T37:1060

T37:1070

T37:1123

T37:1149

T37:1151A

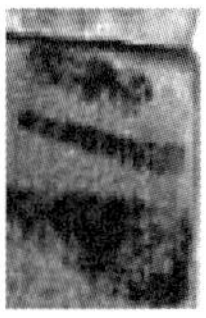
T37:1151B

T37:1152

T37:1169

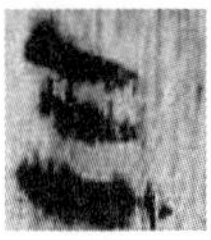
T37:1184

T37:1207

T37:1273A
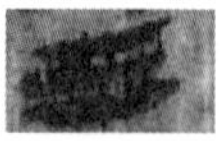
T37:1382
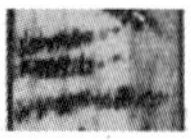
T37:1400A

T37:1400A

T37:1450

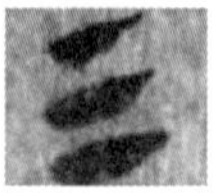
T37:1454
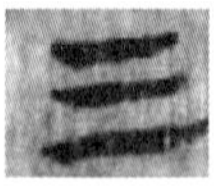
T37:1517
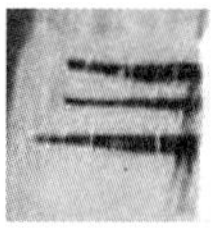
T37:1535A
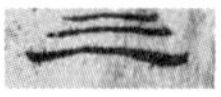
T37:1539

T37:1541

T37:1552
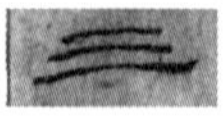
T37:1552

T37:1586

H01:003A

H01:003A
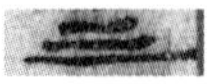
H01:003A

H01:005

H01:034

H01:054
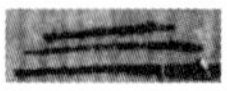
H02:002
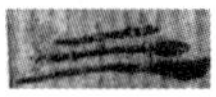
H02:002
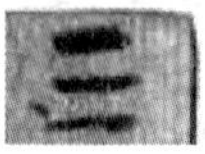
H02:005A

H02:011

H02:018

H02:053A
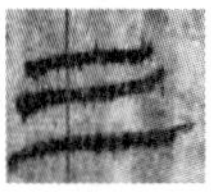
H02:056A
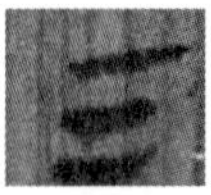
H02:058

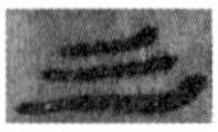
F01:009
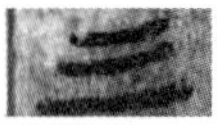
F01:010
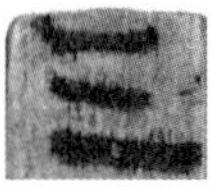
F01:020B

F01:025
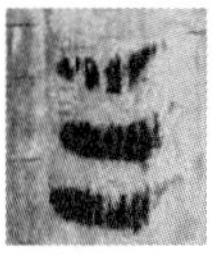
F01:031

F01:076

73EJF2:2

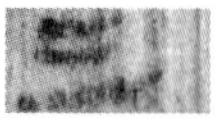
73EJF2:2

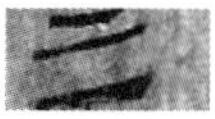
73EJF2:3

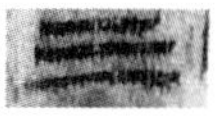
73EJF2:10

73EJF3:1

73EJF3:26

73EJF3:29

73EJF3:35

73EJF3:41A

73EJF3:43

73EJF3:43

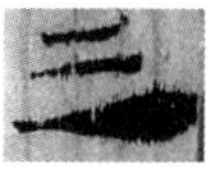
73EJF3:57A

73EJF3:76+448A

73EJF3:79+509

73EJF3:83

73EJF3:84

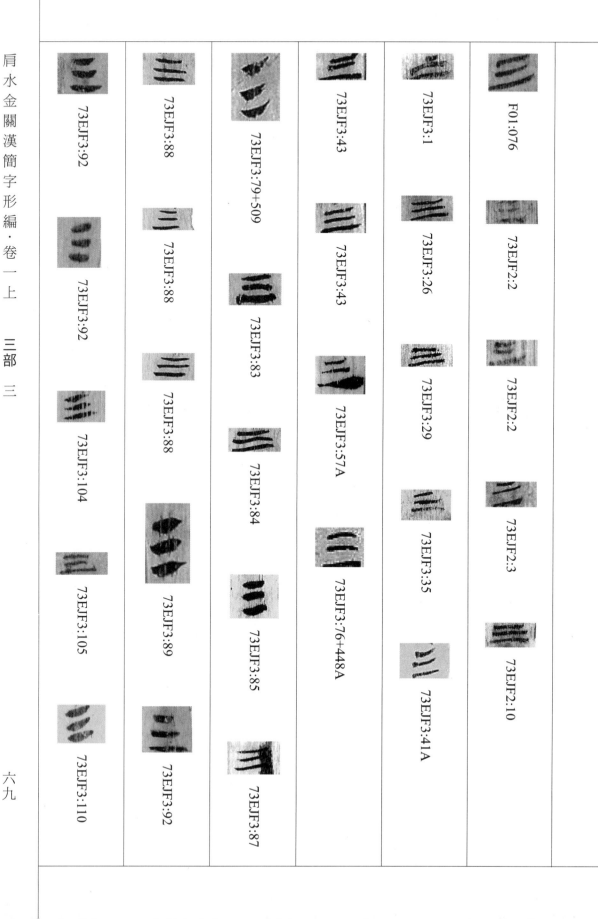

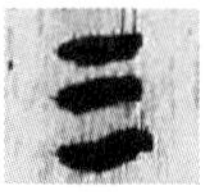
73EJF3:85

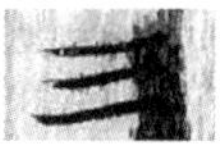
73EJF3:87

73EJF3:88

73EJF3:88

73EJF3:88

73EJF3:89

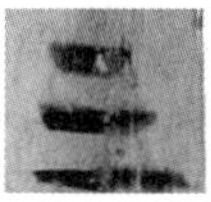
73EJF3:92

73EJF3:92

73EJF3:92

73EJF3:104

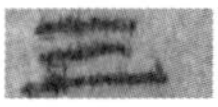
73EJF3:105

73EJF3:110

73EJF3:114+202+168

73EJF3:116A

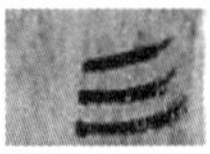
73EJF3:116B

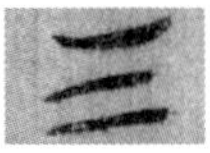
73EJF3:133

73EJF3:139

73EJF3:143+211+425

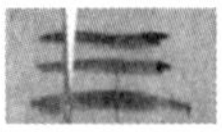
73EJF3:147

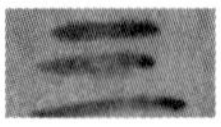
73EJF3:147

73EJF3:150A

73EJF3:155A

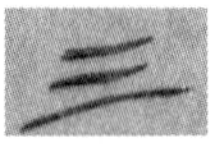
73EJF3:157

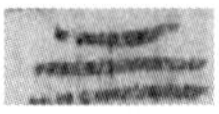
73EJF3:178A

73EJF3:185

73EJF3:189+421

73EJF3:470+564+190+243

73EJF3:482+193

73EJF3:482+193

73EJF3:199

73EJF3:232

73EJF3:251B+636A+562B+234B+445B

73EJF3:237

73EJF3:242

73EJF3:242

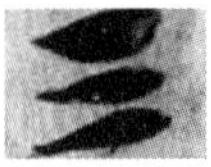
73EJF3:249

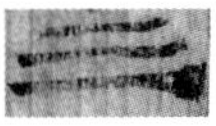
73EJF3:255

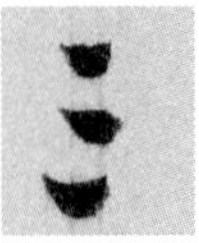
73EJF3:259

73EJF3:264

73EJF3:311

73EJF3:311
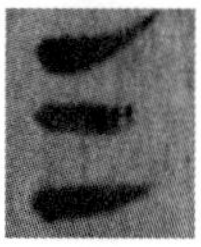
73EJF3:312
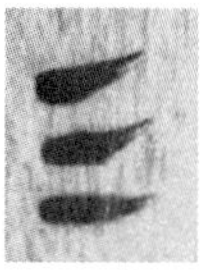
73EJF3:312

73EJF3:318
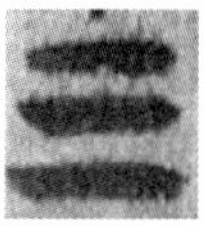
73EJF3:326

73EJF3:327

73EJF3:371

73EJF3:373
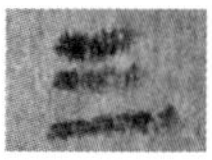
73EJF3:387

73EJF3:397+403

73EJF3:397+403

73EJF3:401
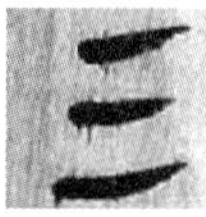
73EJF3:404

73EJF3:412

73EJF3:420

73EJF3:420

73EJF3:422

73EJF3:444
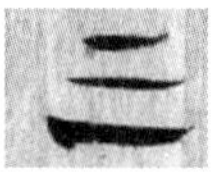
73EJF3:458

73EJF3:516

73EJF3:520
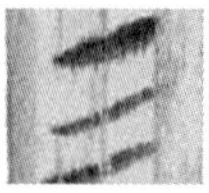
73EJF3:590
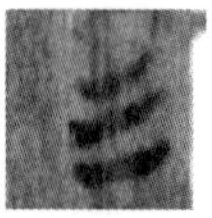
73EJT4H:76

73EJD:2
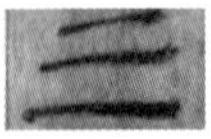
73EJD:8A

73EJD:12
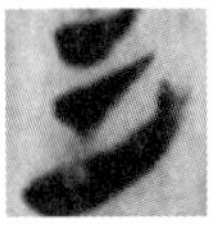
73EJD:24

73EJD:27

73EJD:33A

73EJD:33A

73EJD:36A
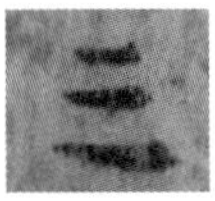
73EJD:38
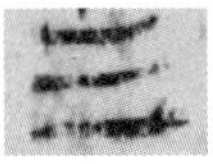
73EJD:70

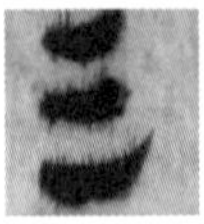
73EJD:73A
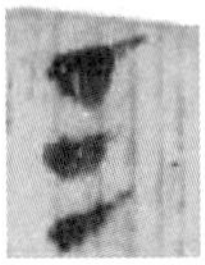
73EJD:73B
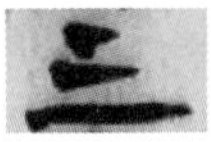
73EJD:85

73EJD:85

73EJD:150

73EJD:186A
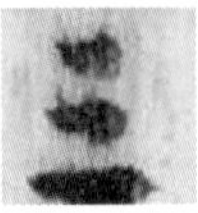
73EJD:231

73EJD:303

73EJD:319C

72EJC:14

72EJC:44+67

72EJC:106

72EJC:116B

72EJC:140

72EJC:247

72EJC:277

73EJC:308
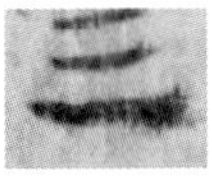
73EJC:453

73EJC:481

73EJC:484

王

0022

73EJC:519

73EJC:519

73EJC:531A

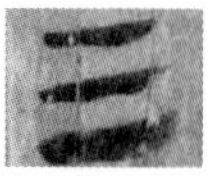
73EJC:536

73EJC:590

73EJC:617

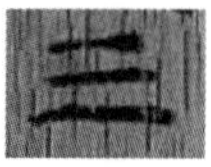
73EJC:642

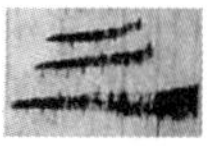
73EJC:643

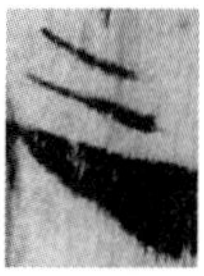
73EJC:646

72EDAC:7

72EDAC:7

72ECC:13

72EDIC:3

72EBS7C:4

T01:001

T01:006

T01:012

T01:042

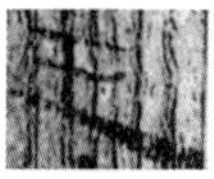
T01:080A

T01:088

T01:114

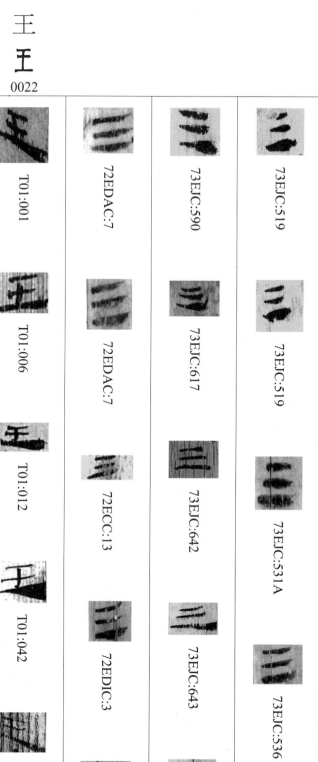

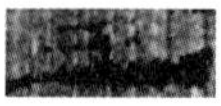
T01:155

T01:157

T03:054A

T03:055

T03:088

T04:008

T04:050

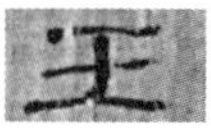
T04:099

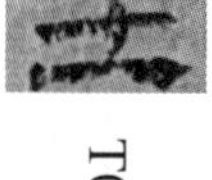
T05:001

T05:073

T06:041A

T06:049

T06:050

T06:141

T06:151

T07:033

T07:037

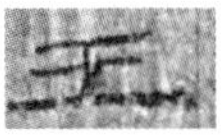
T07:159

T08:003

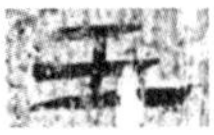
T08:004

T08:009

T08:016

T08:061

T09:013

T09:050

T09:060

T09:113

T09:229

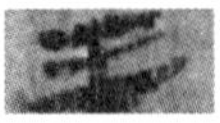
T09:241

T09:256

T09:318

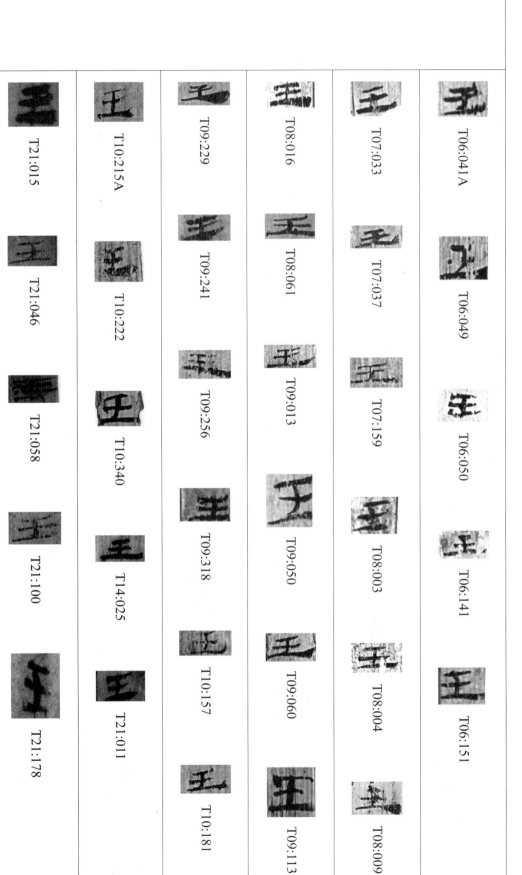

T10:157

T10:181

T10:215A

T10:222

T10:340

T14:025

T21:011

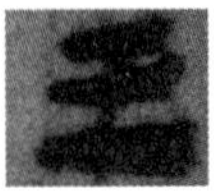
T21:015

T21:046

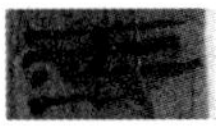
T21:058

T21:100

T21:178

T21:219

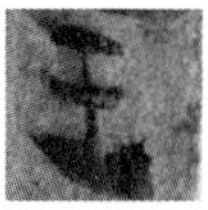
T21:268

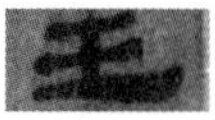
T21:310

T21:337

T22:010

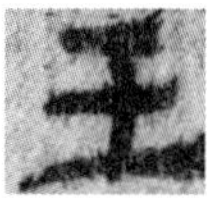
T23:222

T23:284

T23:298

T23:344

T23:408

T23:631

T23:697

T23:713

T23:726

T23:726

T23:769A

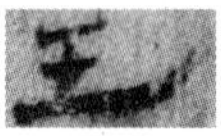
T23:778

T23:788A

T23:878

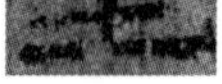
T23:905

T23:906B

T23:918B

T23:921

T23:976A

T24:073A

T24:138

T24:156

T24:409

T24:612

T24:637

王部 王

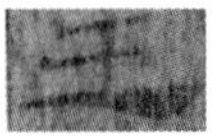
T24:751

T24:951

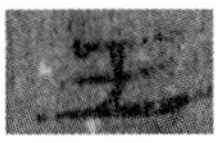
T24:965

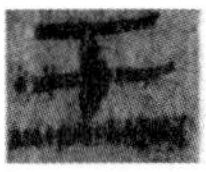
T25:009

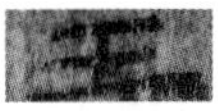
T25:018

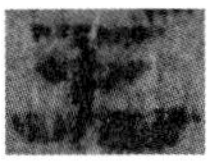
T25:162

T25:234

T26:087

T27:007B

T27:009

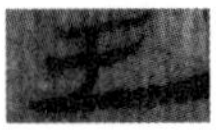
T27:019

T27:049

T28:010

T28:043

T28:104

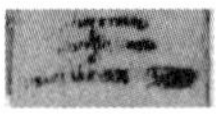
T29:045

T29:115B

T29:123

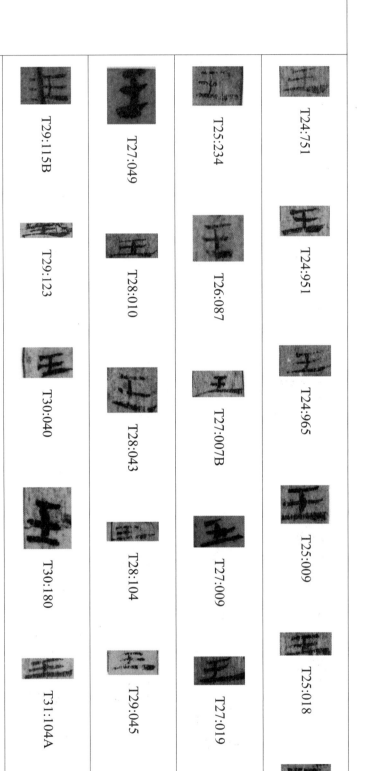

T30:040

T30:180

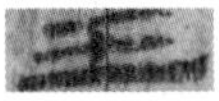
T31:104A

T31:145

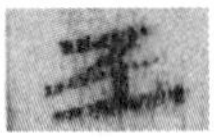
T31:160

T35:016

T37:028A

T37:033

T37:051

T37:057

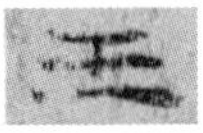
T37:110

T37:241

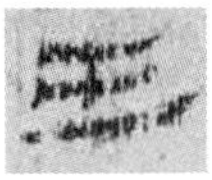
T37:260

T37:468A

T37:628

T37:647

T37:700

T37:734B

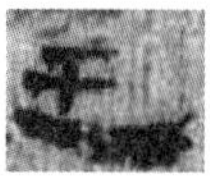
T37:757

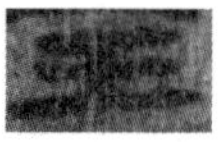
T37:762

T37:762

T37:814

T37:827

T37:984

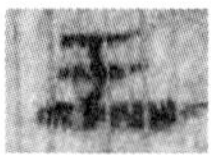
T37:986

T37:1022

T37:1113

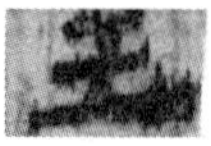
T37:1119

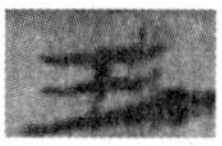
T37:1153

T37:1154

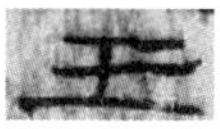
T37:1283

T37:1307A

T37:1406

T37:1414

T37:1462

T37:1465

H01:024

H01:029

H01:050

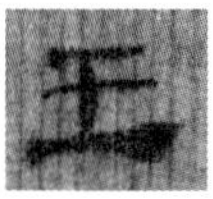
H01:056

H01:068

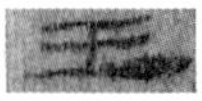
H02:016

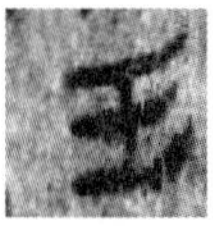
H02:048B

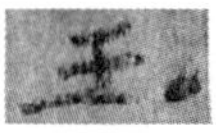
73EJF2:14

73EJF3:78+623

73EJF3:94

73EJF3:101

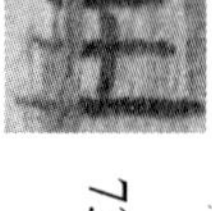
73EJF3:124A

73EJF3:132

73EJF3:139

73EJF3:141

73EJF3:144

73EJF3:144

73EJF3:157

73EJF3:251A+636B+562A+234A+445A

73EJF3:271

773EJF3:511+306+291

73EJF3:314

73EJF3:337

73EJF3:370

73EJF3:393

73EJF3:473

73EJF3:527

73EJF3:558

73EJF3:572

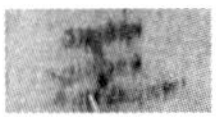
73EJD:1

73EJD:48

73EJD:56

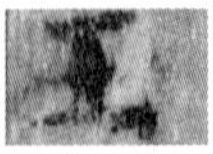
73EJD:107B

73EJD:210

73EJD:229

73EJD:232

72EJC:32

72EJC:104

72EJC:121

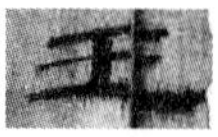
72EJC:274

73EJC:308

73EJC:434

73EJC:478

73EJC:529A

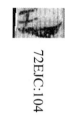

73EJC:594

73EJC:599A

73EJC:599B

73EJC:599B

73EJC:608

72ECC:70

閏

0023

T08:034

T09:010

T09:029A

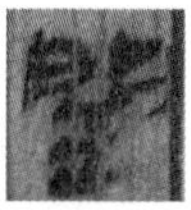
T21:307

T23:306

T23:339

T23:496

T24:381

T28:040

T30:048

T30:264

T31:045

T31:064

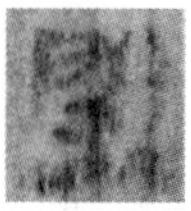
T31:098

T31:131

T37:148

T37:992

T37:1065A

T37:1148

H02:053A

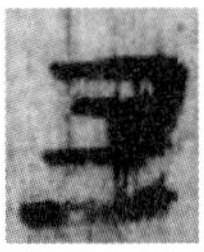
F01:118A

73EJF3:40B

73EJF3:41A

73EJF3:181

73EJF3:387

皇

0024

T05:069

T09:239

T21:001

T21:037

T23:767

T26:031

T37:223

T37:763

T37:772

73EJF2:10

72EJC:114

73EJC:428

玉

0025

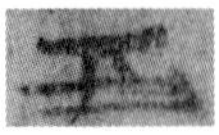
T27:061

T37:053

環

0026

T22:137

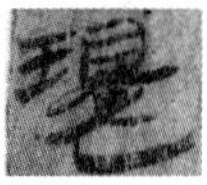
T24:774

T30:149

璜

0027

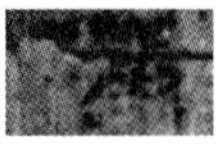
T29:033

珥

0028

T23:539

瑕

0029

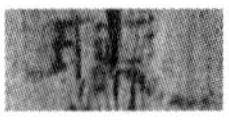
T24:766

理

0030

T23:878

T24:739

H01:058

碧

0031

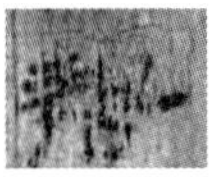
T37:1505

珠 0032

T09:132

瓅 0033

T37:521

靈 0034

T06:150

現 0035

T10:088

乞 0036

T09:235

T23:692

T37:161A

士 0037

T01:010

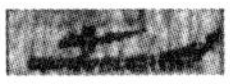
T01:033

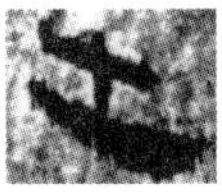
T01:150

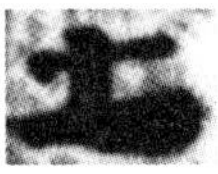
T03:098

T05:014

T05:018

T06:042

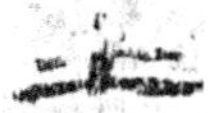
T06:050

T08:010

T08:035

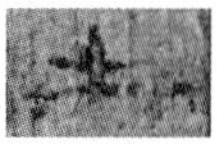
T08:101

T09:066

T09:121

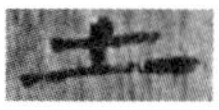
T10:079

T10:103

T10:179

T10:206

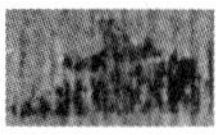
T10:352

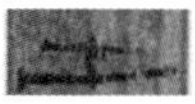
T14:039

T21:026

T21:042A

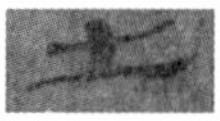
T21:103

T21:271B

T21:418

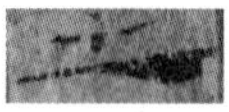
T22:034

T22:129

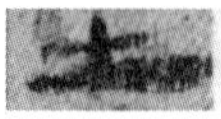
T23:373

T23:384

T23:555

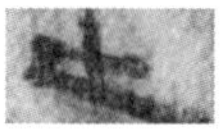
T23:562

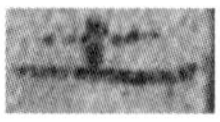
T23:620

T23:660

T23:735

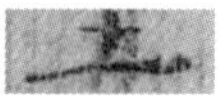
T23:778

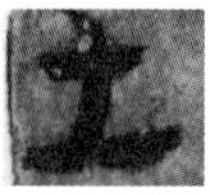
T23:966

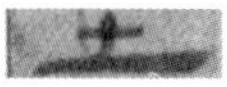
T24:235

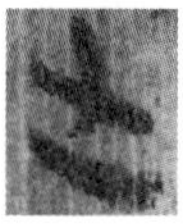
T24:681A

T24:777

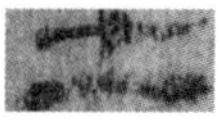
T24:966

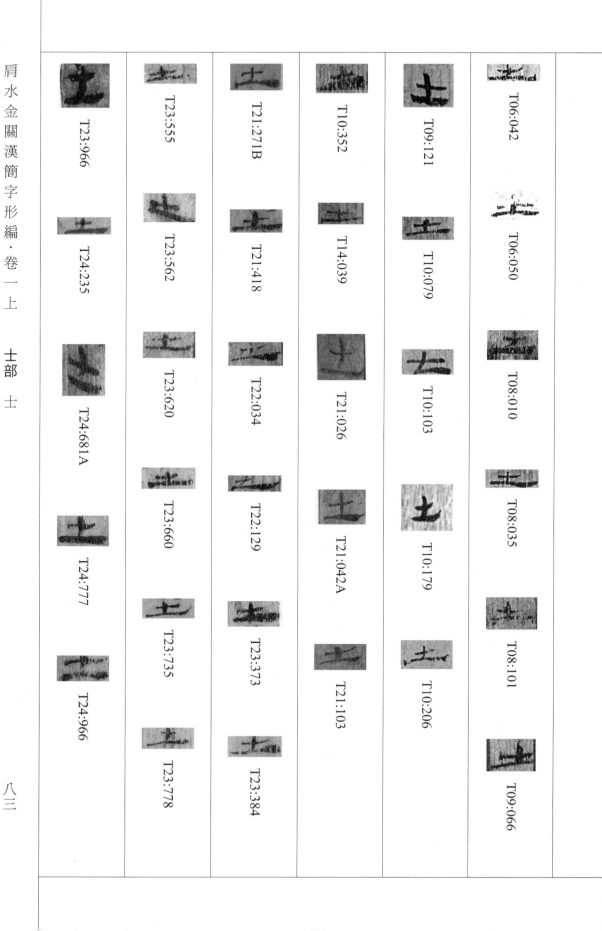

T25:009

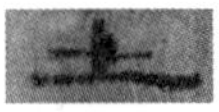
T25:077

T25:234

T28:034A

T28:043

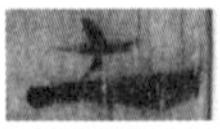
T28:050

T28:095

T29:097

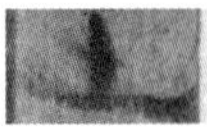
T30:017

T30:050

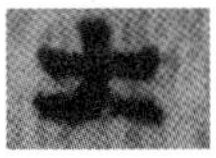
T30:179

T30:180

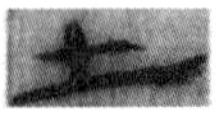
T31:126

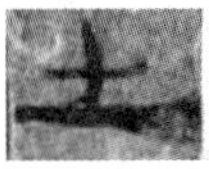
T37:231

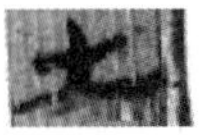
T37:345

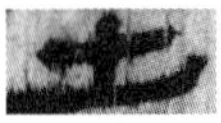
T37:622

T37:701

T37:719

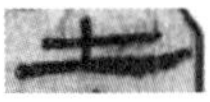
T37:759

T37:856

T37:857A

T37:984

T37:985

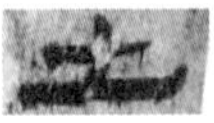
T37:988

T37:991

T37:1151A

T37:1152

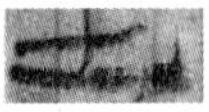
T37:1331

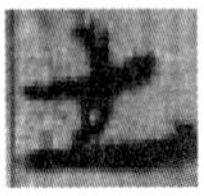
T37:1451A

T37:1495

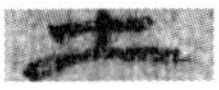
T37:1585A

H01:027

H01:052

H02:022
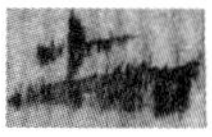
H02:039
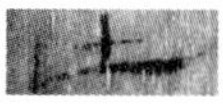
F01:023B
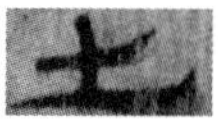
73EJF2:2

73EJF2:42

73EJF3:3
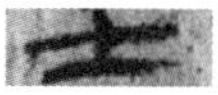
73EJF3:3
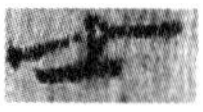
73EJF3:3
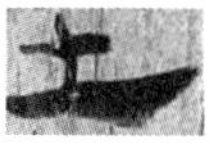
73EJF3:5

73EJF3:6

73EJF3:8

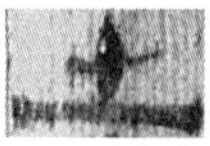
73EJF3:9

73EJF3:273+10

73EJF3:273+10

73EJF3:273+10

73EJF3:12

73EJF3:13
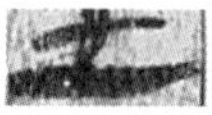
73EJF3:15

73EJF3:16

73EJF3:17

73EJF3:281+18

73EJF3:281+18

73EJF3:19

73EJF3:20

73EJF3:30+21
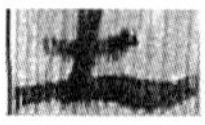
73EJF3:23

73EJF3:24
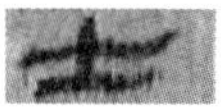
73EJF3:24

73EJF3:26

73EJF3:27

73EJF3:27

士部 士

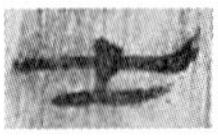
73EJF3:28

73EJF3:28
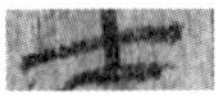
73EJF3:28

73EJF3:29

73EJF3:31

73EJF3:32

73EJF3:415+33

73EJF3:415+33

73EJF3:415+33

73EJF3:34

73EJF3:47

73EJF3:91

73EJF3:96

73EJF3:96
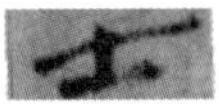
73EJF3:96

73EJF3:97

73EJF3:97

73EJF3:97

73EJF3:98

73EJF3:98

73EJF3:99
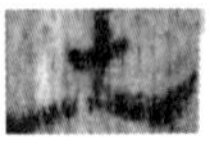
73EJF3:100

73EJF3:107
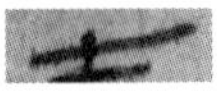
73EJF3:130
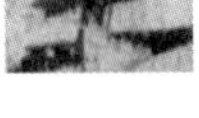
73EJF3:148

73EJF3:241

73EJF3:280

773EJF3:511+306+291
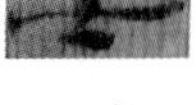
73EJF3:325

73EJF3:328A

73EJF3:358

73EJF3:359

73EJF3:359

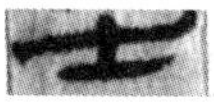
73EJF3:361

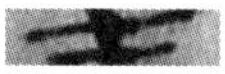
73EJF3:361

73EJF3:361

73EJF3:362

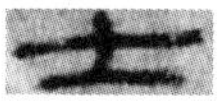
73EJF3:362

73EJF3:363

73EJF3:416+364

73EJF3:416+364

73EJF3:416+364

73EJF3:365

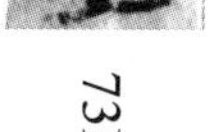
73EJF3:366

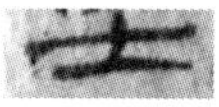
73EJF3:366

73EJF3:366

73EJF3:367

73EJF3:385

73EJF3:387

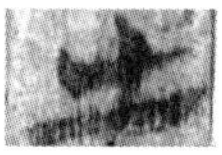
73EJF3:398

73EJF3:406

73EJF3:413

73EJF3:413

73EJF3:414

73EJF3:414

73EJF3:446

73EJF3:446

73EJF3:463

73EJF3:467

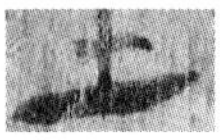
73EJF3:506

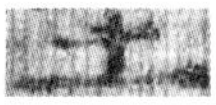
73EJF3:554

73EJF3:556

73EJF3:592

73EJD:7

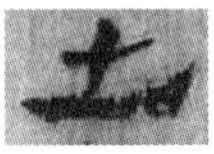
72EJC:5

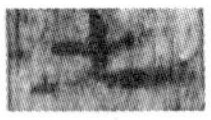
72EJC:11

72EJC:36

72EJC:43+52

72EJC:62

72EJC:286

73EJC:440

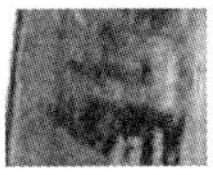
73EJC:464

73EJC:604

73EJC:604

72EDIC:2

壻

壻

0038

T01:001

T06:041A

73EJD:13

按：金關簡作「聟」。

壯

壯

0039

T01:001

T24:011

T29:109

T30:094A

T37:660

T37:675

T37:988

73EJD:8A

中

0040

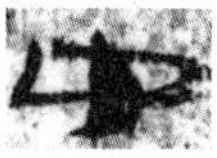
T01:069

T01:174B

T02:080A

T03:012

T03:095

T04:121

T05:061

T05:071

T07:008

T07:053

T07:084

T07:170

T08:096

T09:029A

T09:030

T09:062A

T09:068A

T09:104

T10:120A

T10:208

T10:221A

T10:312A

T10:313A

T10:315A

T15:022

T21:002

T21:056
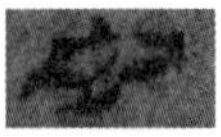
T21:112

T21:119
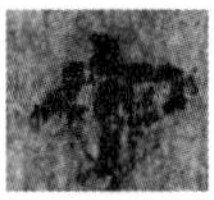
T21:141

T21:175A

T21:177

T22:038A

T23:079A

T23:260
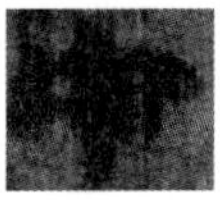
T23:276

T23:295
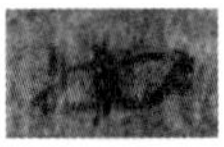
T23:322B

T23:359A

T23:365A

T23:497
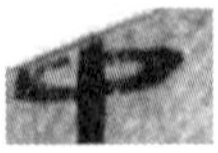
T23:503

T23:578

T23:619

T23:620
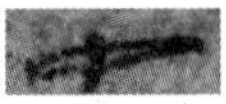
T23:620

T23:689

T23:731B

T23:764

T23:764
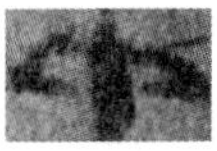
T23:769A

T23:804B

T23:817

T23:877A
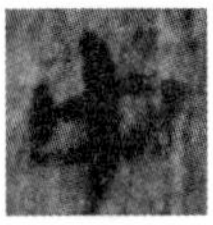
T23:887

T23:896B

T23:897A

T23:931

T23:931

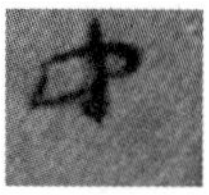
T23:932

T23:955

T23:955

T23:969

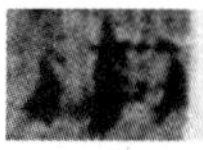
T23:991

T23:991

T24:011

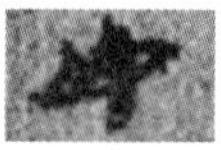
T24:046

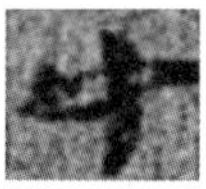
T24:046

T24:065A

T24:077

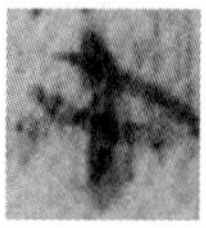
T24:077

T24:141

T24:148

T24:149

T24:152

T24:194

T24:194

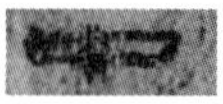
T24:197

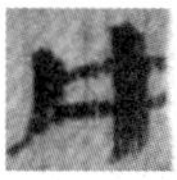
T24:203A

T24:245

T24:247B

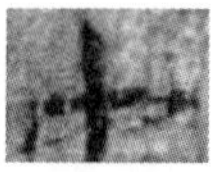
T24:339A

T24:339A

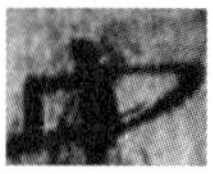
T24:407

T24:435

T24:484

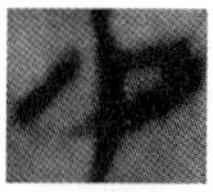
T24:627A

丨部 中

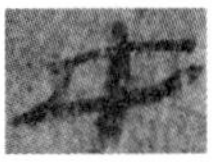
T24:730
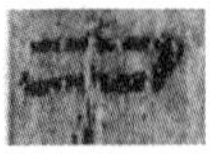
T25:004

T25:007A

T25:015A

T25:053

T25:059

T25:068
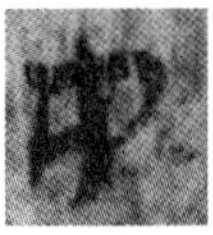
T25:082

T25:133
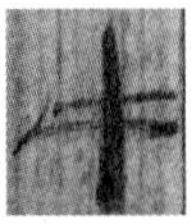
T26:002A

T26:007
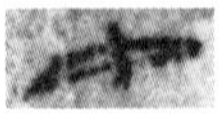
T26:032
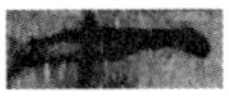
T26:035

T27:007A
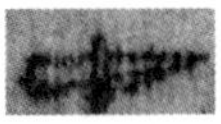
T27:066

T29:013A

T29:022

T30:029A

T30:062

T30:064
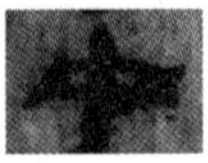
T30:102

T30:116A

T30:213

T30:221

T30:234
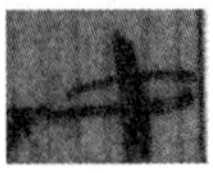
T30:243A

T30:250

T30:254

T30:261

T31:035

T31:066

T31:142

T31:152

T31:199

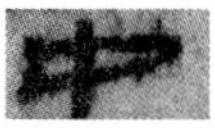
T32:075

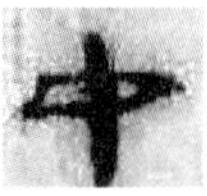
T33:039

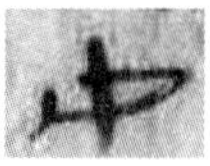
T33:085

T33:089

T34:001A

T37:056

T37:057

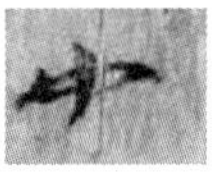
T37:085

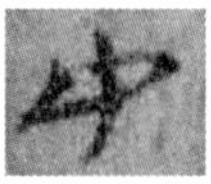
T37:085

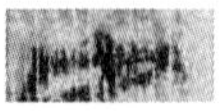
T37:206

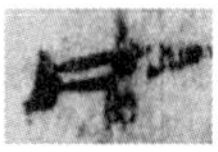
T37:239

T37:354

T37:400A

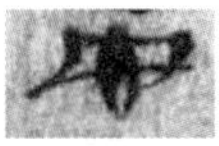
T37:524

T37:526

T37:527

T37:527

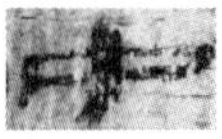
T37:566A

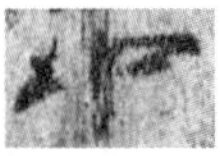
T37:658

T37:660

T37:722

T37:725

T37:779

T37:928

T37:996

T37:1014

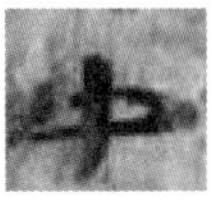
T37:1052A

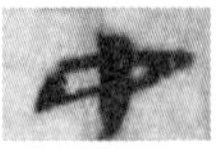
T37:1057A

T37:1076A

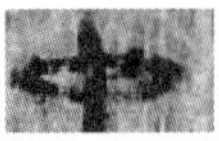
T37:1076A

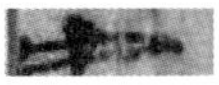
T37:1132

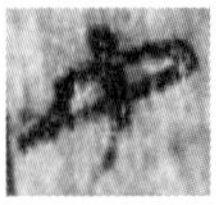
T37:1162A

T37:1168

T37:1235

T37:1339

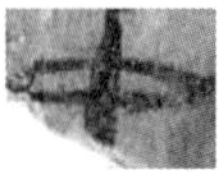
T37:1358

T37:1451A

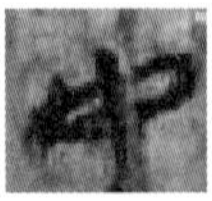
T37:1454

T37:1471A

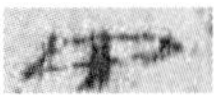
T37:1493

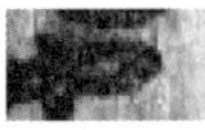
T37:1528

H01:018

H01:039

H01:054

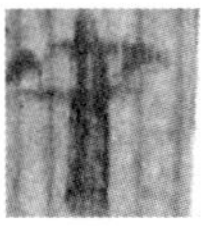
H02:034

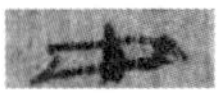
H02:040

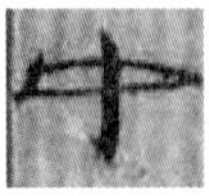
H02:050

73EJF2:17

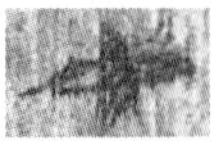
73EJF3:2

73EJF3:3

73EJF3:3

73EJF3:8

73EJF3:273+10

73EJF3:15

73EJF3:16

73EJF3:23

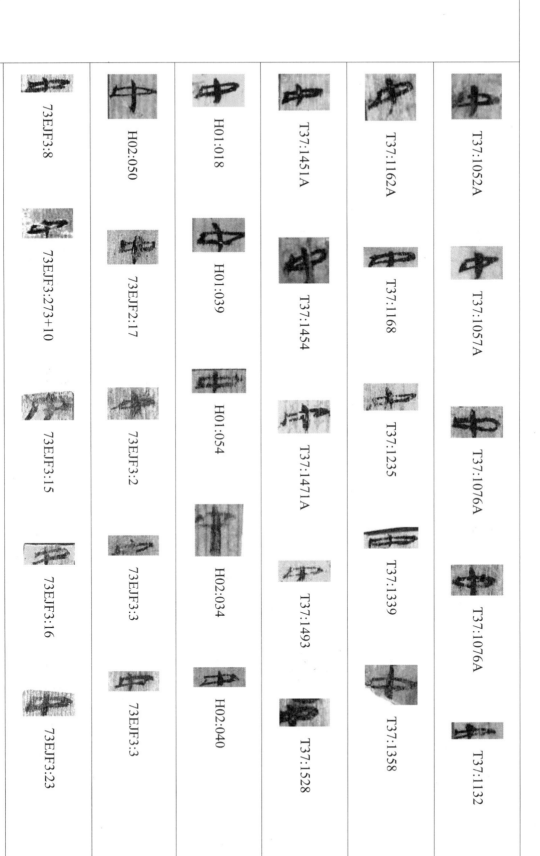

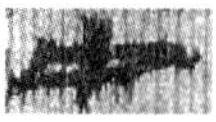
73EJF3:23

73EJF3:27

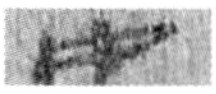
73EJF3:28

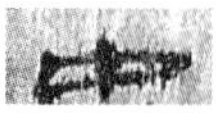
73EJF3:29

73EJF3:415+33

73EJF3:46

73EJF3:52

73EJF3:76+448A

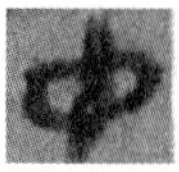
73EJF3:92

73EJF3:92

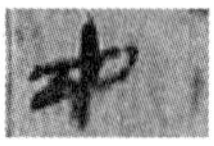
73EJF3:92

73EJF3:96

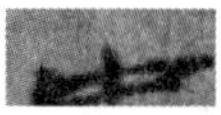
73EJF3:96

73EJF3:97

73EJF3:100

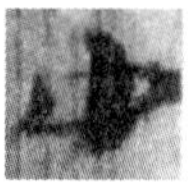
73EJF3:169

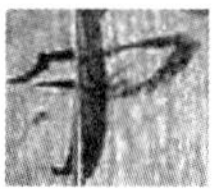
73EJF3:194+198

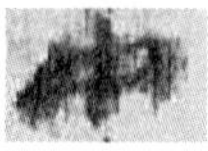
73EJF3:248

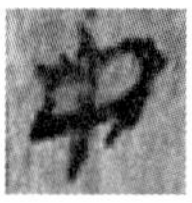
73EJF3:311

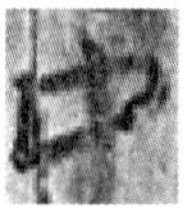
73EJF3:311

73EJF3:328A

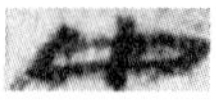
73EJF3:358

73EJF3:361

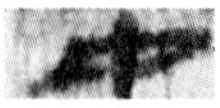
73EJF3:363

73EJF3:366

73EJF3:382A

73EJF3:406

73EJF3:413

73EJF3:414

73EJF3:417

73EJF3:417

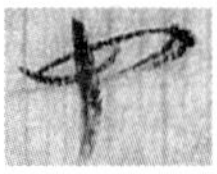
73EJF3:440

73EJF3:465+500

73EJF3:519

73EJF3:523

73EJD:2

73EJD:8A

73EJD:22

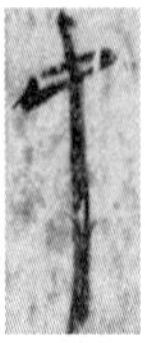
73EJD:31B

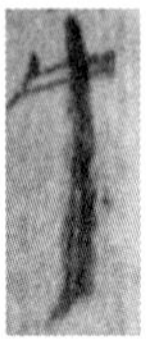
73EJD:40A

73EJD:43A

73EJD:49A

73EJD:160

73EJD:260A

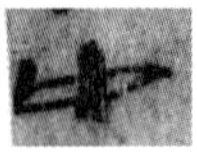
73EJD:355

72EJC:31

72EJC:37

72EJC:57+148

72EJC:94

72EJC:165

72EJC:284

73EJC:300

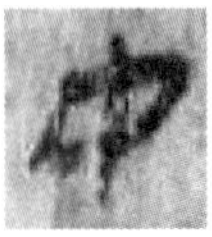
73EJC:320

73EJC:369A

73EJC:389

73EJC:402

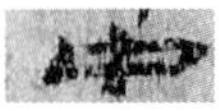
73EJC:599A

73EJC:599B

72EBS7C:1A

肩水金關漢簡字形編·卷一下

屯 0041

T01:083

T04:071

T10:241

T23:448

T24:036

T24:596

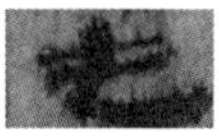
T28:031

H02:095

73EJF3:115

73EJF3:154

毒 0042

T21:024

T21:024

莊 0043

T01:092

T06:120

T08:085

T10:292

T21:040

T22:127

T23:572

T23:614

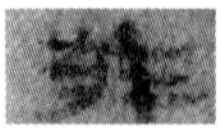
T23:922

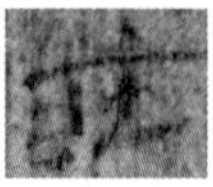
T24:276

T24:381

T24:912

T25:045

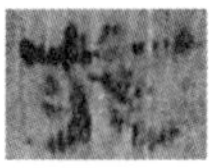
T26:136

T28:030

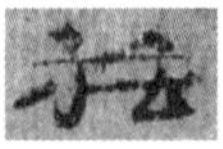
T29:100

T30:189

T30:263

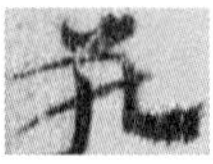
T37:035

T37:631

T37:806+816

T37:845

T37:889

T37:1286

T37:1511

H01:018

73EJF3:83

73EJF3:114+202+168

73EJF3:433+274

73EJF3:317

73EJF3:366

73EJF3:374

73EJD:287

73EJD:293

72EJC:5

72EJC:14

蘇

0044

T01:121

T01:163

T01:164

T01:176

T03:068

T04:009

T07:016

T08:014

T09:224

T10:281

T10:388

T14:017

T23:293A

T24:250

T24:365

T24:777

T30:259

T30:266

T37:082

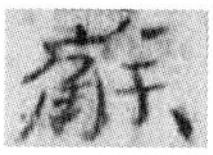
T37:225

T37:243

T37:465

T37:958

T37:1018

T37:1084

T37:1100

H01:025

H02:041

F01:025

F01:037

73EJF3:19

73EJF3:413

73EJF3:530

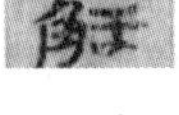
73EJC:436

葵

0045

T37:1479

73EJF3:38

蘠

0046

T05:082

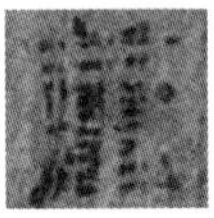
T21:024

T30:193

按：金關簡省作「薔」。

藍

0047

T06:110A

T06:110B

蘭

0048

T04:098B

T06:180

T07:004

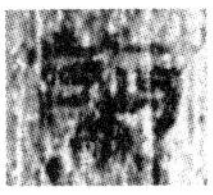
T07:078

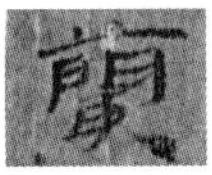
T10:292

T21:077

T21:177

T21:380

T23:145

T23:765

T23:768

T24:140

T24:534

T25:047

T26:196

T27:060A

T29:107

T30:168

T32:072

T34:028

T37:225

T37:262

T37:521

T37:727A

T37:1381

73EJF3:443

73EJD:12

73EJD:169

73EJD:299A

73EJD:299B

73EJD:300A

73EJC:606

72ECC:12A

莛

0049

T37:713

茖

0050

T23:747

按：疑為「若」字。

莨

0051

T37:1587

萸

0052

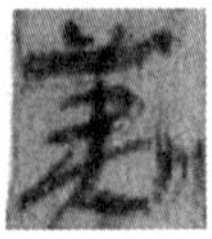

72EJC:216

薛

0053

T04:089

T06:046B

T09:020

T10:313A

T23:328

T23:509

T25:125

T26:120

T29:013A

T29:109

T37:779

T37:779

H01:025

73EJF2:22

73EJD:353

73EJC:307

苦

𦯀

0054

T01:090A

T24:015A

T26:136

T26:172

T26:217

T26:276

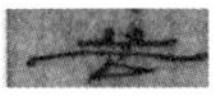
T30:014

T30:025

T30:140

T30:169

T37:126

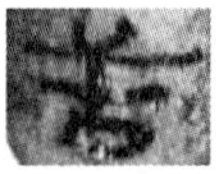
T37:1251

H02:047A

H02:048A

F01:002

F01:004

73EJF3:430A+263A

茅

0055

T26:191

菅

0056

T26:054

T37:713

蒲

0057

T01:163

T23:920

T24:416A

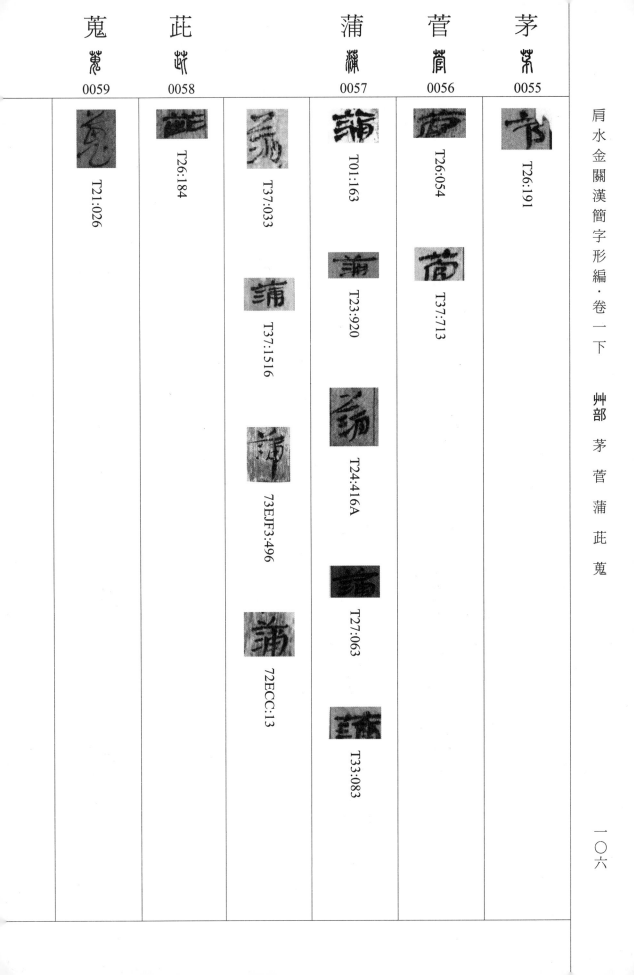

T27:063

T33:083

T37:033

T37:1516

73EJF3:496

72ECC:13

茈

0058

T26:184

蒐

0059

T21:026

薺

0060

T21:008

董

0061

T01:175

T04:017

T05:078

T07:024

T09:082

T09:119

T10:148

T21:487

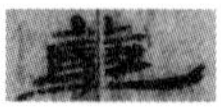
T23:145

T23:929

T24:262

T24:282

T24:578

T24:952

T25:094

T29:058

T30:159

T30:160

T31:167

T37:352

T37:520B

T37:774

T37:808

T37:830

T37:1432

T37:1588

73EJF3:269+597

73EJF3:484

72EJC:51

蓮

0062

T21:379

蕭

0063

T03:053

T37:1089

73EJF3:171

73EJF3:416+364

73EJF3:400

葛

0064

T24:843

菌

0065

73EJF3:382B

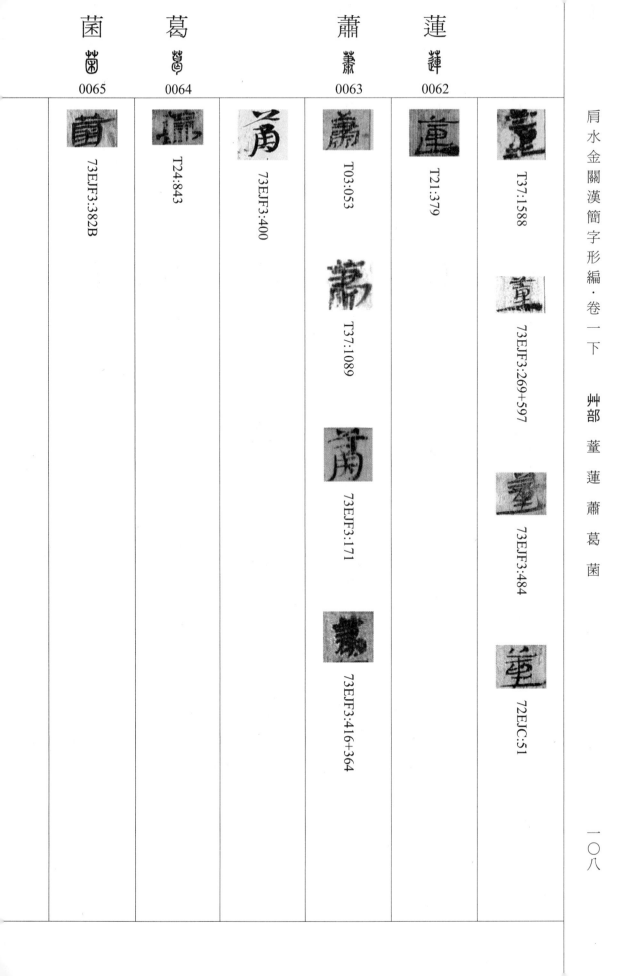

艸部 萌 葉 英 莢 芒

萌 0066

73EJF3:155A

73EJF3:194+198

73EJF3:402

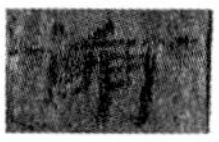
73EJF3:478

葉 0067

T07:003

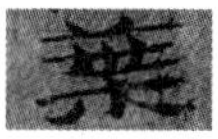
T24:047

T29:013A

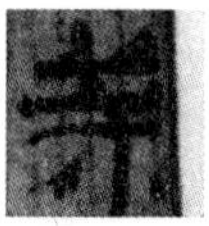
T30:014

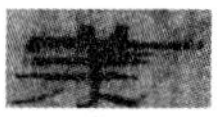
T30:062

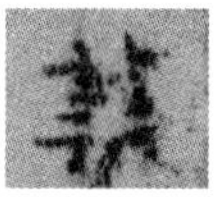
T30:085

T37:870

T37:1318

英 0068

T26:119

莢 0069

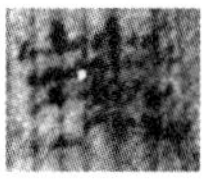
T24:247B

芒 0070

T04:102

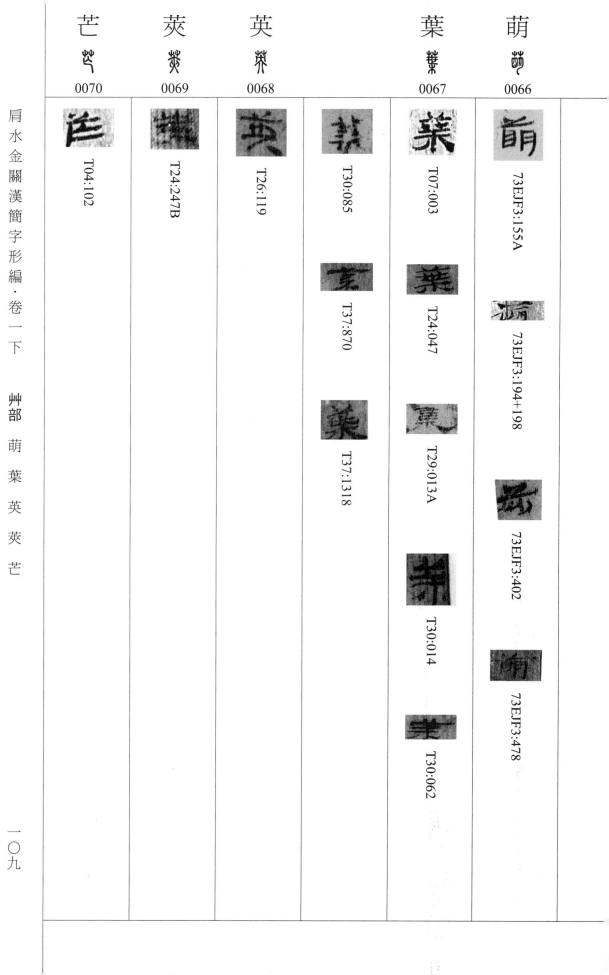

茂

0071

T08:084

T30:044

T37:425

T37:468A

T37:523A

T37:523B

T37:669

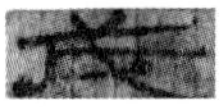

T37:858

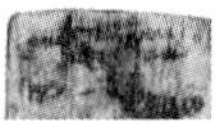

T37:892

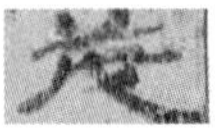

T37:1114

T37:1460

T37:1505

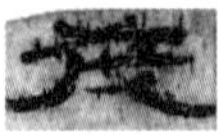

T37:1511

T37:1586

73EJF3:172

73EJF3:370

72EJC:14

蔭

0072

T37:1184

茲

0073

T01:212

芮 0074

T26:007

茬 0075

T24:392

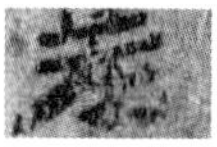
T37:844

蒼 0076

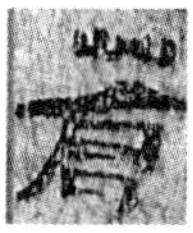
T06:111A

T37:1221

73EJF3:287A

72EJC:253

72EJC:253

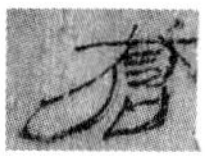
73EJC:634

萃 0077

T07:094

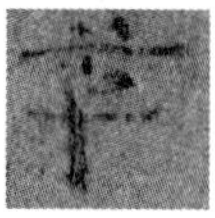
T29:072

73EJF3:91

苗 0078

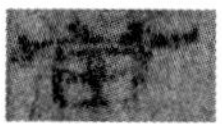
T26:027

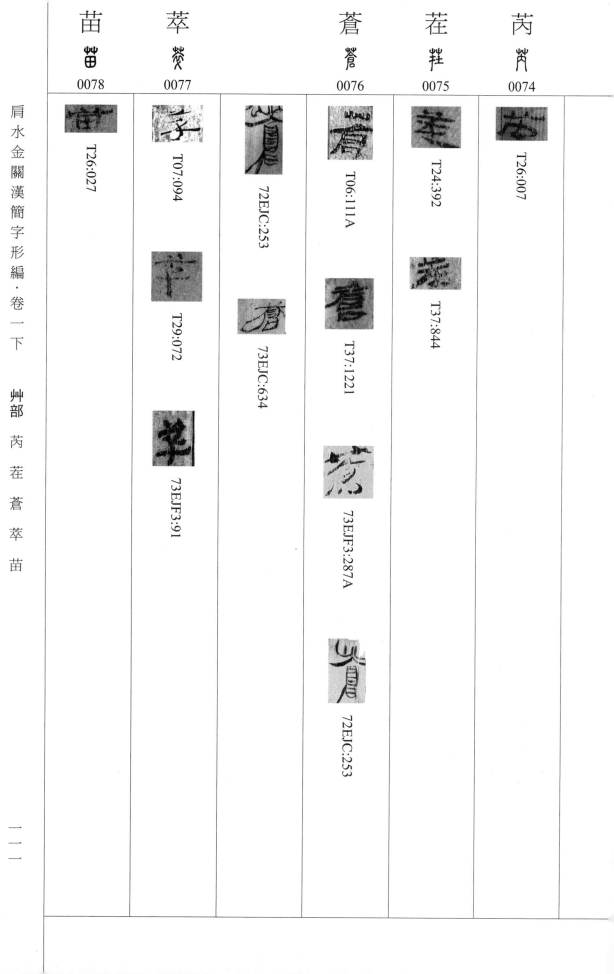

苛

0079

T01:029

T03:055

T04:101

T06:038A

T06:079

T09:022

T09:035

T09:062A

T09:104

T09:223

T09:387

T10:120A

T10:210A

T10:315A

T10:359

T22:002

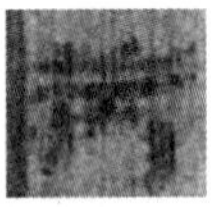
T22:137

T23:229A

T23:335

T23:897A

T23:929

T24:023A

T24:078

T24:240A

T24:382A

T26:065

T29:114B

T30:003

T31:066

T33:039

T33:040A

T34:006A

T34:006A
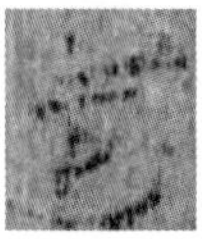
T37:091A

T37:519A

T37:521

T37:524

T37:525

T37:526

T37:573

T37:720

T37:721

T37:733

T37:780

T37:902

T37:975

T37:1010

T37:1066

T37:1075A

T37:1076A

T37:1128

T37:1177

T37:1184

T37:1186A

T37:1499A

T37:1533B

F01:025

73EJF3:175+219+583+196+407

73EJF3:181

73EJF3:261

73EJF3:328A

73EJF3:350

73EJD:10

73EJD:37A

73EJD:65

72EJC:15A

72EJC:54

73EJC:445A

72EBS7C:1A

落

0080

T07:080A

T10:357

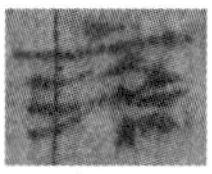
T21:131A

T21:131B

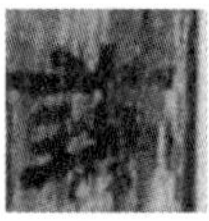
T21:177

T22:110

T24:339B

T24:369

T24:751

T25:118

T29:101

T30:072

T31:128

T37:150

T37:1329

T37:1386

T37:1535B

73EJF3:185

73EJD:47

73EJC:613

蔡

0081

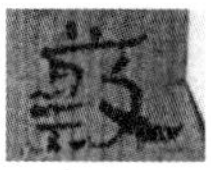
T05:047

T09:045

T23:788A

T25:055

T30:140

T37:025

T37:928

T37:1496

T37:1566

73EJF3:276

73EJD:70

73EJC:560

73EJC:560

薄

0082

73EJF3:633

73EJC:614

苑

0083

T04:098A

T22:082

T25:101

T37:841

H02:002

72EJC:95

蓄

蓄 0084

T09:003

T09:020

T09:028

T09:335

T23:498

T24:112B

T30:210A

T37:750

T37:849

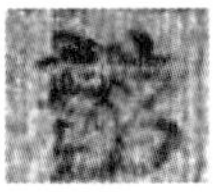
T37:1005

T37:1111

T37:1497

H02:094

藥

藥 0085

T04:061

T23:765

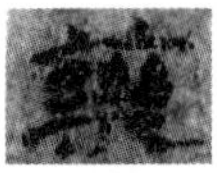
T25:093

T26:126

73EJF3:44

73EJD:40A

73EJD:42

73EJD:47

藉

0086

T01:001

T03:083

T06:052

T21:208

T23:896A

T24:394A

蓋

0087

T01:001

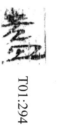

T01:294

T09:196

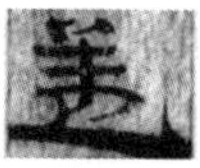
T14:005

T14:038

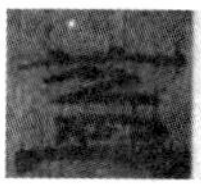
T21:044

T23:055

T23:773

T30:135

T31:103

T37:854

T37:1097A

T37:1151B

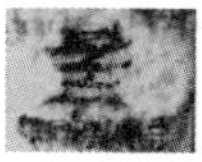
F01:027

F01:027

73EJF3:325

73EJD:12

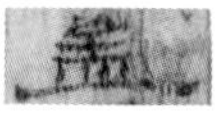
73EJD:174

73EJD:201

若
0088

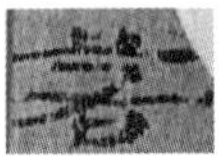
T02:053A

T05:030

T06:024

T06:118A

T10:034

T21:038A

T22:009

T29:055A

T30:148A

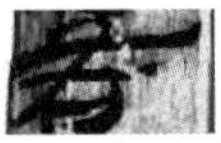
T37:905B

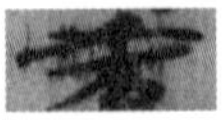
T37:1429A

H01:048

73EJF3:525A

72ECC:26

72EBS7C:4

蓒
0089

T37:1542

芻
0090

T24:038

茭
0091

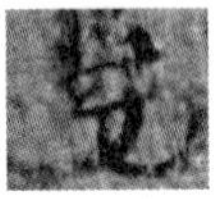
T10:415

T10:418

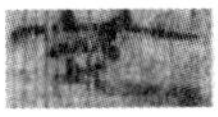
T21:320

T21:418

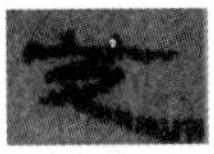
T21:435

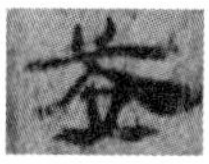
T23:373

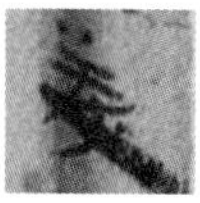
T23:508

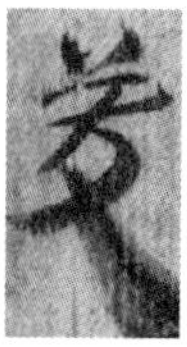
T23:731B

T23:788B

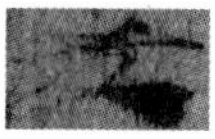
T23:899B

T23:917A

T24:067

T24:148

T24:169

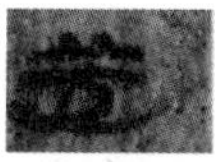
T25:079A

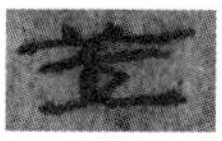
T29:097

T31:078

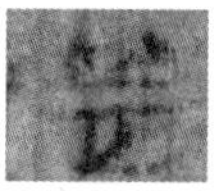
T31:198A

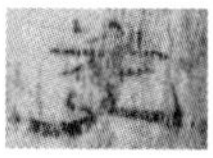
T32:055

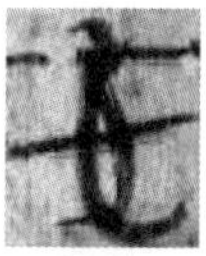
T37:1308

73EJF3:167

73EJD:9

72EJC:6

72EJC:283

73EJC:299

茹

0092

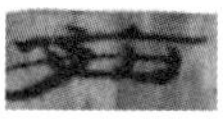
T37:1547

萱

0093

T15:003A

T24:533A

T24:533A

T24:743

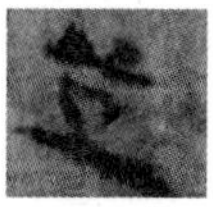
T28:013A

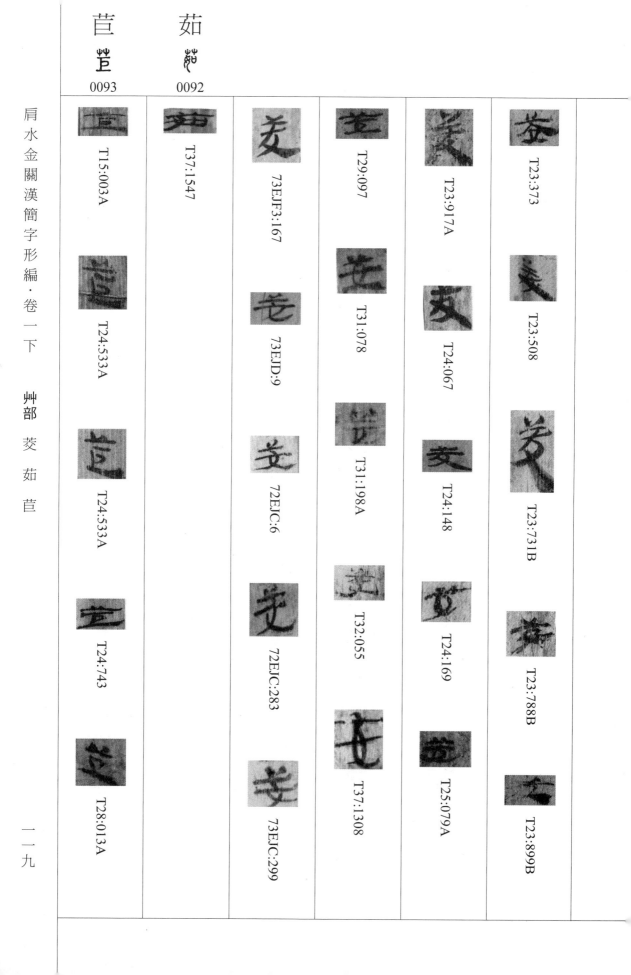

薪

0094

T28:013A

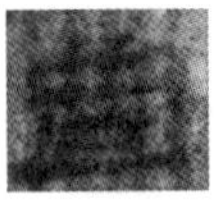
T29:089

T37:1553

T37:1554

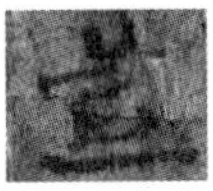
72EJC:163

T04:162

T07:003

T09:101

T15:003A

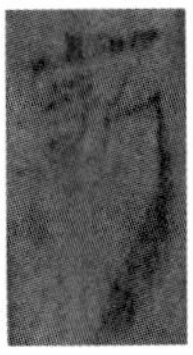
T21:027

T21:063A

T21:394

T23:280

T24:955

T25:022

T26:227A

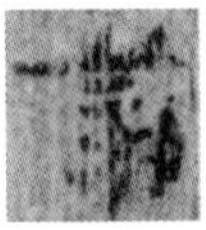
T26:279

T28:026

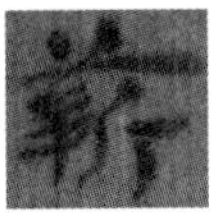
T30:244

T37:132

T37:1539

T37:1552

T37:1553

73EJF3:81+80

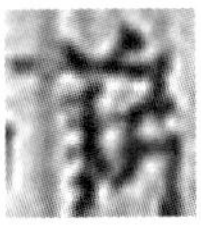
73EJF3:81+80

2EJC:13

𣂚
0095

T10:131

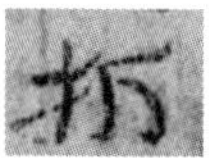
T21:304

T27:077

T35:006

按：金關簡从「扌」。

芥
0096

72EDIC:5

蒽
0097

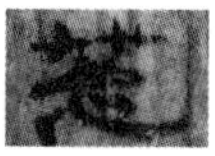
T24:572

73EJF3:38

按：金關簡从「念」。

荀
0098

T24:656

73EJF3:142

73EJF3:236

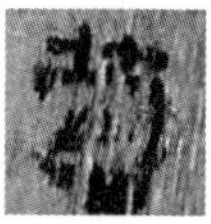
73EJC:304

莎
0099

T24:822

T27:106

葦
0100

T23:049

T23:979

T24:268A

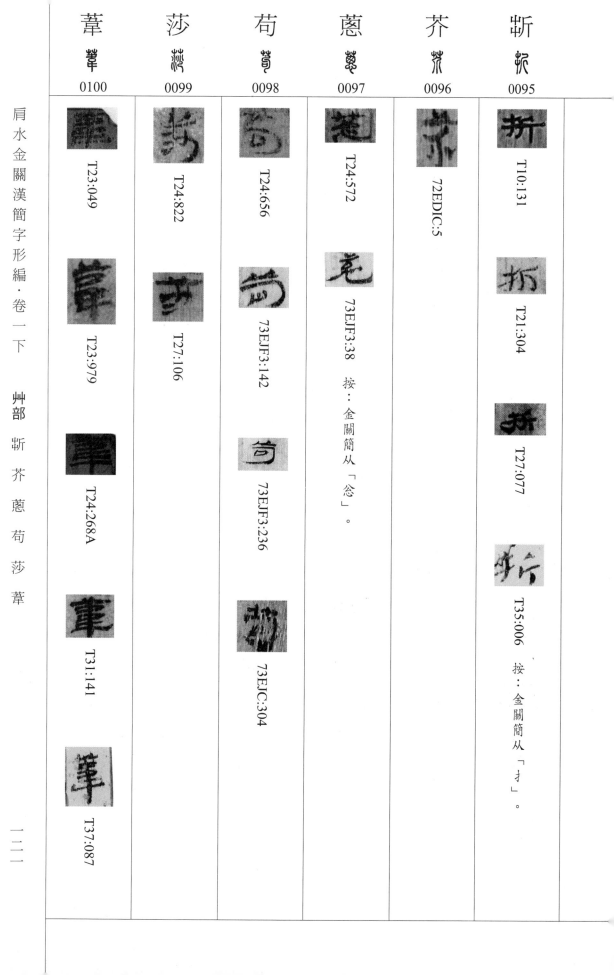

T31:141

T37:087

73EJF3:565

葭 0101

T06:138

T32:041

蒙 0102

T04:004

T09:061B

T11:009

T23:939

T24:112A

T24:112A

T26:007

T27:021

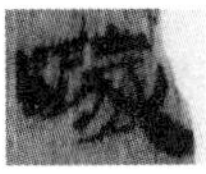
T27:095

T29:071

范 0103

T01:119

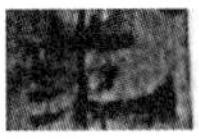
T03:096

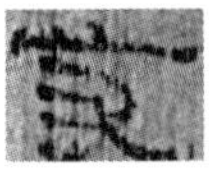
T08:062

T09:069

T10:299

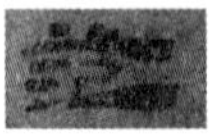
T21:020

T23:572

T23:929

T24:419

T25:062

T26:156

T30:267

T37:1444

73EJF3:171

73EJF3:397+403

73EJD:37A

73EJD:360

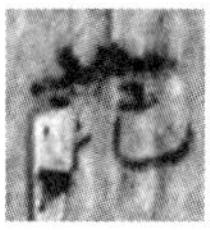
73EJD:378

72EJC:26

72EJC:125+134

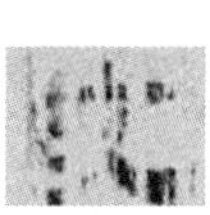
73EJC:471

72ECC:38

蓬

0104

T01:187

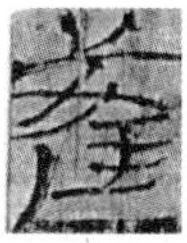
T01:217A

T04:211

T06:119

T09:101

T15:003A

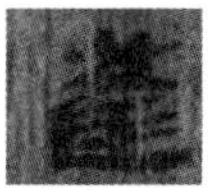
T21:063A

T23:280

T23:765

T24:026

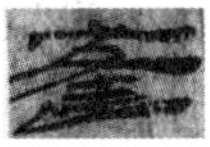
T24:743

T24:843

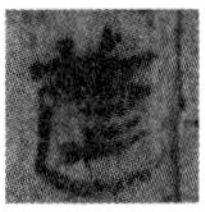
T28:013A

T29:089

T30:086

72EJC:2A

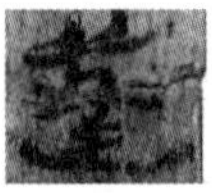
72EJC:163

蓧

0105

T02:036

T06:041A

T06:051

T06:052

T08:051A

T08:078

T09:013

T09:069

T09:228

T10:118A

T10:157

T10:245

T10:288

T10:370

T11:011

T15:006

T21:035A

T21:035B

T22:099

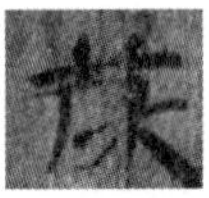
T23:015A

T23:290

T23:675

T23:978

T24:019

T24:019

T24:063

T24:155

T24:249

T24:374

T24:525

T25:007A

T26:133

T30:020

T33:040A

T33:077

T37:064
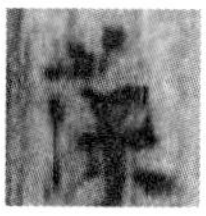
T37:177

T37:225
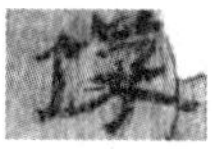
T37:261

T37:361

T37:517

T37:525

T37:587B

T37:640

T37:669

T37:741

T37:745

T37:759

T37:780

T37:787

T37:802

T37:837

T37:844
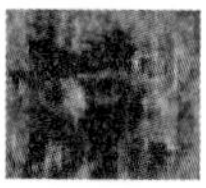
T37:846

T37:913A

T37:989

T37:1057A

T37:1061A

T37:1134

T37:1192

T37:1195

T37:1217

T37:1410

T37:1473

T37:1491

T37:1584

T37:158

F01:025

73EJF3:65

73EJF3:95

73EJF3:109

73EJF3:117A

73EJF3:120A

73EJF3:137

73EJF3:140

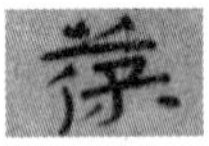
73EJF3:155A

73EJF3:255

73EJF3:278

773EJF3:511+306+291

73EJF3:326

73EJF3:327

73EJF3:344

73EJF3:373

73EJF3:376

73EJF3:473

73EJD:6

73EJD:43A

72EJC:2A

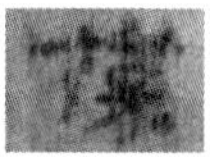
73EJC:337

73EJC:360

73EJC:617

蕃

0106

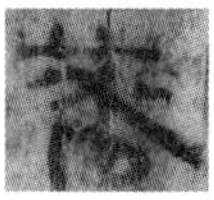
T26:241

72ECC:5A

草

0107

T21:066

T24:148

T24:213

T24:842

T26:054

T26:137

T37:586

T37:711

T37:1541

T37:1542

73EJF3:329B

蓛

0108

T05:051

萅

0109

T21:272

T21:395

T23:196B

T23:315

T23:406A

T23:612

T23:789A

T23:811B

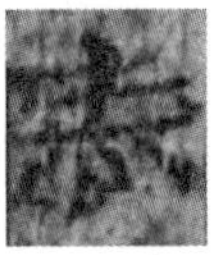
T23:880B

T24:147

T24:160B

T27:095

T30:202

T37:177

T37:178

T37:633

T37:761

T37:856

T37:866

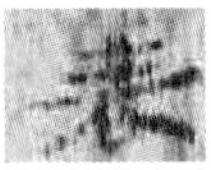
T37:1581

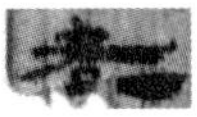
H01:039

H01:045

73EJF3:127A

73EJF3:179B

73EJF3:604A

73EJT4H:5B

73EJD:116A

73EJD:116A

72EJC:79B

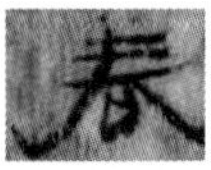
73EJC:444

荀 0110

T25:121A

薌 0111

T01:140

藏 0112

T04:014

萁 0113

T23:916A

菓 0114

73EJF3:382B

蘩
0115

T06:150

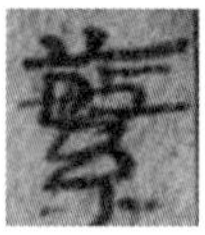
T23:933

T24:279

T31:093

H01:003A

72EJC:157

莫

0116

T01:022A

T03:022A

T04:044B

T05:078

T07:004

T10:231A

T11:005

T15:003A

T15:024B

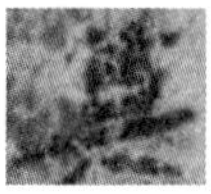
T23:118

T23:496

T23:624

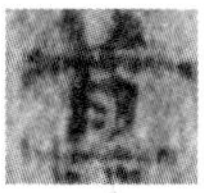
T23:642

T23:656

T23:788B

T23:804B

T23:824

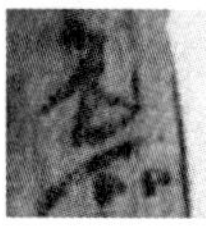
T23:873

T23:877A

T23:896B

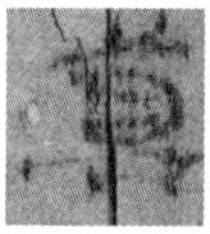
T23:947B

T24:043

T24:409

T24:627A

T24:784

T25:105

T26:060
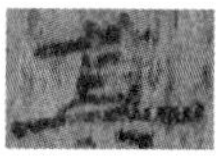
T26:077

T26:103

T27:025

T27:048
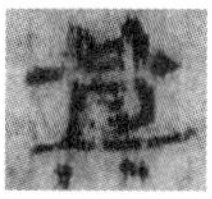
T28:028

T28:079

T29:064

T30:206

T31:117

T31:141
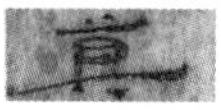
T32:005A
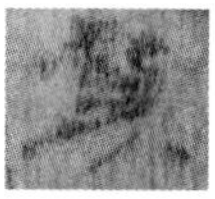
T32:026

T37:733

T37:983

T37:1003

T37:1517

T37:1537A

T37:1538

T37:1546

73EJF2:16

73EJF3:46

73EJF3:112

73EJF3:309B+593B+217A

73EJF3:311

73EJF3:523

73EJD:18B

73EJD:24

73EJD:42

73EJD:93

73EJD:125B

73EJD:231

73EJD:299A

73EJD:300A

73EJD:303

73EJD:306B

73EJD:312

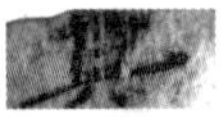
73EJD:318A

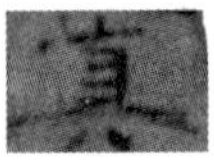
73EJD:319A

73EJD:319C

72EJC:3

72EJC:25

73EJC:296

73EJC:489

73EJC:591

73EJC:611

莽

0117

T24:063

小

0118

肩水金關漢簡字形編・卷二上

T01:012

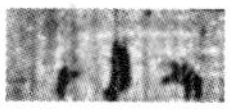

T01:064

T01:091

T01:142A

T01:142A

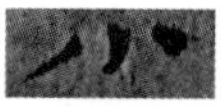

T03:077

T04:065

T04:086

T06:038A

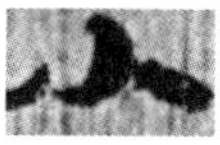

T06:041A

T06:134

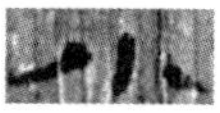

T07:015

T07:035

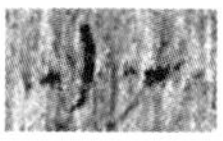

T08:031

T09:030

T09:087

T09:119

T09:132

T09:242

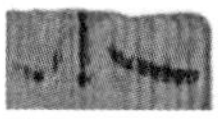

T09:295

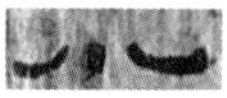

T10:067

T10:068

T10:069

T10:070

 T10:071	 T10:074	 T10:075	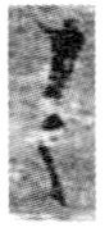 T10:078	 T10:079	 T10:080
 T10:081	 T10:084	 T10:085	 T10:086	 T10:087	 T10:088
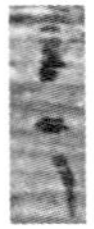 T10:095	 T10:116	 T10:117	 T10:165	 T10:167	 T10:168
 T10:169	 T10:170	 T10:171	 T10:172	 T10:175	 T10:211
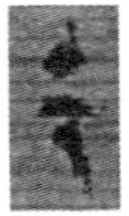 T10:277	 T10:306	 T10:316	 T10:342	 T14:007	 T14:007
 T14:007	 T14:007	 T21:001	 T21:021	 T21:082	 T21:156

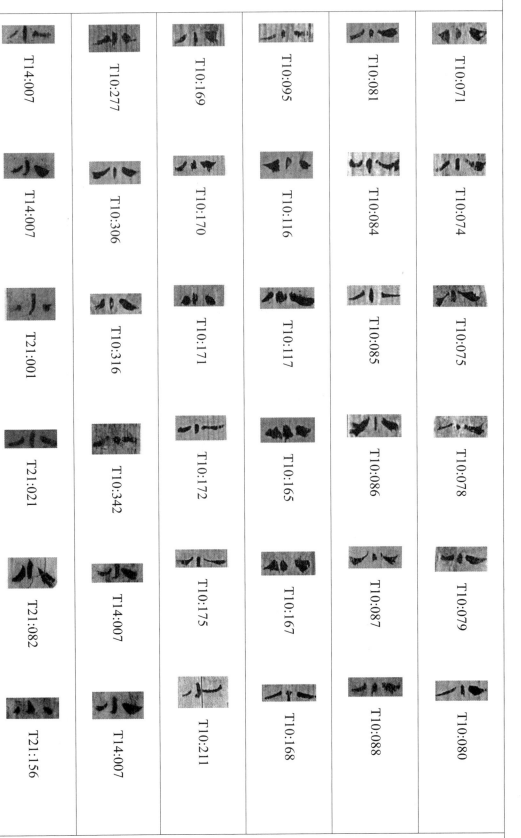

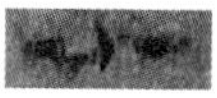
T21:203
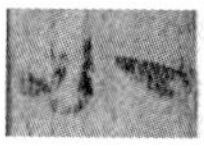
T21:278A
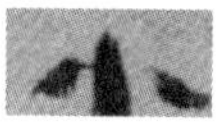
T21:385

T22:078

T23:068A

T23:079A

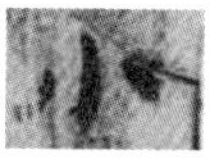
T23:140
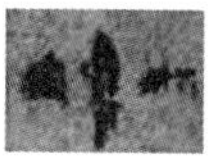
T23:279A

T23:279A
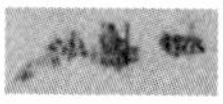
T23:328
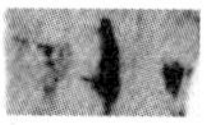
T23:562
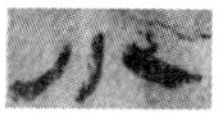
T23:566

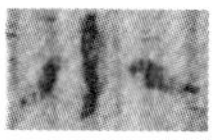
T23:586
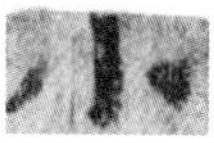
T23:715
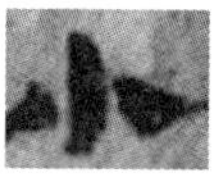
T23:765
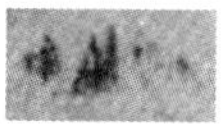
T23:818
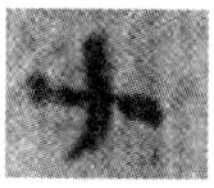
T23:977
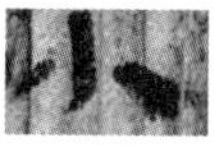
T23:992

T24:062
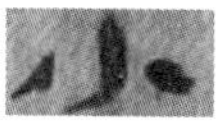
T24:096
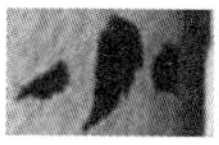
T24:206
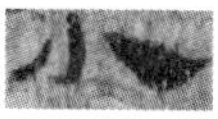
T24:884
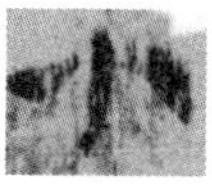
T24:959

T24:981

T25:004
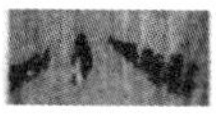
T25:004

T25:126

T27:058A
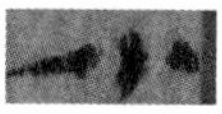
T28:009A
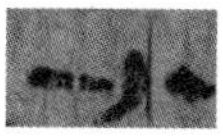
T28:009A

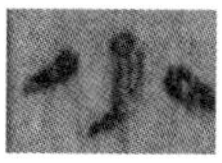
T28:009A
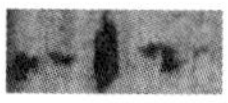
T28:104

T29:064
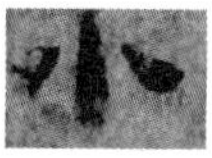
T29:098

T30:028A

T30:032

小部 小

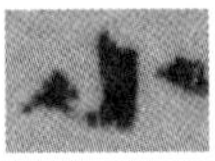
T30:062

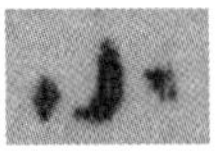
T30:062

T30:151B

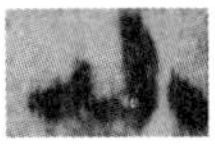
T30:165

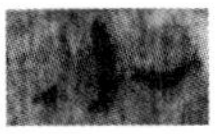
T31:079

T31:126

T33:040A

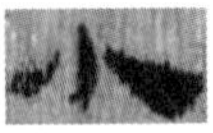
T33:041A

T33:053B

T33:065A

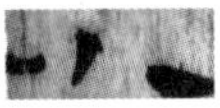
T35:016

T37:029

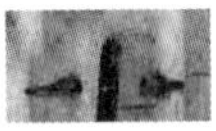
T37:037

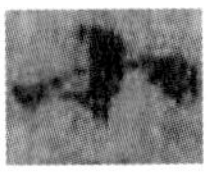
T37:175

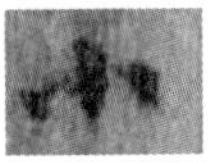
T37:175

T37:178

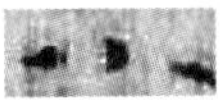
T37:521

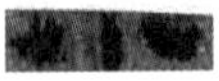
T37:751

T37:756

T37:757

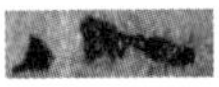
T37:758

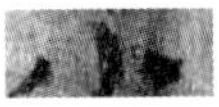
T37:758

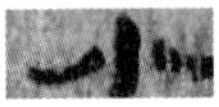
T37:761

T37:787

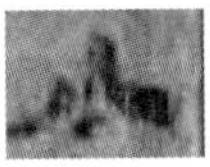
T37:797

T37:826

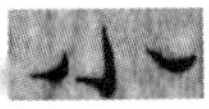
T37:835A

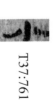

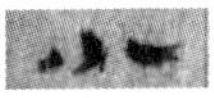
T37:871

T37:1007

T37:1086

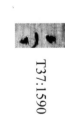

T37:1334

T37:1552

T37:1553

T37:1590

H02:010

少

0119

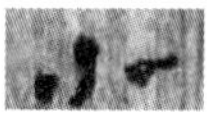
F01:012

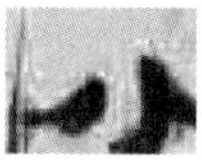
F01:117

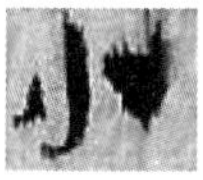
73EJF3:57A

73EJF3:65

73EJF3:65

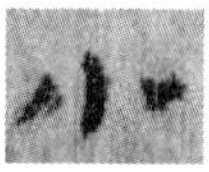
73EJF3:138

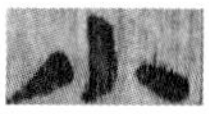
73EJF3:327

73EJF3:522

73EJF3:552

73EJT4H:5B

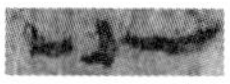
72EJC:13

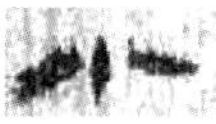
72EJC:125+134

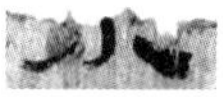
72EJC:181

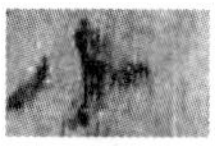
72EJC:217

73EJC:305

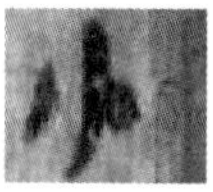
73EJC:320

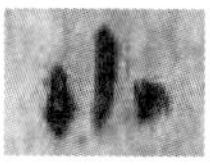
73EJC:320

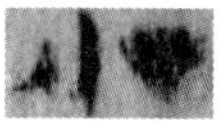
73EJC:338

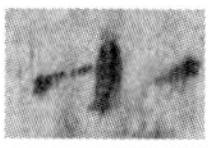
73EJC:419

73EJC:540

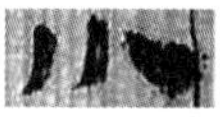
73EJC:589

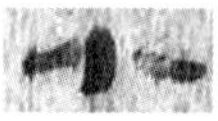
73EJC:600

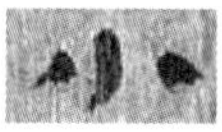
73EJC:600

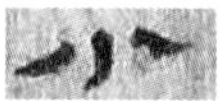
73EJC:600

73EJC:612

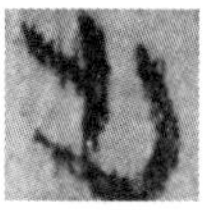
T01:001

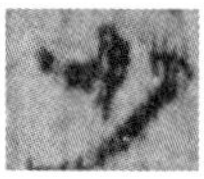
T01:001

T01:015

T01:208

T03:030

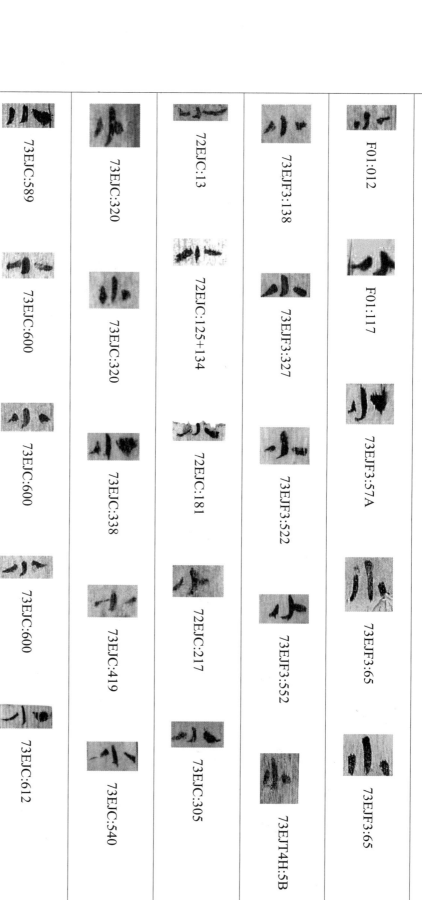

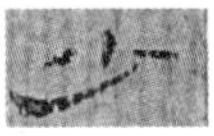
T03:071

T03:072

T04:125

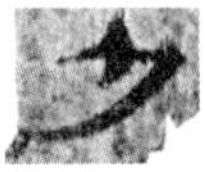
T06:109

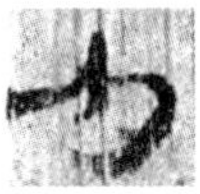
T07:015

T09:239

T09:318

T10:291

T15:001A

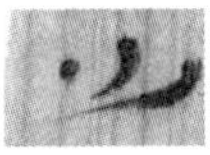
T15:008A

T15:008B

T21:174

T21:279

T22:095

T23:221

T23:359A

T23:481A

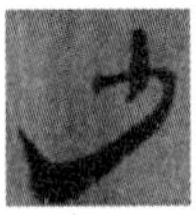
T23:481A

T23:493

T23:619

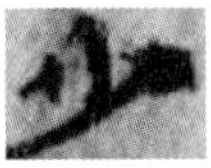
T23:765

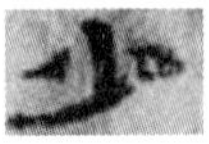
T23:765

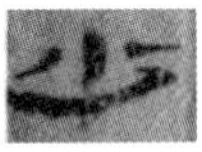
T23:978

T23:981

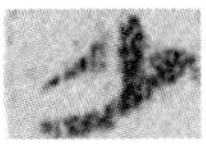
T23:981

T24:015A

T24:142

T24:739

T24:979

T26:122

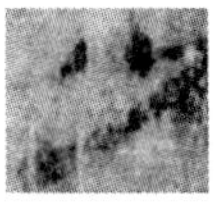
T26:173

T27:099

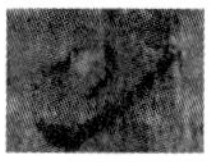
T29:019A

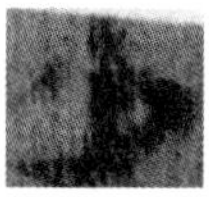
T29:114A

T29:114A

T29:129

T30:028A

T30:028A

T30:032

T30:035A

T30:035A

T30:040

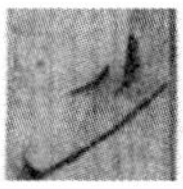
T30:097

T30:145

T31:033

T33:089

T37:236

T37:786A

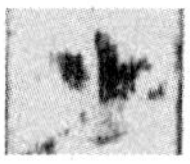
T37:1278A

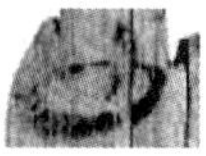
H01:040

H02:042

H02:048B

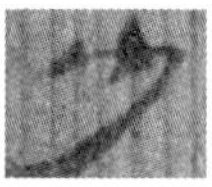
H02:058

H02:075

F01:004

73EJF3:54

73EJF3:88

73EJF3:159B

73EJF3:183B

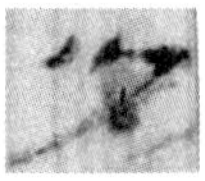
73EJF3:337

73EJF3:397+403

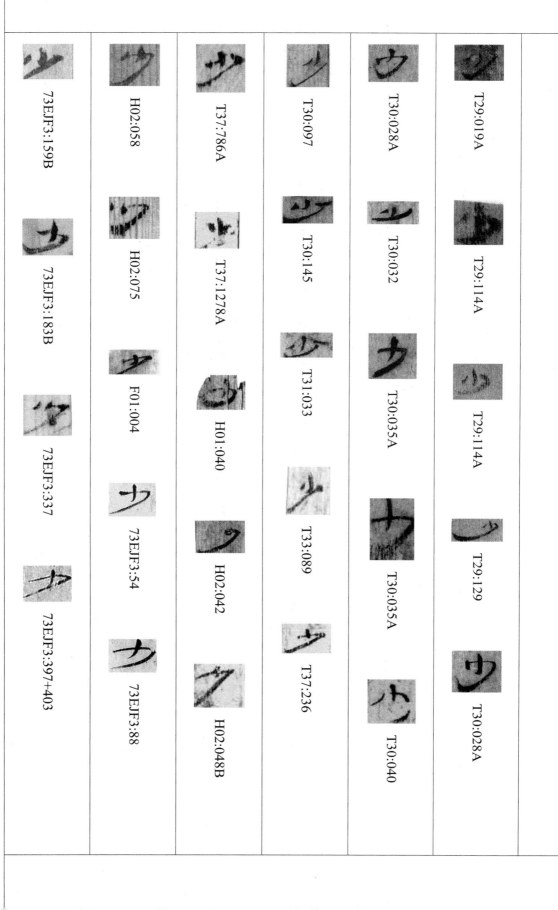

73EJD:91A

73EJD:204

73EJD:358

72EJC:60

72EJC:106

72EJC:147A

72EJC:277

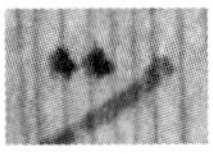
73EJC:504

八

0120

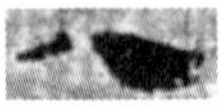
T01:093

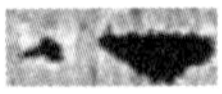
T01:093

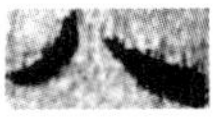
T01:150

T01:174A

T01:174D

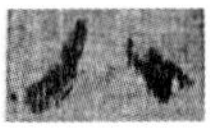
T02:040

T03:052

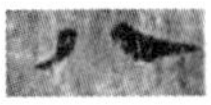
T03:069

T03:098

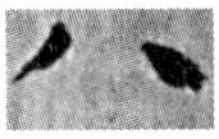
T04:074

T04:111

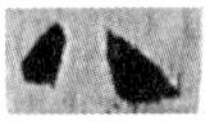
T04:125

T05:064

T06:048

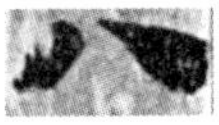
T06:052

T06:056

T06:094

T07:021

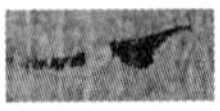
T07:027A

T07:089A

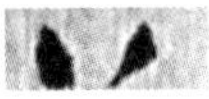
T09:055

T09:087

T09:102B

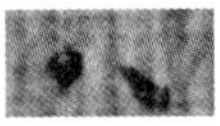
T09:104

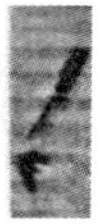 T09:104	 T09:229	 T10:068	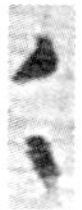 T10:068	 T10:072	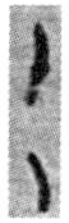 T10:073
 T10:077	 T10:082	 T10:085	 T10:117	 T10:161	 T10:166
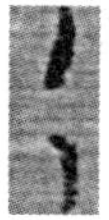 T10:168	 T10:208	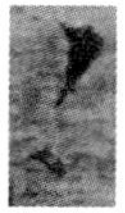 T10:216	 T10:216	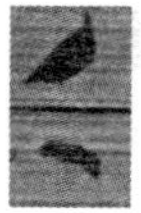 T10:298	 T10:307
 T10:325	 T10:369	 T10:376	 T11:014	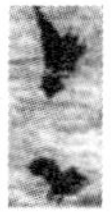 T14:005	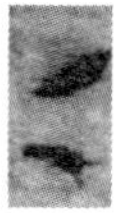 T14:011A
 T21:006	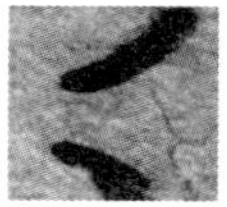 T21:070	 T21:097	 T21:108	 T21:124	 T21:125A
 T21:166	 T21:209	 T21:216	 T21:230	 T21:233	 T21:284

八部 八

T21:426

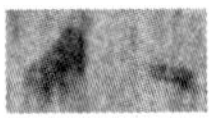
T21:444

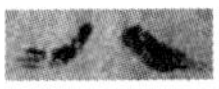
T21:445

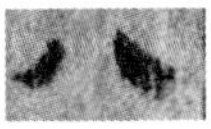
T22:089

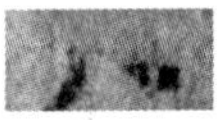
T23:035

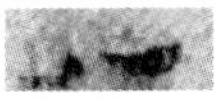
T23:115

T23:295

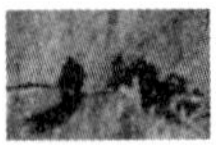
T23:349A

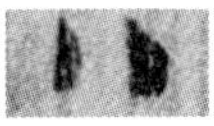
T23:429

T23:561

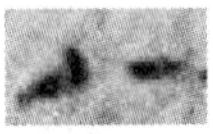
T23:565

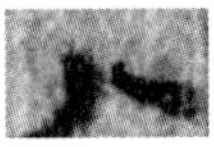
T23:642

T23:685

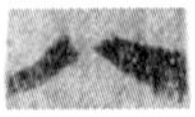
T23:748

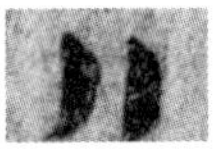
T23:787

T23:924

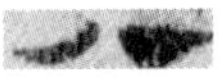
T23:964

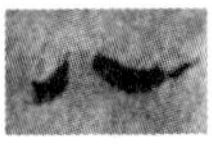
T23:977

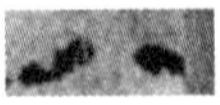
T24:003

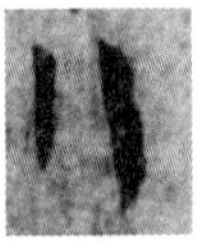
T24:006A

T24:022

T24:022

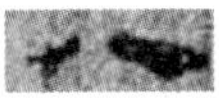
T24:046

T24:095

T24:144

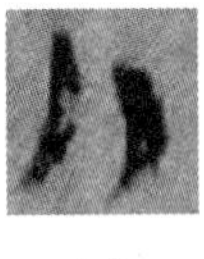
T24:178

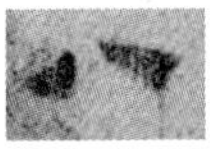
T24:239

T24:349

T24:389

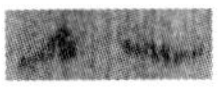
T24:566A

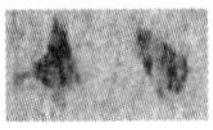
T24:663

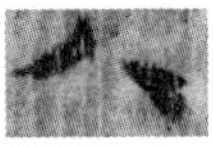
T24:724

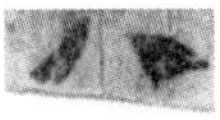
T24:974

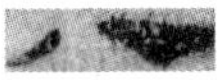
T25:007A

T25:030

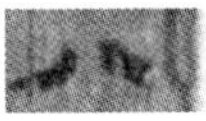
T25:056

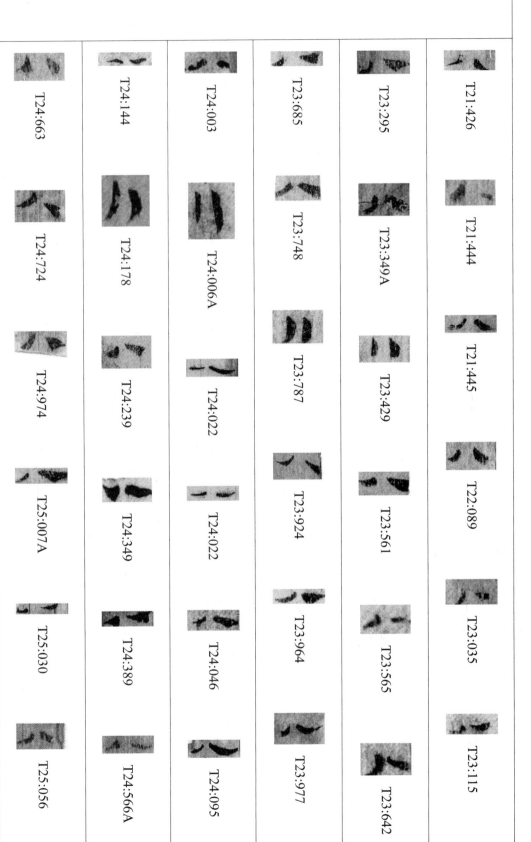

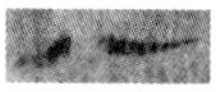
T25:070B

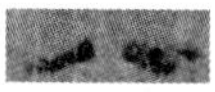
T26:023

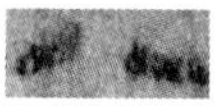
T26:026

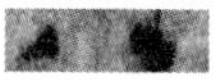
T26:036

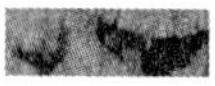
T26:054

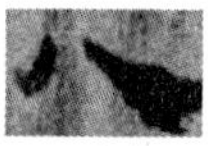
T26:225

T26:227A

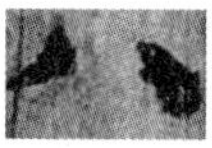
T26:229A

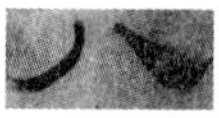
T27:001

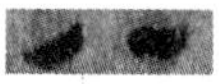
T27:017B

T27:020

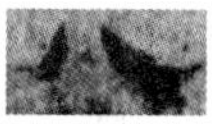
T27:030

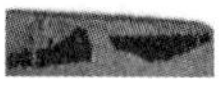
T27:063

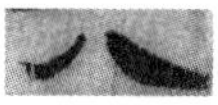
T27:099

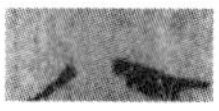
T28:025

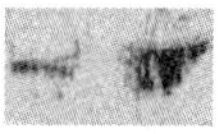
T28:036

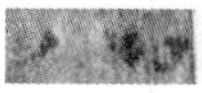
T28:109

T29:108

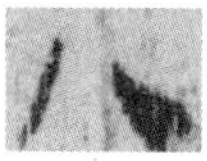
T29:118B

T30:002

T30:008

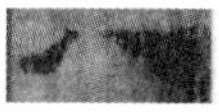
T30:021A

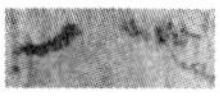
T30:117

T30:135

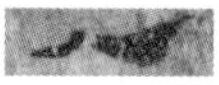
T30:178

T30:256

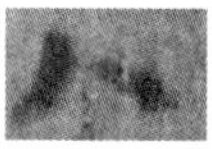
T30:257

T30:263

T31:084

T32:005B

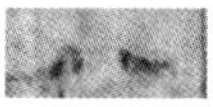
T32:040

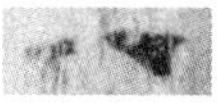
T32:055

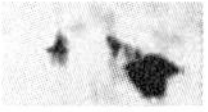
T33:091

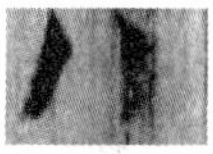
T35:004

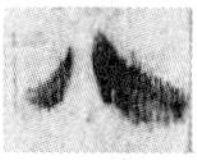
T37:019

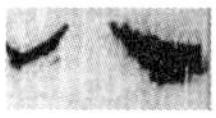
T37:050

八部 八

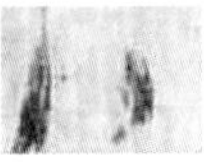
T37:050

T37:051

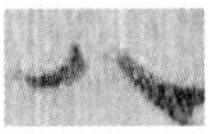
T37:081

T37:120

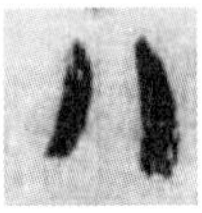
T37:155

T37:199

T37:446

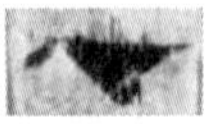
T37:482

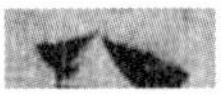
T37:523A

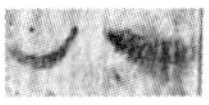
T37:535A

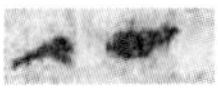
T37:561

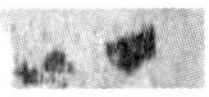
T37:618

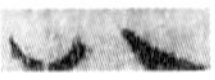
T37:623

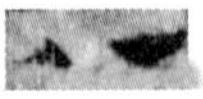
T37:695

T37:711

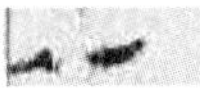
T37:724

T37:742

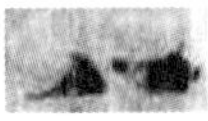
T37:749A

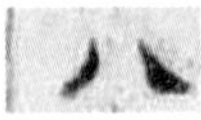
T37:755

T37:757

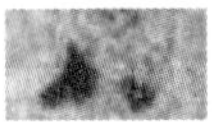
T37:760

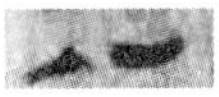
T37:779

T37:787

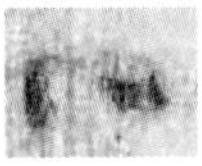
T37:794

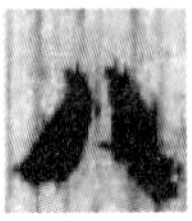
T37:855

T37:858

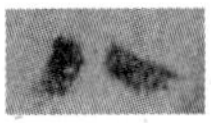
T37:920

T37:987

T37:1015

T37:1026

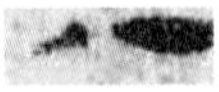
T37:1033

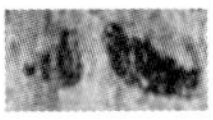
T37:1058

T37:1092

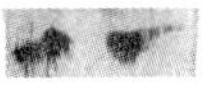
T37:1105

T37:1149

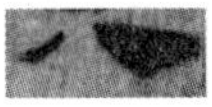
T37:1160

八部 八

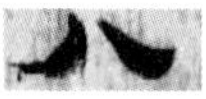
T37:1264
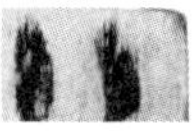
T37:1412
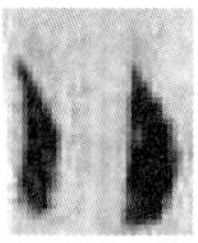
T37:1452

T37:1465

T37:1511
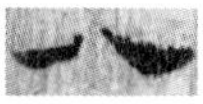
T37:1582

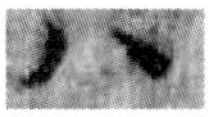
T37:1585A

H02:007
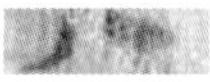
H02:007

H02:018

H02:020
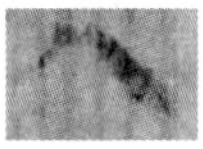
H02:039

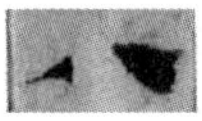
H02:041
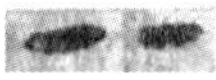
F01:010

F01:031

F01:035
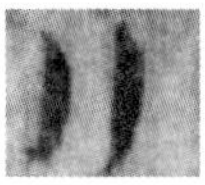
F01:093A
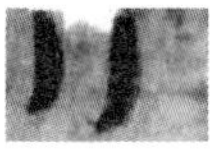
F01:115

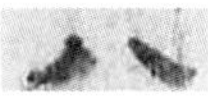
73EJF2:7

73EJF2:24

73EJF3:84

73EJF3:88

73EJF3:88

73EJF3:92

73EJF3:92

73EJF3:115
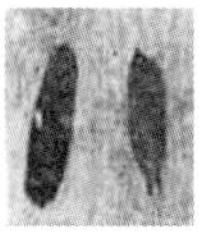
73EJF3:118B
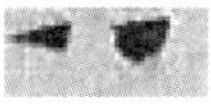
73EJF3:290+121

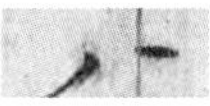
73EJF3:125B

73EJF3:131

73EJF3:133

73EJF3:154

73EJF3:157

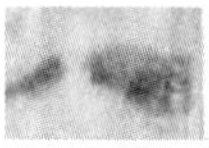
73EJF3:170

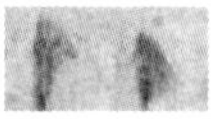
73EJF3:172

73EJF3:175+219+583+196+407

73EJF3:178A

73EJF3:178A

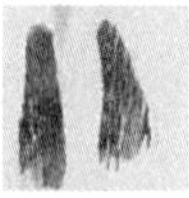
73EJF3:228

73EJF3:242

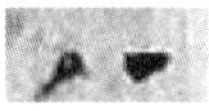
73EJF3:256

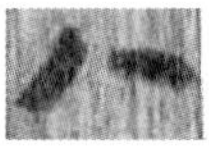
73EJF3:264

73EJF3:529B+304B

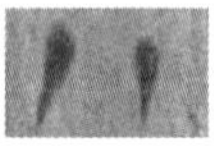
73EJF3:312

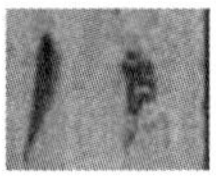
73EJF3:312

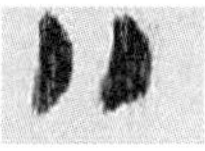
73EJF3:321

73EJF3:327

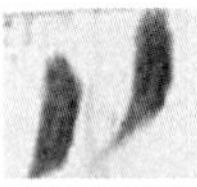
73EJF3:328B

73EJF3:355

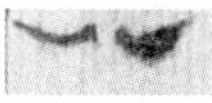
73EJF3:370

73EJF3:372

73EJF3:397+403

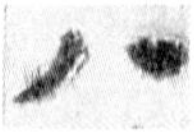
73EJF3:412

73EJF3:422

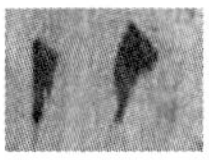
73EJF3:464

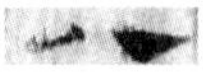
73EJF3:473

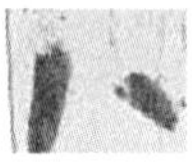
73EJF3:486

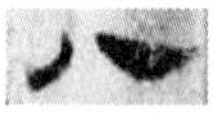
73EJF3:523

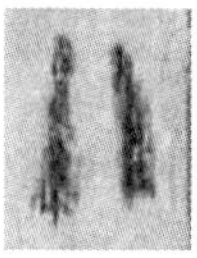
73EJF3:530

73EJD:33A

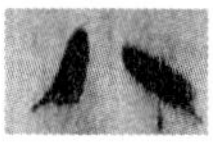
73EJD:39A

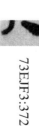

分

0121

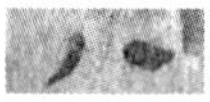
73EJD:227
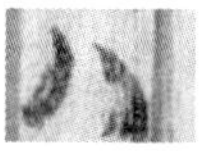
73EJD:231
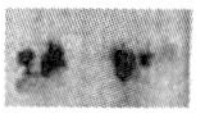
73EJD:246

72EJC:73

72EJC:95

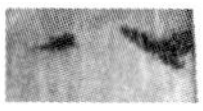
72EJC:114

72EJC:125+134
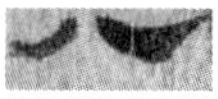
72EJC:157

73EJC:300

73EJC:330

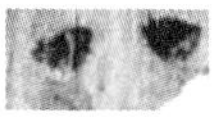
73EJC:375
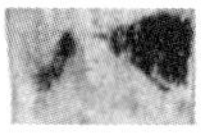
73EJC:424
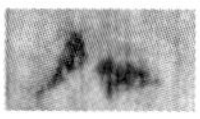
73EJC:460
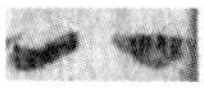
72EDAC:7
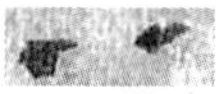
72ECC:1+2A

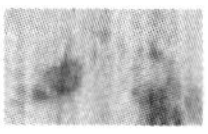
72ECC:57
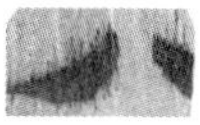
72ECC:79
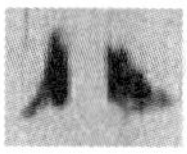
72EDIC:21

T05:060

T10:072

T10:131
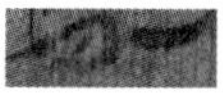
T21:189

T22:101
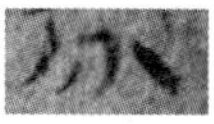
T23:035

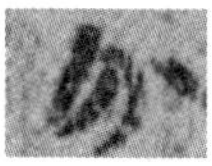
T23:118
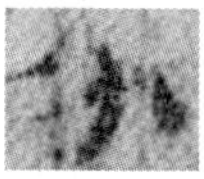
T23:624
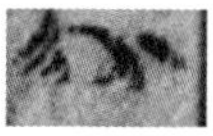
T23:764

T23:764

T23:991

T23:991
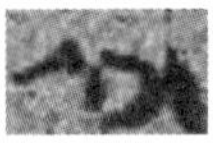
T24:046
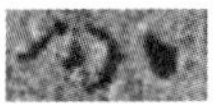
T24:046
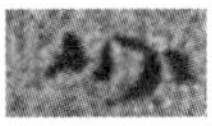
T24:046
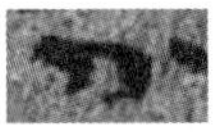
T24:046
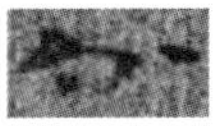
T24:046

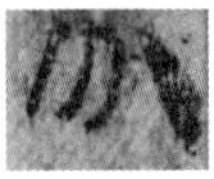
T24:176

T25:082
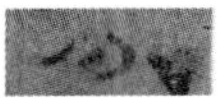
T26:023

T26:023

T29:044
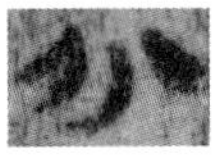
T31:081

T31:140
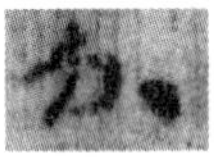
T31:160
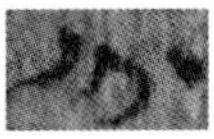
T32:040
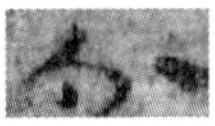
T33:014

T33:069
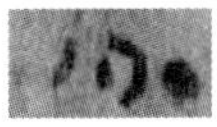
T34:017

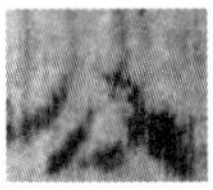
T37:700

T37:700

T37:1517
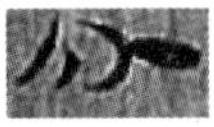
73EJF3:78+623
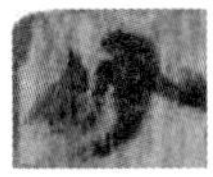
73EJF3:179B

73EJF3:352
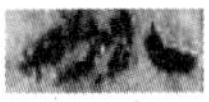
73EJD:93
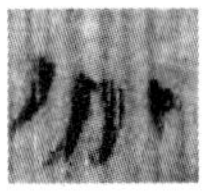
73EJD:186B

73EJD:280+250A

73EJD:280+250B

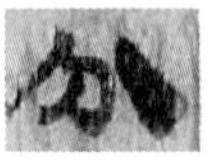
73EJD:271

72EJC:3

72EJC:79B

72EJC:116B

72EJC:116B

73EJC:591

尒 0122

T23:626A

曾 0123

T11:001

T26:142

T26:151B

T37:1472

72EJC:37

72EJC:179

尙 0124

T03:053

T06:038A

T23:708A

T24:149

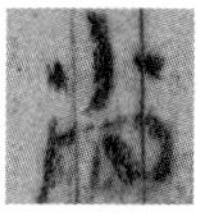
T31:051B

T37:130

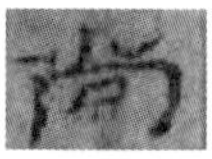
T37:870

T37:938

73EJF3:6

73EJF3:133

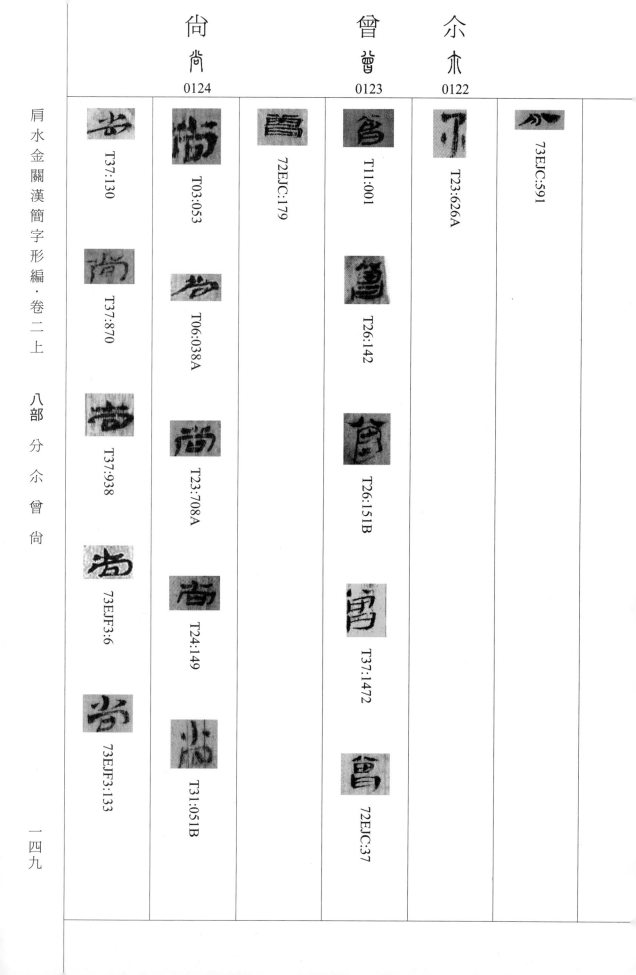

73EJF3:139

773EJF3:511+306+291

73EJF3:344

73EJF3:344

73EJF3:586

73EJD:260A

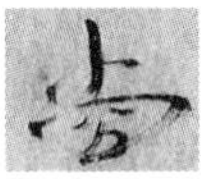
73EJD:260A

家

0125

72ECNC:1A

介

0126

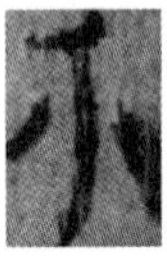
T01:001

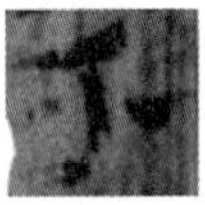
T23:782A

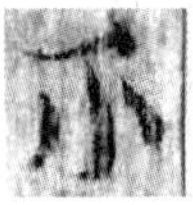
T37:055

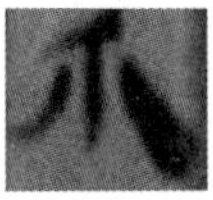
72EJC:281

公

0127

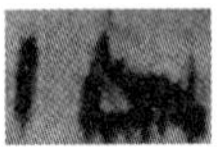
T01:001

T01:022A

T03:049

T03:050

T03:051

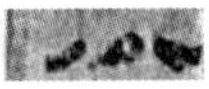
T03:083

T03:095

T05:055A

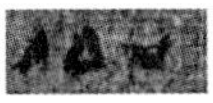
T06:015

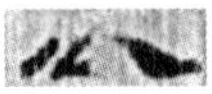
T06:028

T06:048

T06:052

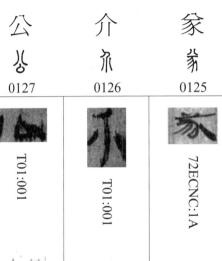

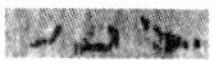
T06:093

T06:093

T06:094
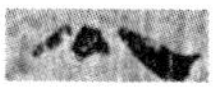
T06:138

T06:150

T07:033

T07:038
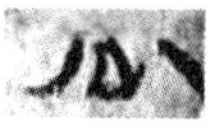
T07:084

T07:116B
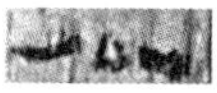
T07:134

T08:004

T08:007

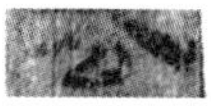
T08:010
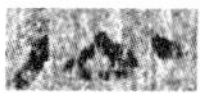
T08:057

T08:061

T09:001

T09:040

T09:066

T09:081

T09:082

T09:086
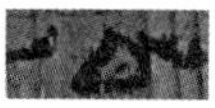
T09:098

T09:120

T09:123

T09:143

T09:228

T09:238

T10:118A

T10:121A
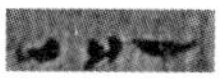
T10:148

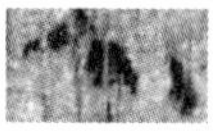
T10:153

T10:155
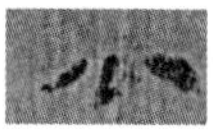
T10:159

T10:176

T10:181

T10:183

八部　公

T10:212

T10:290

T10:292
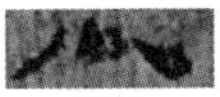
T10:326

T10:401

T11:001
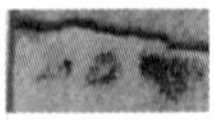
T11:008

T14:001
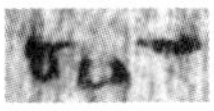
T14:005
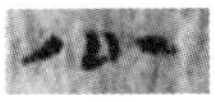
T14:006
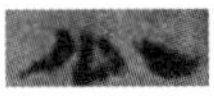
T14:017
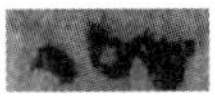
T15:004

T21:062

T21:221
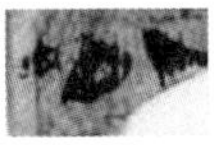
T21:395

T22:001

T22:041
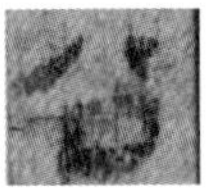
T22:072
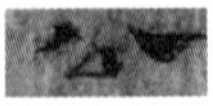
T23:016

T23:091
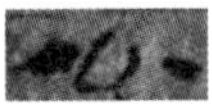
T23:174
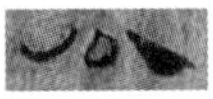
T23:354A

T23:364A
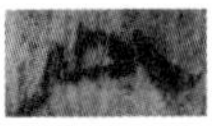
T23:388

T23:441

T23:467

T23:660
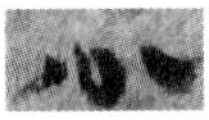
T23:731B

T23:733A
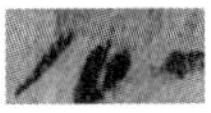
T23:866B

T23:874

T23:923

T23:977

T24:051

T24:077

T24:117

 T24:132	 T24:239	 T24:309	 T24:374	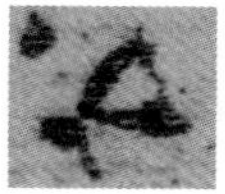 T24:381	 T24:405
 T24:513A	 T24:515	 T24:578	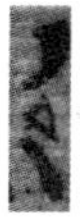 T24:746	 T25:009	 T25:020
 T25:049	 T25:055	 T25:113	 T26:034	 T26:075	 T26:088A
 T26:169	 T26:169	 T27:009	 T27:020	 T28:087	 T29:066
 T30:065	 T30:089	 T30:107	 T30:119	 T30:168	 T30:184
 T30:189	 T30:266	 T31:026	 T31:070	 T31:085	 T31:091

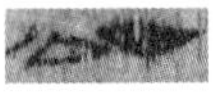
T31:103
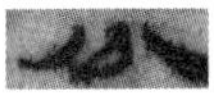
T31:134

T31:145

T32:074

T33:040A

T33:052
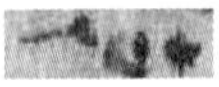
T33:083

T33:091

T34:007
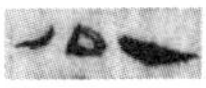
T34:008

T35:004
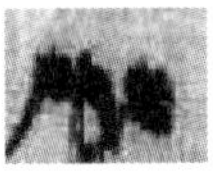
T37:028A

T37:078

T37:079
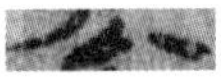
T37:099

T37:107

T37:116

T37:224

T37:247

T37:339
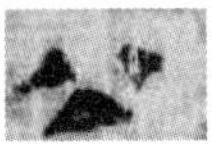
T37:389

T37:452
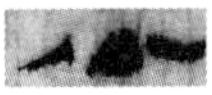
T37:465
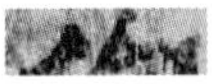
T37:476
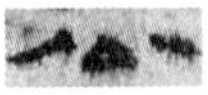
T37:536

T37:562
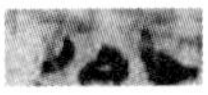
T37:564

T37:621
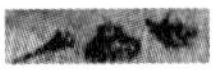
T37:628
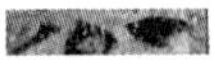
T37:631

T37:641

T37:670

T37:692

T37:695
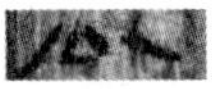
T37:703

T37:742

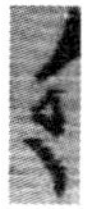
T37:745

T37:759

T37:764

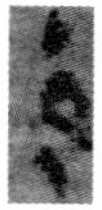
T37:766

T37:802

T37:814

T37:829

T37:830

T37:844

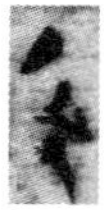
T37:856

T37:859

T37:889

T37:899

T37:900

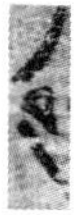
T37:933

T37:982

T37:989

T37:996

T37:1004

T37:1057A

T37:1078

T37:1079

T37:1105

T37:1109

T37:1114

T37:1130

T37:1154

T37:1160

T37:1328

T37:1389

T37:1399A

T37:1431

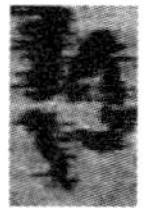
T37:1444

T37:1451A

T37:1459

T37:1465

T37:1492
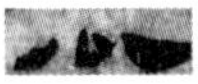
T37:1511

T37:1585A
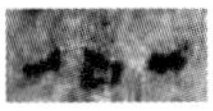
T37:1585A

T37:1586

T37:1587

T37:1589

H01:012B

H01:038

H01:052

H02:040

H02:050
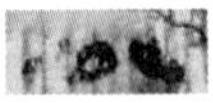
H02:070

F01:117
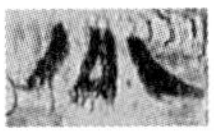
73EJF2:13

73EJF3:49+581

73EJF3:95

73EJF3:132

73EJF3:133

73EJF3:240

73EJF3:272

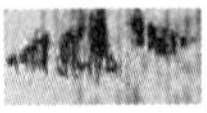
73EJF3:276

773EJF3:511+306+291
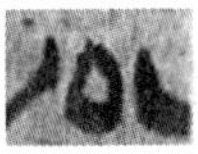
73EJF3:326

73EJF3:335
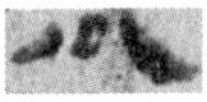
73EJF3:369

73EJF3:393
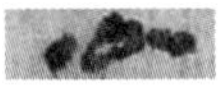
73EJF3:423

73EJF3:431

73EJF3:462

73EJF3:467

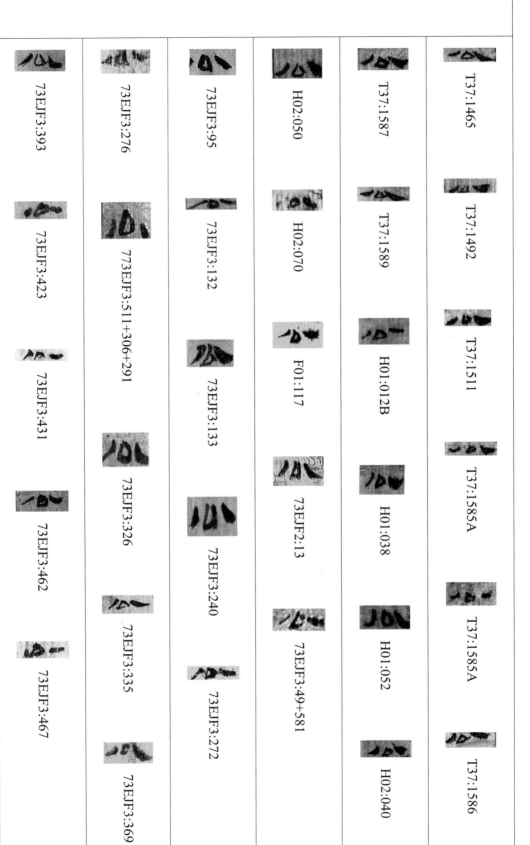

必

0128

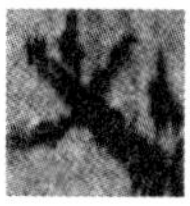
T01:002
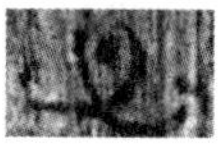
T05:086

T07:063
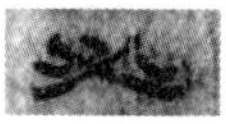
T14:007
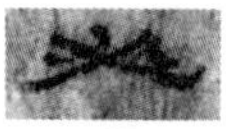
T14:007
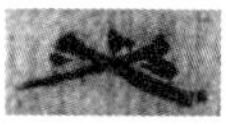
T14:007

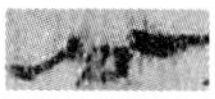
73EJC:599B
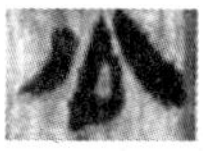
73EJC:610
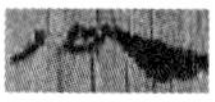
73EJC:642

73EJC:643

73EJC:663

73EJC:294

73EJC:336
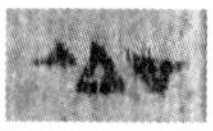
73EJC:352

73EJC:440

73EJC:565

73EJD:233
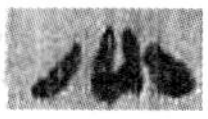
72EJC:33

72EJC:120
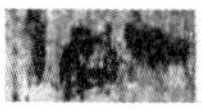
72EJC:128
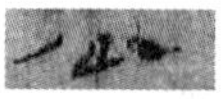
72EJC:236

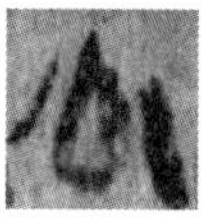
73EJD:37A
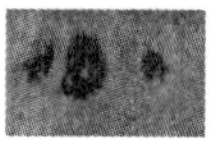
73EJD:39B

73EJD:48
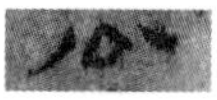
73EJD:58A

73EJD:62

73EJF3:484

73EJF3:538
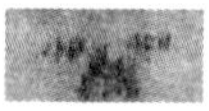
73EJD:1
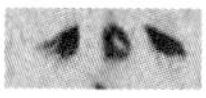
73EJD:7
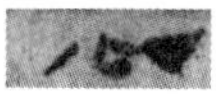
73EJD:27

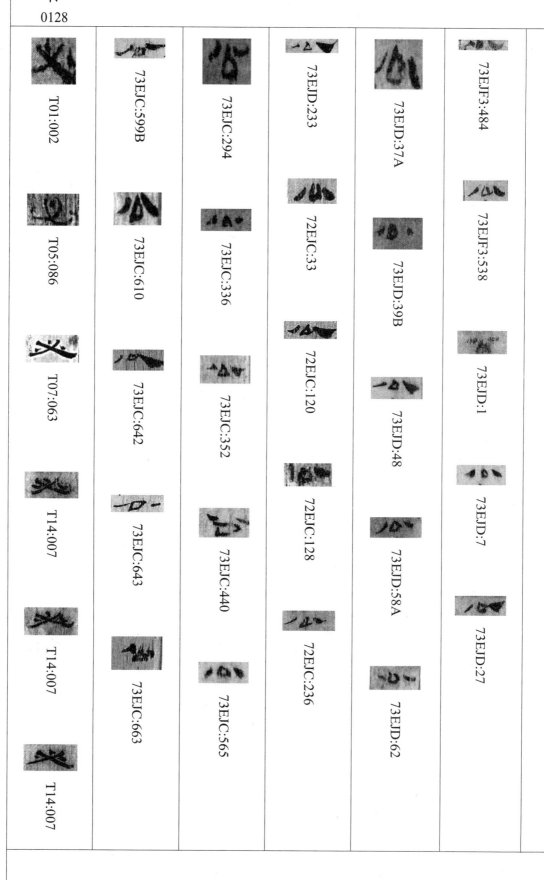

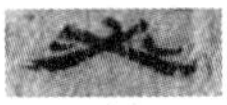
T14:007

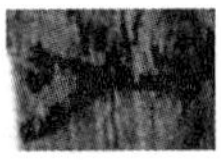
T23:302B

T23:360B

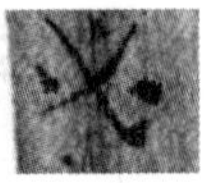
T23:894B

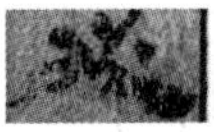
T23:896A

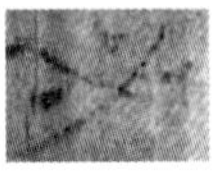
T24:010A

T24:010B

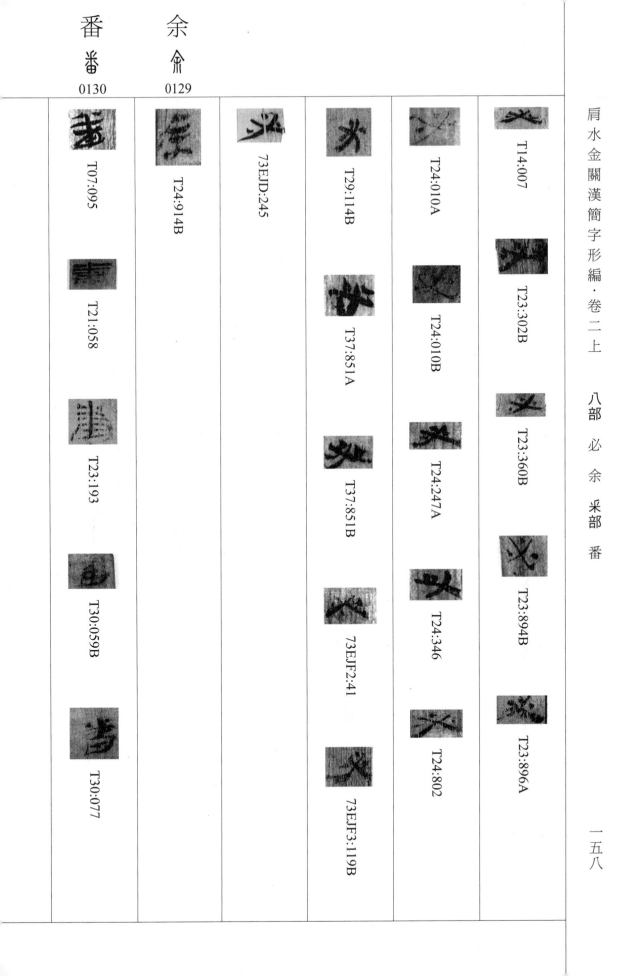

T24:247A

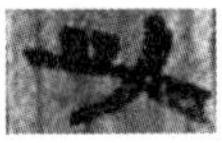
T24:346

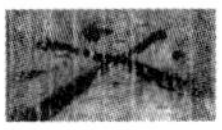
T24:802

T29:114B

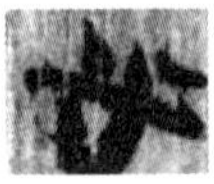
T37:851A

T37:851B

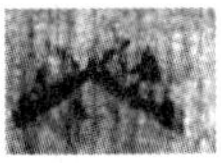
73EJF2:41

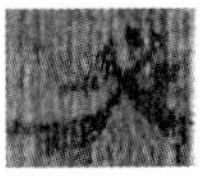
73EJF3:119B

73EJD:245

余

0129

T24:914B

番

0130

T07:095

T21:058

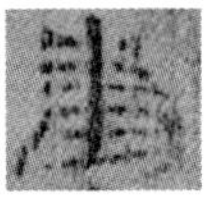
T23:193

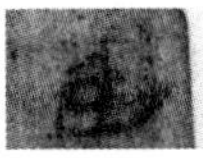
T30:059B

T30:077

寀

0131

T37:422

H02:002

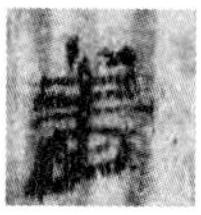
H02:056A

T01:001

T01:106

T04:110B

T21:179

T21:442

T23:672

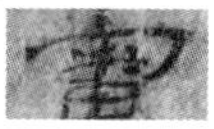
T23:825

T23:945

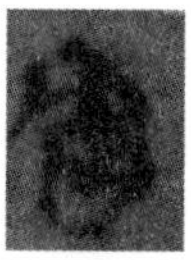
T23:969

T24:428

T31:105

T37:175

T37:727A

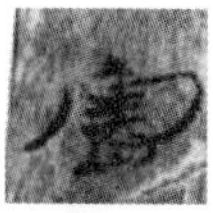
H02:019

73EJF3:384A

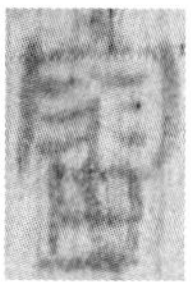
73EJF3:392A

73EJF3:420

73EJC:291

按：《說文》，「篆文寀。从番」。

悉

0132

T23:484

T29:114A

T37:628

73EJF3:376

72ECC:1+2B

釋

釋

0133

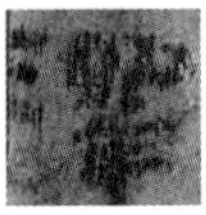

T29:113

半

半

0134

T06:086A

T09:380B

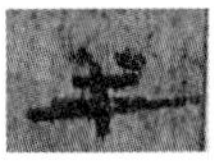

T10:026

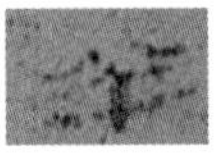

T23:232B

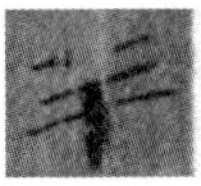

T23:656

T23:663B

T23:859

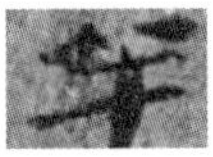

T23:991

T24:011

T24:046

T24:046

T30:134

T32:010

T37:236

T37:785

H01:016B

H01:016B

H01:016B

H01:032B

73EJF3:160

73EJF3:464

73EJD:38

73EJD:142A

72EJC:116B

牛

0135

T01:001

T01:030

T01:030

T01:045

T01:122

T01:159

T01:170

T02:018

T03:056

T05:064

T06:041A

T06:059

T06:086A

T06:107

T07:017

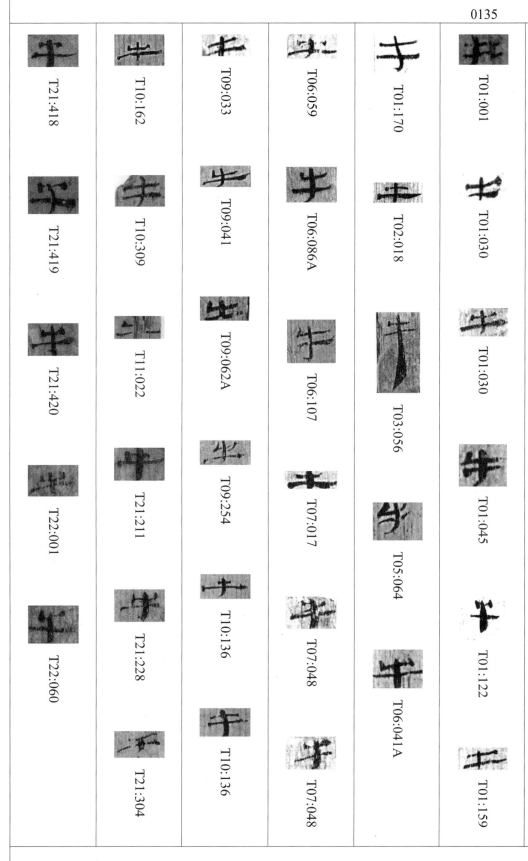

T07:048

T07:048

T09:033

T09:041

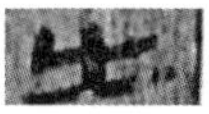
T09:062A

T09:254

T10:136

T10:136

T10:162

T10:309

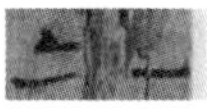
T11:022

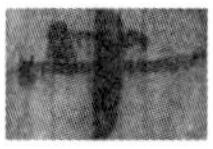
T21:211

T21:228

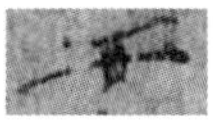
T21:304

T21:418

T21:419

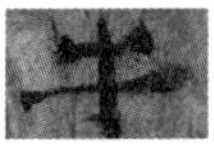
T21:420

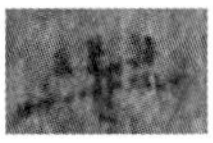
T22:001

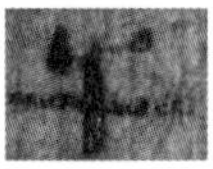
T22:060

牛部

牛

T23:177A
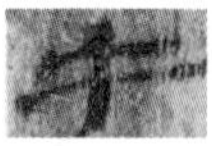
T23:208A

T23:287A
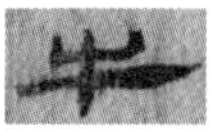
T23:303
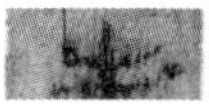
T23:376
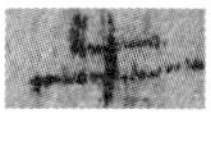
T23:376

T23:387

T23:673

T23:896A

T23:897A

T23:897A
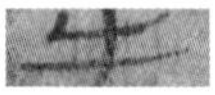
T23:924

T23:970
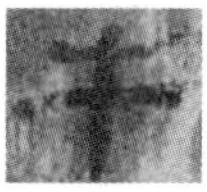
T24:029
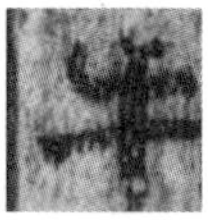
T24:054

T24:091A

T24:122

T24:124

T24:129

T24:140

T24:241
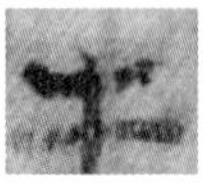
T24:248

T24:248

T24:316

T24:417B
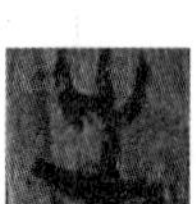
T24:424
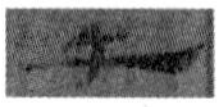
T24:560
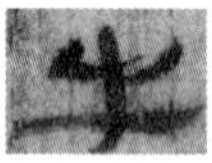
T24:951

T24:953

T25:005
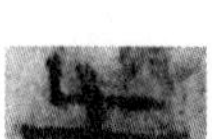
T25:102

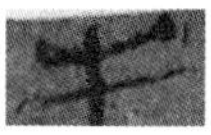
T26:238

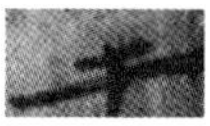
T27:077

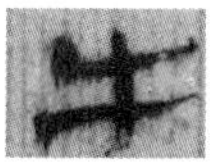
T30:009

T30:010

T30:058

T30:058

T30:070

T30:070

T30:093

T30:121

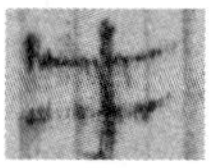
T30:133

T30:142

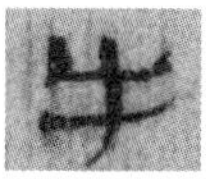
T30:152

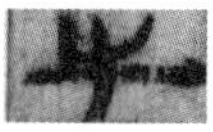
T30:155

T30:164

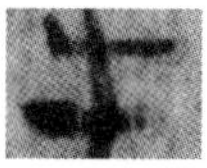
T30:179

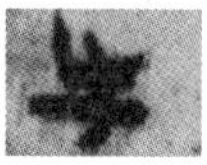
T30:180

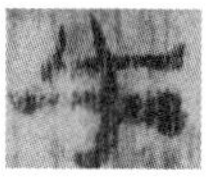
T30:196

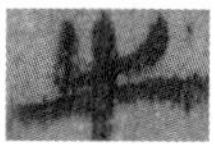
T30:242

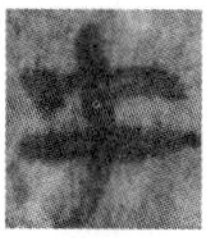
T30:252

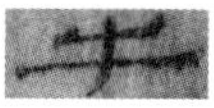
T31:146

T32:004

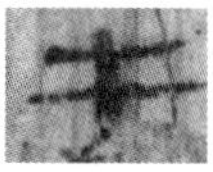
T32:017

T33:048

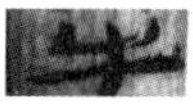
T33:059A

T34:011

T35:006

T35:011

T37:037

T37:058

T37:081

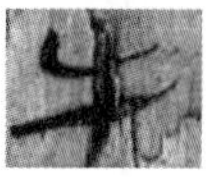
T37:127

T37:175
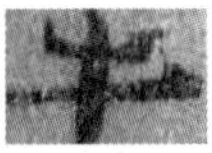
T37:175
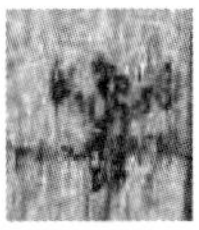
T37:178
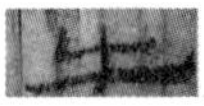
T37:353

T37:412

T37:519A

T37:567
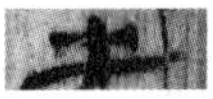
T37:624

T37:711

T37:711

T37:712

T37:758
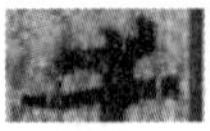
T37:761

T37:761
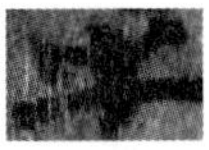
T37:762
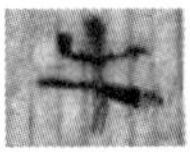
T37:774

T37:808

T37:841

T37:986
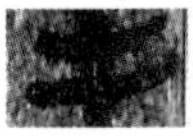
T37:988

T37:1058

T37:1115

T37:1142

T37:1236
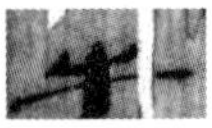
T37:1241

T37:1338

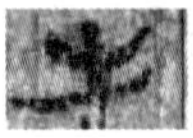
T37:1384

T37:1414

T37:1587

H01:041

H02:016

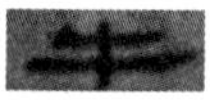
H02:020

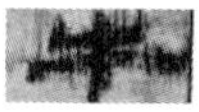
H02:032

H02:067

H02:088

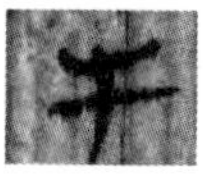
F01:026

F01:088

73EJF3:46

73EJF3:57A

73EJF3:59

73EJF3:89

73EJF3:89

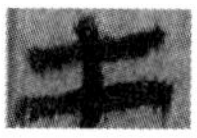
73EJF3:132

73EJF3:132

73EJF3:139

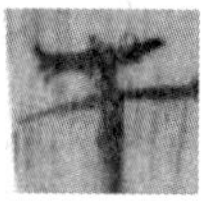
73EJF3:140

73EJF3:172

73EJF3:178A

73EJF3:178A

73EJF3:336+324

73EJF3:326

73EJF3:326

73EJF3:329B

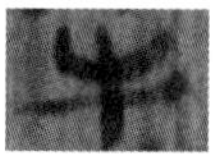
73EJF3:346

73EJF3:368

73EJF3:369

73EJF3:370

73EJF3:371

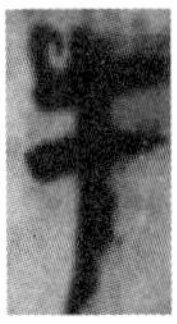
73EJF3:372

73EJF3:373

73EJF3:401

73EJF3:536+424

73EJF3:431

73EJF3:477

73EJF3:481

73EJF3:507

73EJF3:584

73EJD:1

73EJD:7

73EJD:39A
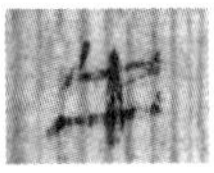
73EJD:126

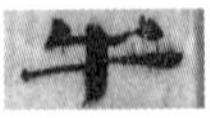
73EJD:198

73EJD:225

73EJD:236

73EJD:256

72EJC:100

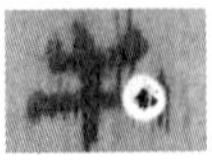
73EJC:294

73EJC:308

73EJC:367A
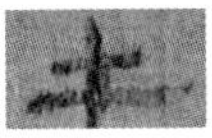
73EJC:431
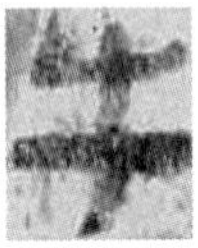
73EJC:454

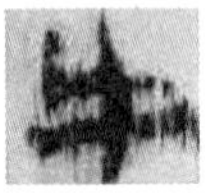
73EJC:521

73EJC:554

73EJC:616

72ECC:7

72ECC:30A

牡

牡

0136

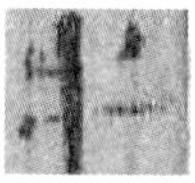
72EDIC:16

T07:036

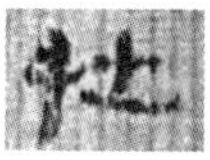
T07:059

T08:063

T08:068

T08:076

T09:095

T09:249

T10:110A

T10:126

T10:151

T10:173

T10:261

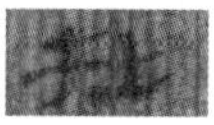
T21:048

T21:209

T21:213

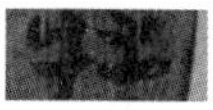
T23:059

T23:806

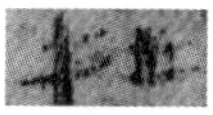
T24:126

T24:206

T24:412

T24:412

T26:035

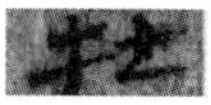
T26:036

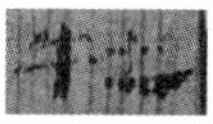
T29:073

T30:094B

T30:266

T31:150

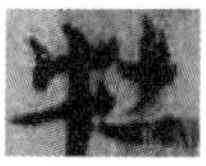
T35:004

T37:525

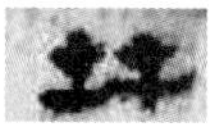
T37:779

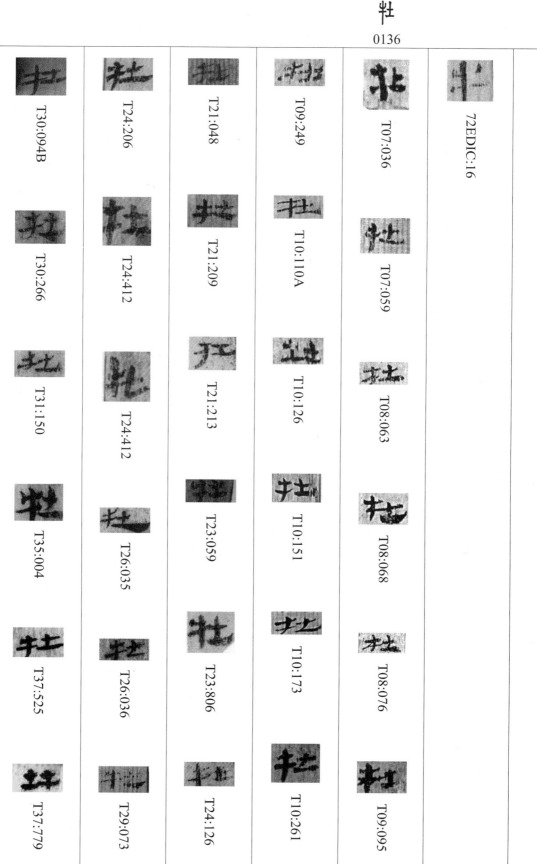

T37:785

T37:789

T37:961

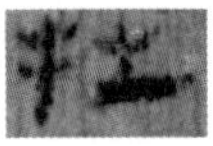
T37:963

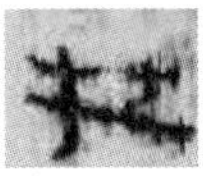
T37:1184

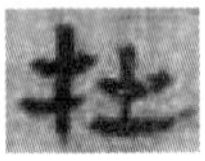
T37:1193

T37:1381

T37:1443

T37:1522

T37:1584

H02:040

73EJF3:37

73EJF3:256

73EJD:58A

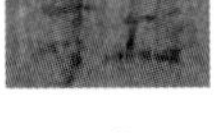
72EJC:285

73EJC:650

特

0137

T01:045

T24:029

T28:134

73EJF3:372

牝

0138

T09:046

T10:262

T10:297

T21:216

T23:712

T23:905

T24:195

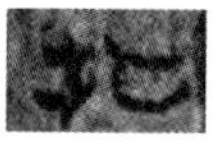
T24:212

T24:430

T25:102

T30:020

T37:036

T37:365

T37:456

T37:552

T37:618

T37:712

T37:779

T37:927

T37:999

T37:1015

T37:1022

T37:1042

T37:1405

H02:009

H02:041

73EJF3:290+121

73EJF3:134+498+555

73EJF3:156

73EJF3:189+421

73EJF3:347

73EJD:17

73EJD:128

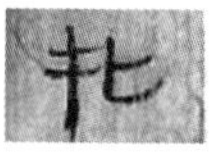
73EJD:256

犢

0139

T25:004

T27:058A

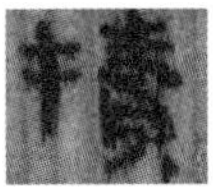

T30:265

犗

0140

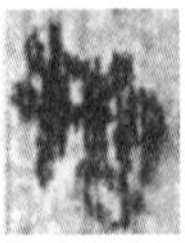

T04:097

T05:100

T06:059

T06:059

T07:017

T07:052

T08:070

T08:070

T21:426

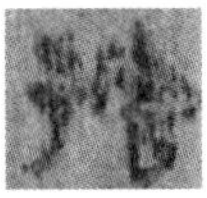

T26:013

T26:238

T33:059A

T37:712

T37:735

T37:1506

73EJF3:132

73EJF3:135

73EJF3:135

73EJF3:178A

73EJF3:372

73EJF3:481

73EJF3:570+547

73EJD:198

73EJC:616

牟

0141

T21:315

T23:855B

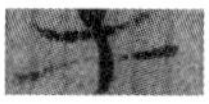
T24:372

T37:731

72EJC:236

牽

0142

T23:620

T23:955

T24:245

牢

0143

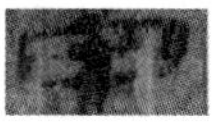
T25:162

犂

0144

T02:003

T06:023A

T21:125A

T30:004

T30:104

T30:255

T37:199

73EJF3:181

72EJC:27

按：所从「牛」或與「木」同形。

犀

0145

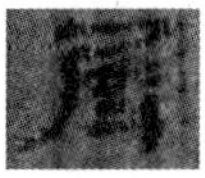
T21:024

T24:267A

T24:715

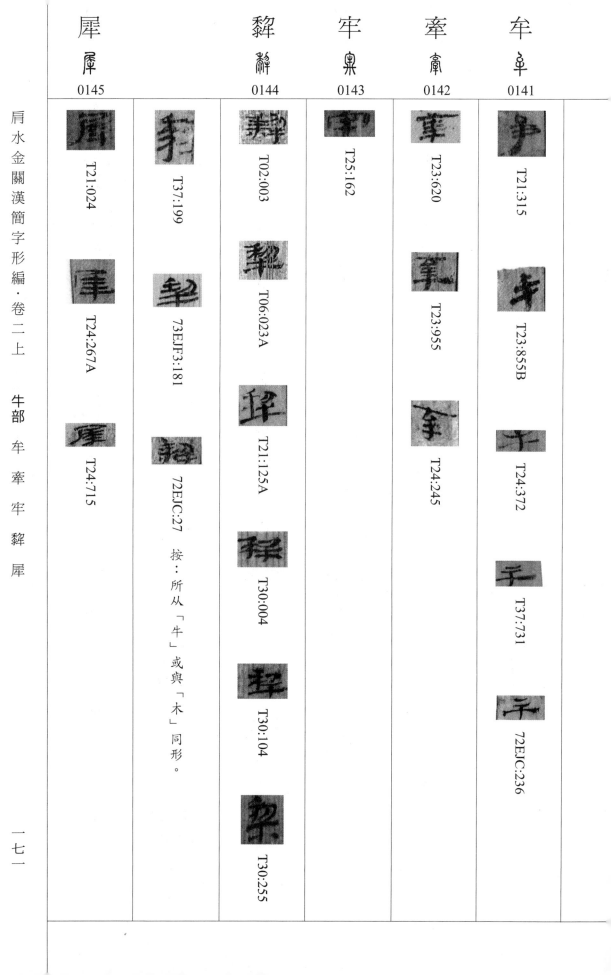

物

0146

T04:066

T10:065

T15:008A

T15:011A

T15:011A

T21:112

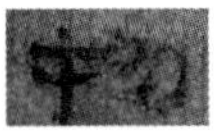
T21:239

T22:114

T23:165

T23:807

T23:913

T23:930A

T24:142

T24:178

T24:247A

T26:112

T26:151B

T27:002B

T28:055

T30:028A

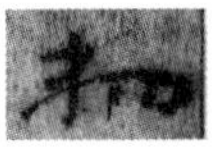
T32:003

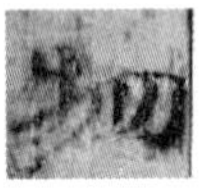
T35:006

T37:522A

T37:1133

73EJF3:116B

73EJF3:165

73EJF3:433+274

73EJF3:316

73EJC:599A

72ECC:16

牛部 犍 犇 犥 ⿰牜勞 犛部 斄 告部 告

0147 犍

T09:237

0148 犇

T23:919B

0149 犥

T10:428

0150 ⿰牜勞

T07:017

0151 斄

T25:025

0152 告

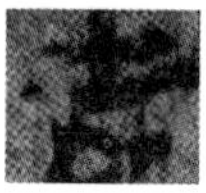
T01:002

T02:104

T04:041A

T06:151

T09:051

告部 告

T09:223

T10:120A

T10:121A

T10:207

T10:215A

T10:315A

T10:388

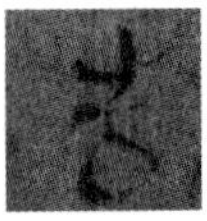
T21:026

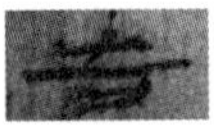
T21:047

T21:059

T21:059

T21:059

T21:059

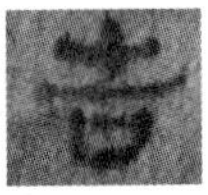
T21:065

T21:103

T21:131B

T21:303

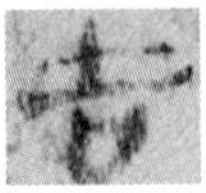
T21:322

T22:011C

T22:073

T22:086

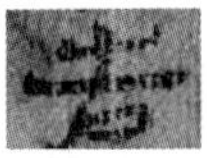
T23:073A

T23:080A

T23:232A

T23:308

T23:349A

T23:364A

T23:491A

T23:589

T23:619

T23:731A

T23:797B

T23:808A

T23:883

T24:035A

T24:245

T24:247A
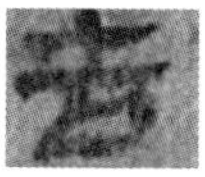
T24:249

T24:262

T24:563A

T25:007A

T25:176

T26:042

T26:042
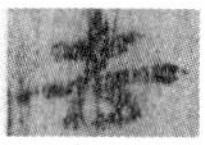
T26:072
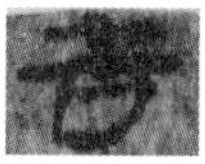
T26:149

T26:173
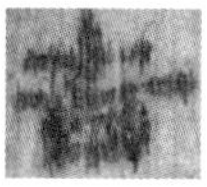
T26:286

T28:080

T29:042

T30:035B
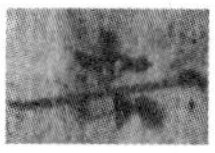
T30:079

T30:204

T31:005
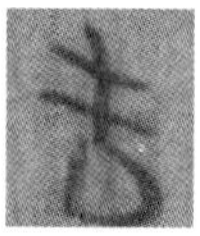
T31:020A
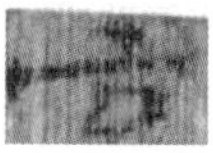
T33:041A

T33:080A

T37:457
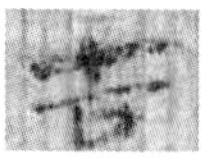
T37:730

T37:878A

T37:931

T37:1139

T37:1367A

H02:050

F01:027

F01:077A+078A

73EJF3:430B+263B

73EJF3:436A

73EJT4H:5A

73EJD:262A

73EJD:319C

72EJC:256+22

72EJC:256+22

72EJC:161

73EJC:463

73EJC:501

73EJC:515

口

0153

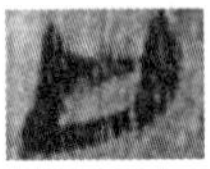
T21:374A

T21:381

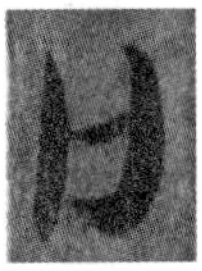
T23:589

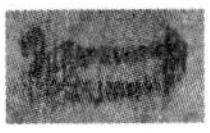
T29:113

T37:100

73EJF3:383

72EJC:42

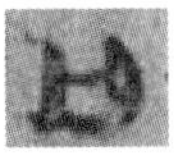
72EJC:96

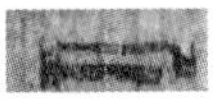
73EJC:544

喙 0154

T21:024

按：左殘。

呑 0155

T24:323

呼 0156

T01:011

T06:092

T07:099

T14:002

T24:148

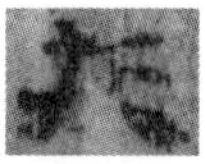
T31:061A

T31:073

73EJC:607

名 0157

T01:001

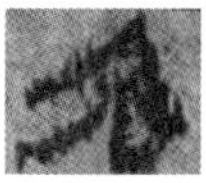
T01:001

T01:140

T01:140

T01:158

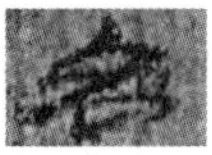
T03:113

T04:145

T06:037

T06:115B

T07:049

T07:098B

T08:051A

T08:074

T09:007

T09:009B

T09:215B

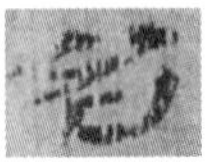
T10:367A

T15:029A

T21:035A

T21:035B

T21:047

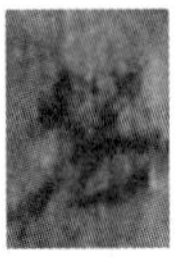
T21:108

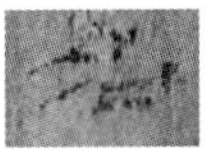
T21:109A

T22:022

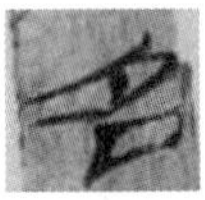
T22:125

T23:086

T23:236

T23:350

T23:362

T23:372

T23:620

T23:620

T23:658

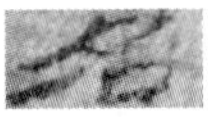
T23:825

T23:841

T23:875

T23:907A

T23:980

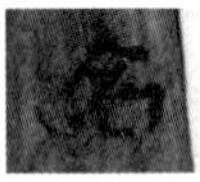
T24:031A

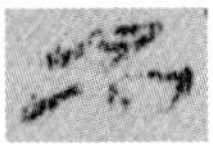
T24:197

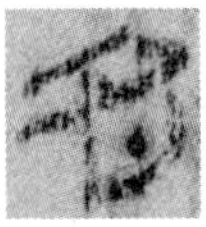
T24:369

T24:516A

T24:525

T24:600

T26:235
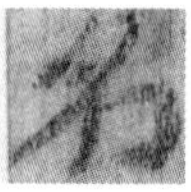
T27:024

T27:073A

T28:022

T28:055

T29:048

T30:070
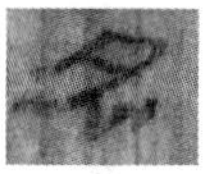
T30:087

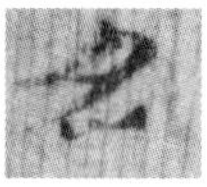
T30:091
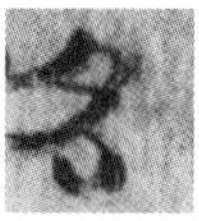
T30:179
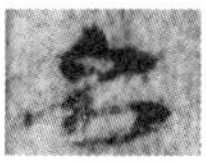
T31:076
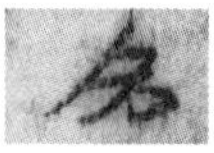
T32:003

T32:046

T34:001A

T34:028

T37:001

T37:239
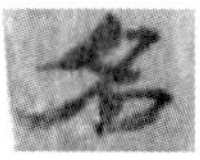
T37:273
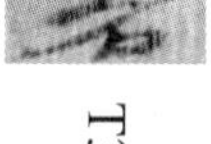
T37:519A

T37:529
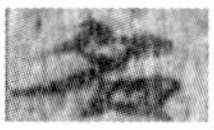
T37:530

T37:566A

T37:587B

T37:640

T37:727A

T37:738A

T37:781A

T37:828A
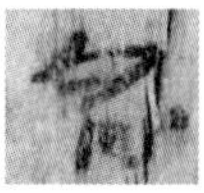
T37:1025

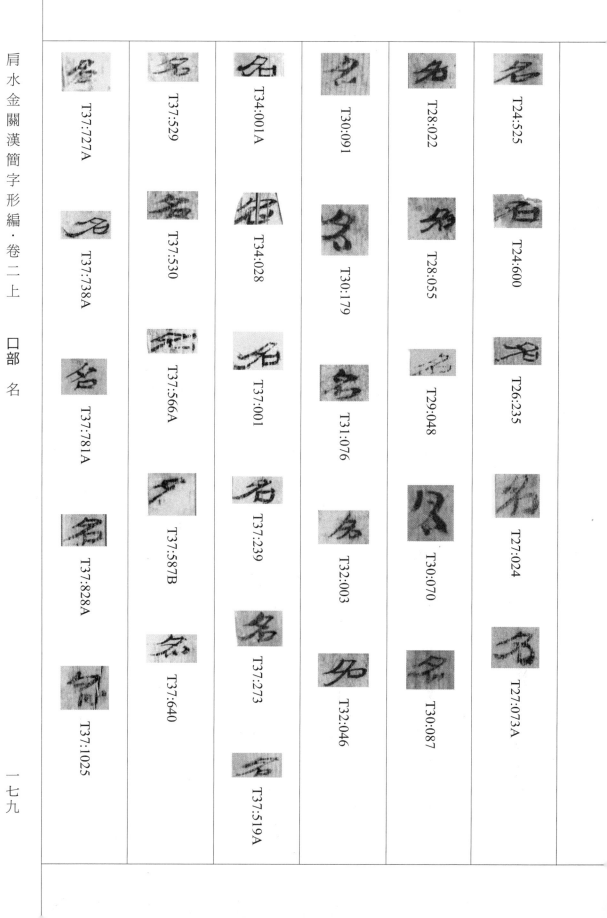

T37:1061A

T37:1065A

T37:1197A

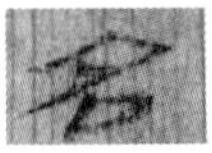
T37:1197B

T37:1213

T37:1503A

H02:028

H02:082

73EJF2:17

73EJF3:43

73EJF3:117A

73EJF3:125A

73EJF3:155A

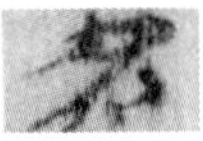
73EJF3:171

73EJF3:184A

73EJF3:185

73EJF3:327

73EJD:2

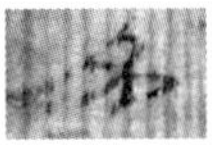
73EJD:126

73EJD:131

73EJD:135B

73EJD:277

72EJC:2A

72EJC:182

73EJC:496

73EJC:505

73EJC:534

73EJC:592A

73EJC:603

吾

0158

T21:058

T21:058

T21:454

T24:047

T26:059

T37:708A

T37:1473

73EJF3:189+421

73EJF3:633

72EJC:42

君

0159

T01:012

T01:012

T01:141

T01:231

T03:038A

T03:038A

T03:052

T03:054A

T04:044B

T04:063A

T05:008A

T05:013

T06:041A

T06:042

T06:066B

T06:172

T06:176

T07:025

T07:036

T07:111

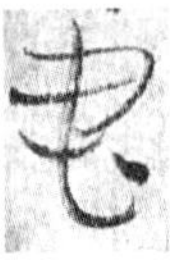
T07:131

T07:171A

T08:030

T08:106B

T08:106B

T08:106B

T09:014

T09:044

T09:053

T09:058

T09:058

T09:059A

T09:085

T09:103A

T09:105

T09:119

T09:239
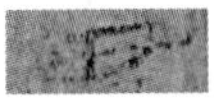
T09:304

T10:220A

T10:259

T10:278

T10:358
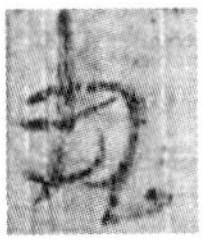
T10:366

T10:407
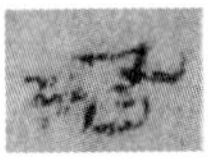
T11:005

T11:005
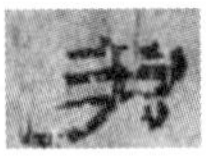
T11:015

T15:001A

T15:009

T21:044

T21:169

T21:203

T21:337

T21:435

T22:021A

T22:086

T23:108

T23:146

T23:162

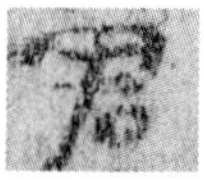
T23:296B

T23:297

T23:330

T23:359A

T23:364A

T23:441

T23:481A

T23:481B

T23:569B

T23:655

T23:782A

T23:808B

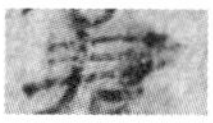
T23:825

T23:855B

T23:866B

T23:885A

T23:895

T23:896A

T23:896A

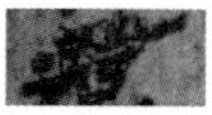
T23:896B

T23:897B

T23:906B

T23:919A

T23:948

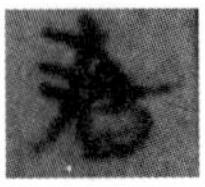
T23:969

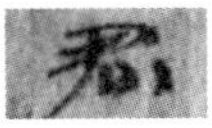
T23:977

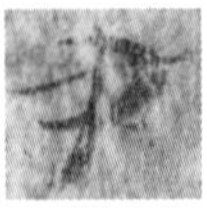
T24:010B

T24:011

T24:028

T24:073A

T24:083

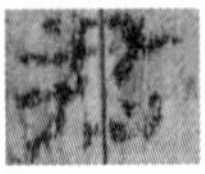
T24:189

T24:201A

T24:268B

T24:275A

T24:339B

T24:395

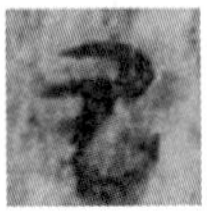
T24:445A

T24:509B

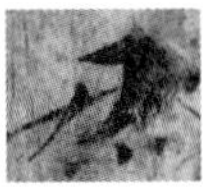
T24:513A

T24:558

T24:636A

T24:664

T24:737

T24:778

T24:833

T24:921

T25:004

T25:111

T26:035

T26:054

T26:080

T26:150

T26:151A

T27:094

T27:104

T27:116

T27:142A

T28:009A

T30:102

T30:119

T30:136

T30:144

T30:148A

T30:179

T30:180

T31:059A

T31:101A

T31:167

T32:018

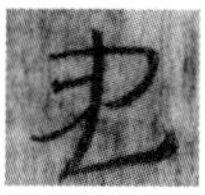
T32:046

T33:029

T33:054B

T33:062

T37:035

T37:054

T37:086

T37:100

T37:153

T37:356

T37:522A

T37:565

T37:617

T37:675

T37:700

T37:755

T37:755

T37:757

T37:785

T37:786A

T37:794

T37:841

T37:858

T37:1077

T37:1146

T37:1168

T37:1179

H02:007

H02:046

F01:022

F01:112

73EJF2:34

73EJF3:124A

73EJF3:127B

73EJF3:253

73EJT4H:5A

73EJD:39A

73EJD:39B

73EJD:39B

73EJD:49A

73EJD:70
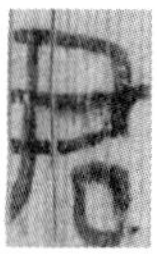
73EJD:111

73EJD:284B

73EJD:391

73EJD:391

72EJC:2B

72EJC:2B
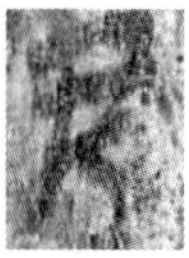
72EJC:85

72EJC:145

72EJC:171

72EJC:171

72EJC:180

73EJC:540

73EJC:599A

73EJC:599B

73EJC:599B

73EJC:599B

73EJC:609

73EJC:664

命

0160

T01:093

T01:093

T04:018

T07:013A

T09:029A

T09:104

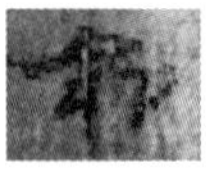
T23:767

T23:828

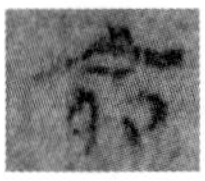
T23:897A

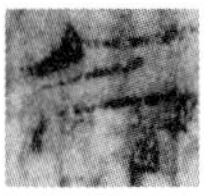
T24:635

T24:820

T31:066

T31:075

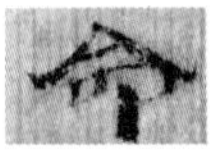
T37:054

T37:527

T37:776A

T37:776A

T37:1029

T37:1196

F01:110

72EBS7C:1A

召

0161

T01:008

T06:135B

T07:120

T08:006

T09:264A

T23:763

T23:776

T24:048

T24:515

T25:099

T30:070

T32:064

T37:755

T37:834

H02:010

F01:027

F01:077A+078A

73EJF3:258

73EJF3:363

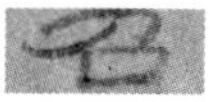
73EJD:313A

73EJC:664

72ECC:12A

72ECC:12B

問

0162

T01:002

T01:002

T05:071

T08:056

T22:114

T23:289

T23:674

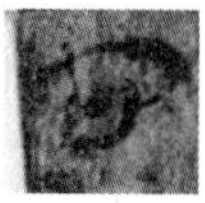
T23:877A

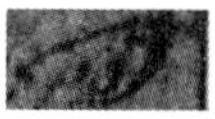
T23:885A

T24:011

T24:357

T24:991

T30:026

T31:140

T31:149

T33:066

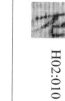

唯

0163

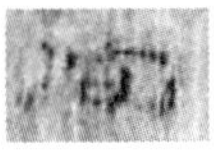
T37:743

T37:1471A

F01:002

F01:002

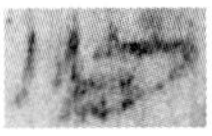
73EJF3:127B

73EJF3:164

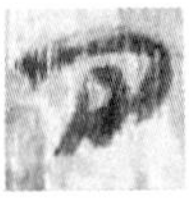
73EJF3:432

73EJC:467

73EJC:599A

T01:022A

T05:023B

T06:162

T10:231A

T21:176

T23:073A

T23:633

T24:018

T28:106

T28:107

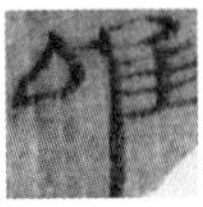
T28:125

T29:114A

T29:114B

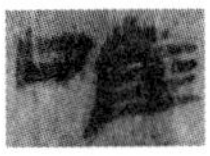
T31:047

T31:102A

T37:530

T37:1149

H02:006

H02:046

H02:048A

和

0164

73EJD:304B

73EJD:336

72EJC:140

T03:058A

T04:098A

T07:095

T15:003A

T24:006B

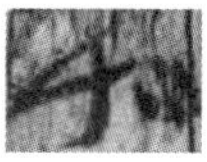
T24:061A

T24:208

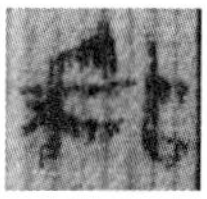
T24:216

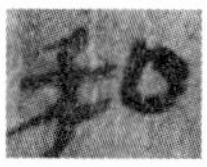
T24:354

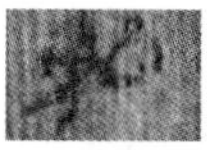
T24:902

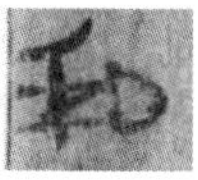
T24:911

T25:004

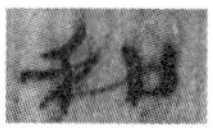
T30:010

T30:059B

T30:138

T30:152

T31:062

T37:422

T37:675

T37:783A

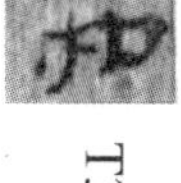
T37:1067A

H02:002

73EJF3:81+80

72EJC:163

73EJC:363

72ECC:13

哉 0165

T06:092

T23:731A

T24:549

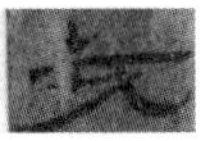
T24:794

T24:833

T37:240

72EJC:179

咸 0166

T10:177B

T23:488

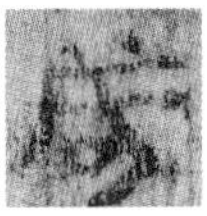
T24:507A

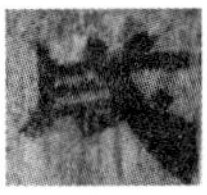
T31:118

T31:155

T37:1173

73EJF3:154

73EJF3:382A

呈 0167

T37:1380A

右 0168

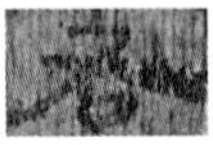
T02:094

T03:007

T03:093

T03:094

T03:111

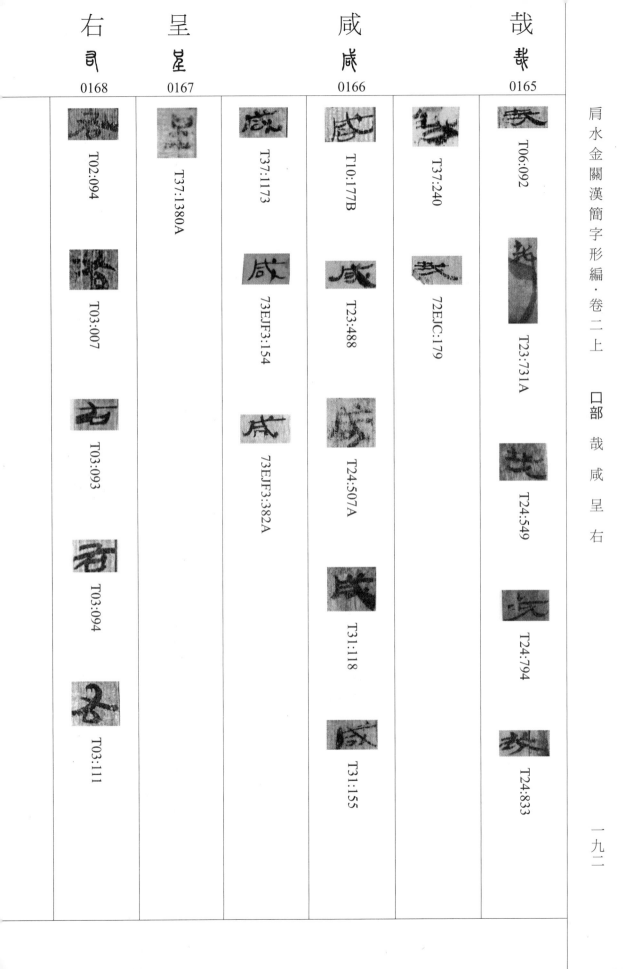

 T04:091	 T05:002	 T05:015	 T05:045	 T05:066	 T06:094
 T07:024	 T07:036	 T07:107A	 T07:107B	 T07:113	
 T08:038	 T08:039	 T09:001	 T09:007	 T09:010	 T09:025
 T09:084	 T09:091	 T09:092A	 T09:148	 T09:156	 T09:236
 T09:335	 T10:076	 T10:131	 T10:188	 T10:213A	
 T10:229B	 T10:330	 T10:334	 T10:406	 T21:028B	

T21:227B

T21:288
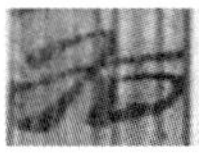
T21:321

T21:357

T22:009

T22:026

T22:099

T22:111A

T22:111A
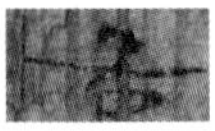
T22:147

T23:172B

T23:284

T23:359A

T23:359A

T23:420

T23:555

T23:685

T23:739

T23:767

T23:779

T23:968
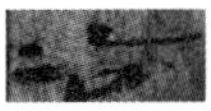
T24:019

T24:033

T24:095

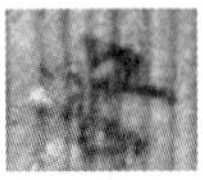
T24:112A
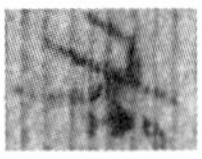
T24:112B

T24:114

T24:114

T24:235

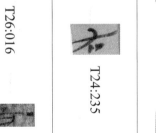

T24:269A

T24:393

T24:586
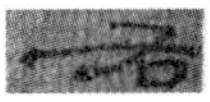
T24:795
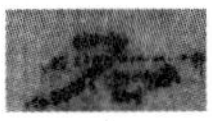
T26:016
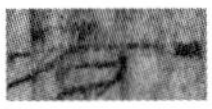
T26:051

T26:095

T26:095
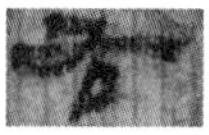
T26:174A

T26:185

T26:238

T28:022

T28:023

T28:024
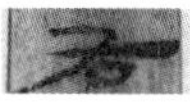
T28:025

T28:047

T28:061

T28:127

T29:048

T29:059

T29:114B

T30:005

T30:043

T30:105

T30:158

T30:159

T30:210A

T30:214

T30:257

T31:034A
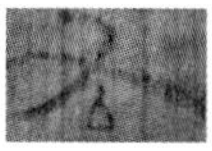
T31:034B

T31:036
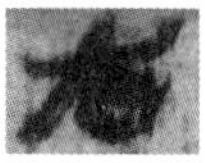
T31:108
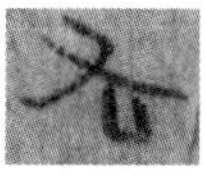
T32:051

T33:043
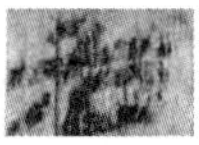
T37:013A
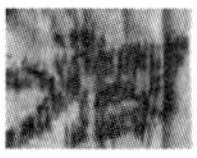
T37:013B
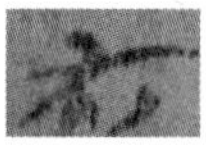
T37:057

T37:114

T37:227

口部 右

T37:245B

T37:527

T37:643

T37:655

T37:692

T37:768

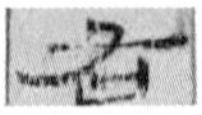
T37:1012

T37:1060

T37:1075A

T37:1076A

T37:1090

T37:1110

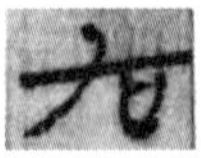
T37:1265

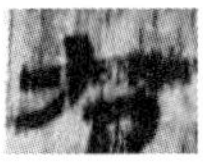
T37:1449

H01:005

H01:020

H01:056

H02:063

F01:031

F01:084A

F01:096

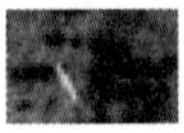
F01:096

F01:117

73EJF2:42

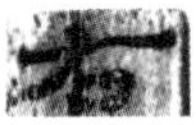
73EJF3:3

73EJF3:3

73EJF3:5

73EJF3:6

73EJF3:8

73EJF3:9

73EJF3:273+10

73EJF3:12

73EJF3:13

73EJF3:16

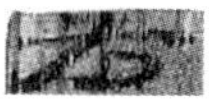
73EJF3:20

73EJF3:30+21

73EJF3:23

73EJF3:24

73EJF3:26

73EJF3:27

73EJF3:28

73EJF3:29

73EJF3:44

73EJF3:47

73EJF3:58

73EJF3:90

73EJF3:96

73EJF3:97

73EJF3:98

73EJF3:113

73EJF3:143+211+425

73EJF3:151

73EJF3:154

73EJF3:232

73EJF3:241

73EJF3:269+597

73EJF3:358

73EJF3:359

73EJF3:361

73EJF3:361

73EJF3:362

73EJF3:363

73EJF3:416+364

73EJF3:366

73EJF3:366

73EJF3:404

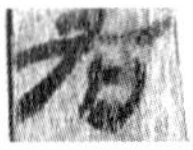
73EJF3:406

73EJF3:412

73EJF3:413

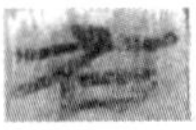
73EJF3:414

73EJF3:506

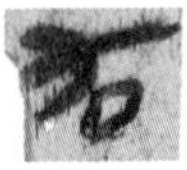
73EJF3:617

73EJD:134

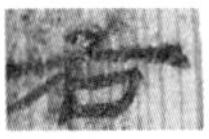
72EJC:38

72EJC:84

72EJC:119

72EJC:155A

72EJC:267B

73EJC:418

吉

吉

0169

T04:041A

T09:003

T23:967

T24:585

T24:800

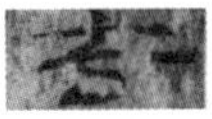
T26:063

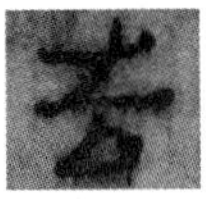
T27:014

T29:052

T29:052

T29:054

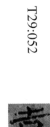

周

0170

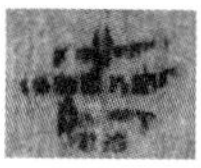
T32:004

T34:021

T35:016

T35:016

T37:492

T37:983

T37:991

T37:1348
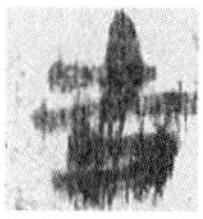
73EJF3:427

72EJC:18

73EJC:600

T01:130

T02:074

T02:087

T04:014

T05:035

T05:054

T08:040

T08:069

T10:294

T21:130A

T21:396

T22:024

T22:032

T23:969

T24:189

T24:238

T24:239

T24:531

T29:002
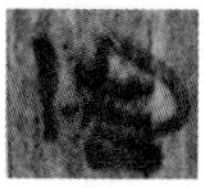
T30:165

T32:049

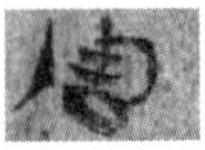
T37:523A

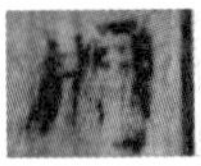
T37:749A

T37:829

T37:920

T37:1103

T37:1111

T37:1221

T37:1473

H02:014

F01:118A

73EJF2:4

73EJF3:28

73EJF3:290+121

73EJF3:416+364

73EJF3:438

73EJF3:554

73EJD:39A

73EJD:72

72EJC:155A

72EJC:155A

72EJC:155A

唐

0171

T03:108

T07:087

T10:409

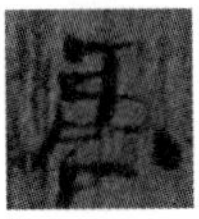
T21:130A

T23:481B

T30:013

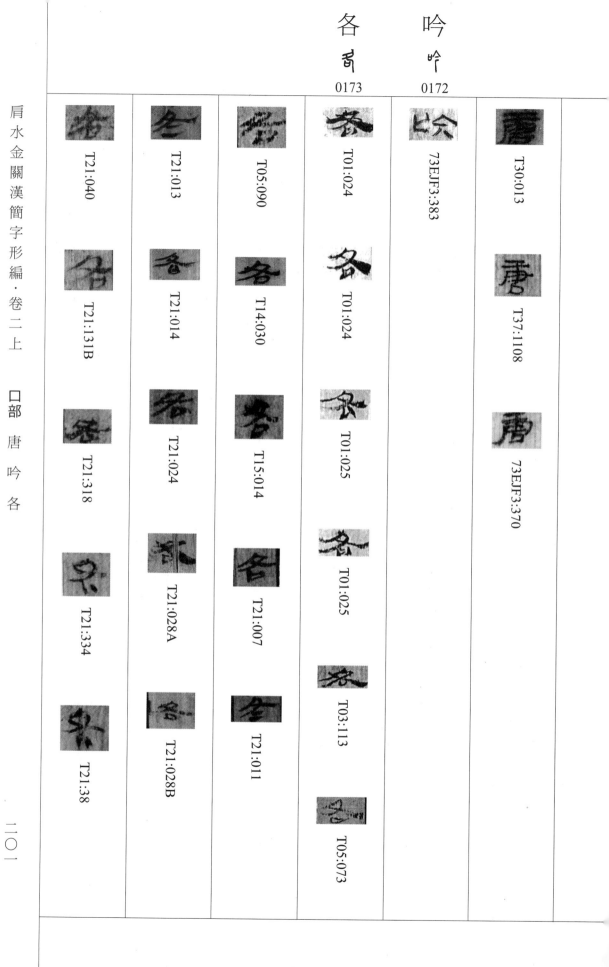

T37:1108

73EJF3:370

吟

0172

73EJF3:383

各

0173

T01:024

T01:024

T01:025

T01:025

T03:113

T05:073

T05:090

T14:030

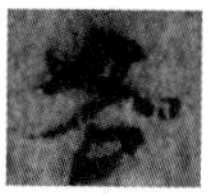
T15:014

T21:007

T21:011

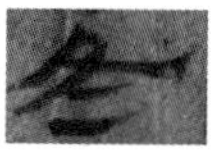
T21:013

T21:014

T21:024

T21:028A

T21:028B

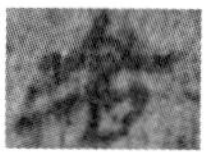
T21:040

T21:131B

T21:318

T21:334

T21:38

口部 各

T22:011D

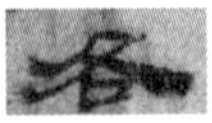
T23:145

T23:145

T23:283

T23:578

T23:615

T23:620

T23:765

T23:768

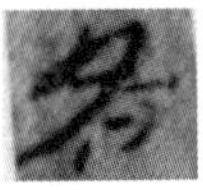
T23:875

T24:213

T24:247B

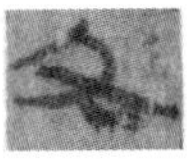
T24:592

T24:795

T24:820

T25:005

T25:093

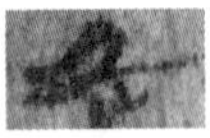
T26:028

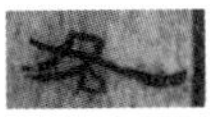
T26:031

T26:095

T27:010

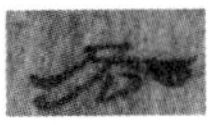
T28:010

T28:011

T28:013A

T28:126

T29:098

T30:035A

T30:035A

T30:124+96+123

T30:124+96+123

T30:124+96+123

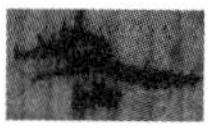
T30:265

T32:010

T32:010

T32:010

T33:027

T37:783A

T37:913A

T37:1151A

T37:1542

T37:1549

H01:017
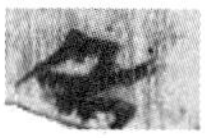
H01:018

H01:034

H02:086

73EJF3:53

73EJF3:81+80

73EJF3:404

73EJD:30
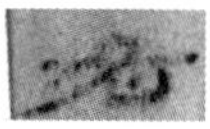
73EJD:36A

73EJD:128

73EJD:131

73EJD:260A

73EJD:260A

73EJD:262B

72EJC:2A

72ECC:1+2B

按：所从「口」或省作「二」，與「冬」同形。

哀

0174

T23:356

T28:106

T37:054

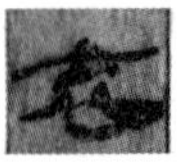
T37:627

T37:786A

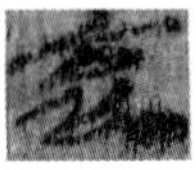
T37:1029

F01:001

73EJF3:56

73EJF3:182A

73EJC:291

呴

0175

T06:185

哳

0176

72EJC:119

嚴

0177

T01:002

T02:010A

T03:054A

T04:099

T05:097

T06:051

T06:052

T06:052

T09:008

T09:389

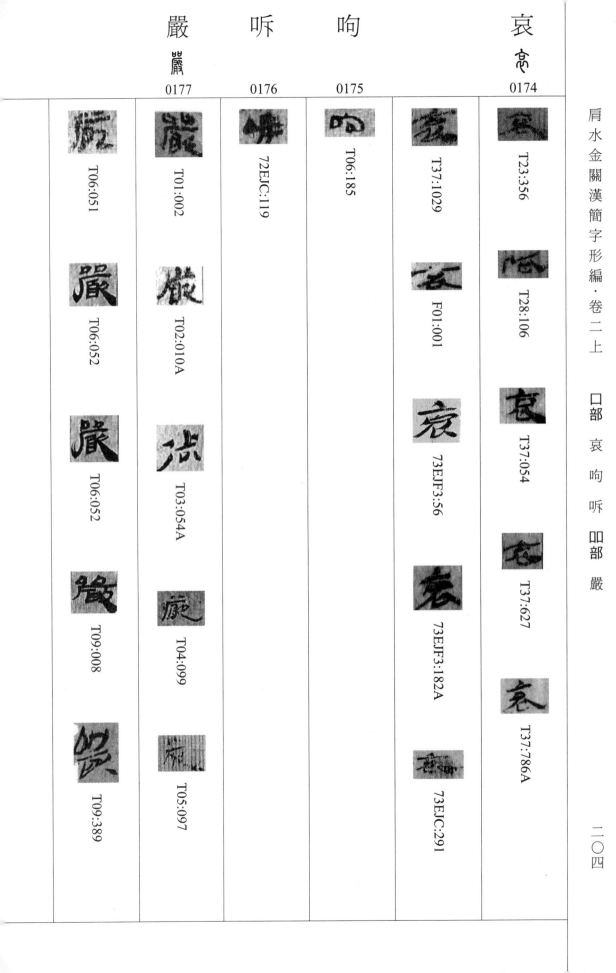

T23:056

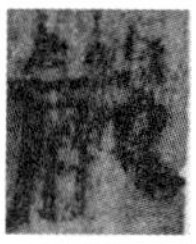
T23:388

T23:620

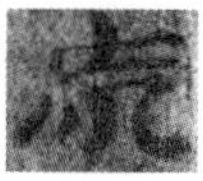
T23:731A

T24:077

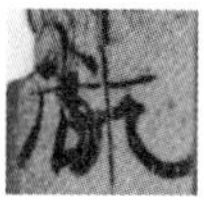
T24:428

T31:064

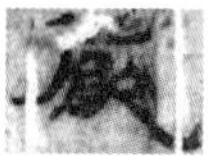
T33:028

T35:004

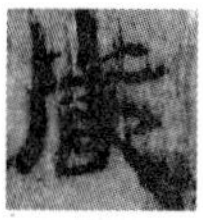
T37:837

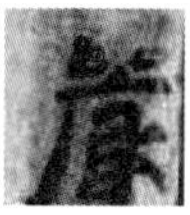
T37:924

T37:1113

T37:1233B

T37:1588

73EJF3:3

73EJF3:32

73EJF3:318

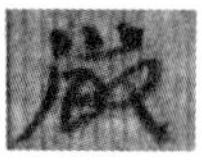
73EJF3:350

73EJF3:414

73EJF3:548

73EJF3:627A

73EJD:260A

單

單

0178

T01:039

T04:108A

T04:108B

T05:026

T09:093

喪

0179

T10:079

T23:765

T23:896A

T23:975

T24:026

T24:543

T24:550

T25:198

T29:108

T30:094A

T30:201

T31:105

T31:105

T37:646

T37:646

T37:660

T37:933

H02:016

H02:048A

H02:053A

F01:096

73EJF3:27

73EJF3:241

73EJF3:449B

T09:103A

T10:023

T24:833

走

0180

T26:024

T28:020

T32:033

73EJF3:81+80

73EJD:316

趨

0181

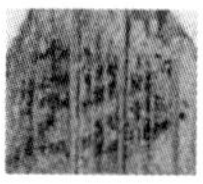
T22:003

趣

0182

T01:002

T01:145A

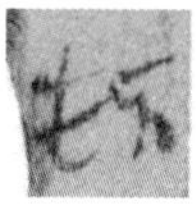
T21:302

T21:306

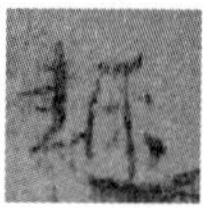
T23:232B

T23:301

T23:658

T29:042

T29:114B

F01:027

72EJC:140

超

0183

72EJC:200B

72ECC:49B

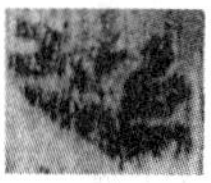
T31:172

越

0184

T05:040

T21:367

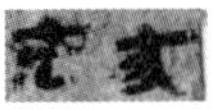
T22:058

T22:088

T23:483

T24:140

T24:313

T24:434

T25:047

T29:107

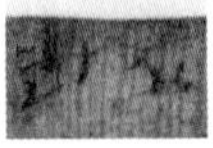
T29:134

T31:168

T34:028

起

0185

T01:262

T06:041A

T06:041A

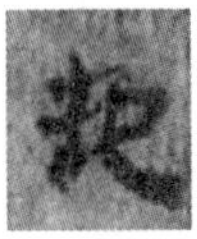
T15:014

T21:024

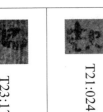

T21:024

T21:059

T21:201

T21:276

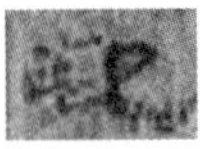
T22:005

T23:118

T23:173A

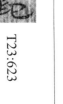

T23:359A

T23:413

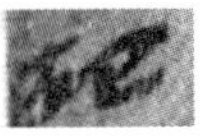
T23:413

T23:623

T23:674

T23:764

T23:775

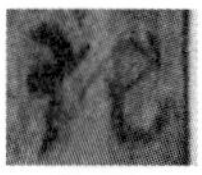
T23:895

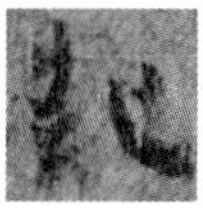
T23:919A

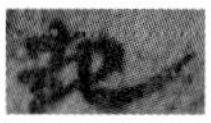
T23:979

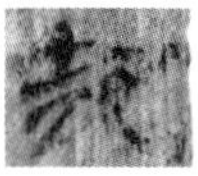
T23:995A

T24:011

T24:015A

T24:416A

T24:416A

T24:533A

T24:627A

T24:800

T25:105

T26:058

T31:096

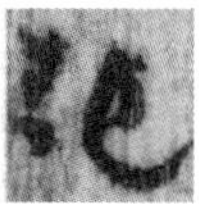
T31:096

T31:114A

T37:418

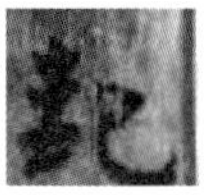
T37:1491

73EJF3:41A

73EJF3:41A

73EJF3:109

73EJF3:127B

73EJF3:143+211+425

73EJF3:430A+263A

73EJF3:361

73EJD:33A

73EJD:34

73EJD:35

73EJD:49A

73EJD:107A

73EJD:125A

73EJD:277

73EJD:277

73EJD:306B

73EJD:382

72ECC:13

72ECC:13

72ECC:13

72ECC:13

72ECC:15A

72ECC:38

趍

0186

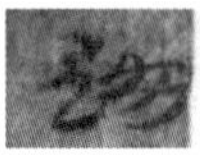
T23:880A

趙

0187

T01:013

T01:019

T01:032

T01:118

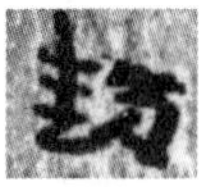
T01:157

T02:059

T04:171A

T05:046

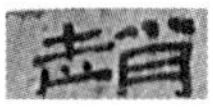
T06:016

T06:066B

	T07:038		T07:039		T07:042		T07:042		T08:098		T09:040
	T09:042		T09:066		T09:196		T10:132		T10:154A		
	T10:343A		T14:028		T21:049		T23:147	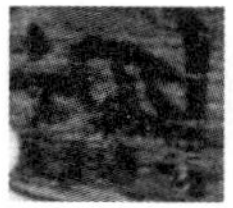	T23:302A		
	T23:442		T23:532		T23:602		T23:782A		T23:804B		
	T23:827		T23:921		T23:929		T23:981		T24:015A		
	T24:038	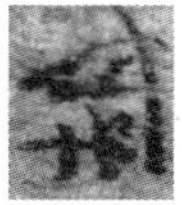	T24:138		T24:256		T24:264A		T24:418		

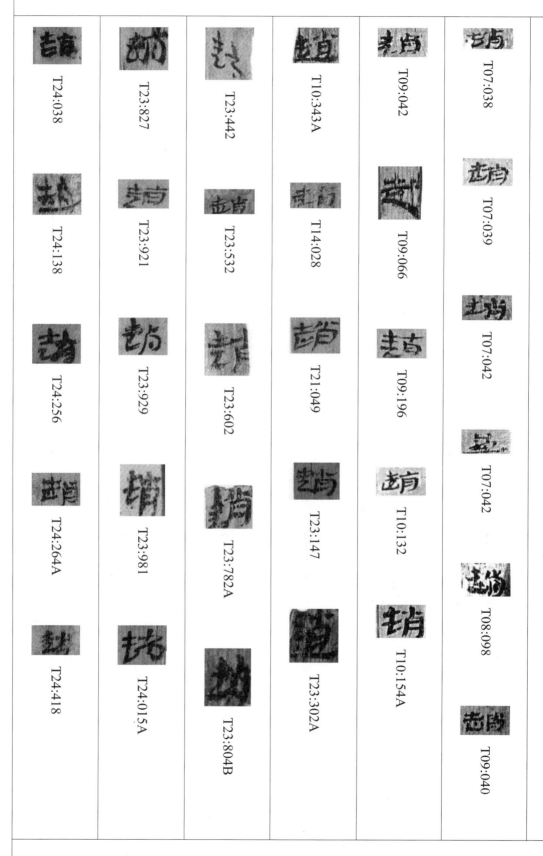

走部 趙

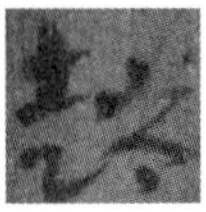
T24:667

T24:681B

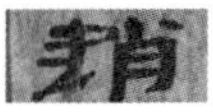
T24:714

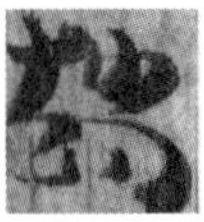
T24:979

T25:113

T25:133

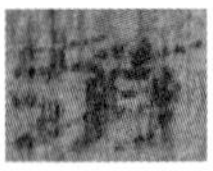
T25:154

T26:059

T27:022

T30:007+019

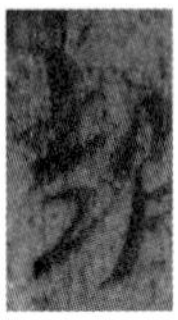
T30:116A

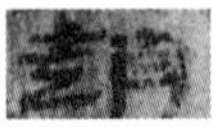
T30:117

T30:118

T30:162

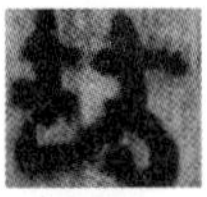
T30:179

T30:180

T30:209

T31:092A

T31:132

T32:021

T32:058

T33:056A

T34:007

T37:002

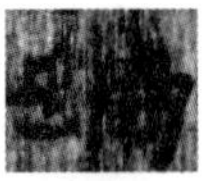
T37:016

T37:079

T37:097

T37:099

T37:194

T37:231

T37:521

T37:528

T37:562

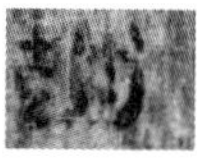
T37:703

T37:727A

T37:767

T37:799A

T37:799A

T37:813

T37:828A

T37:829

T37:834

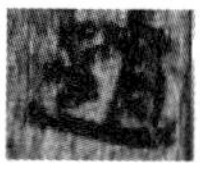
T37:846

T37:846

T37:900

T37:996

T37:1087

T37:1195

T37:1206

T37:1317

T37:1327

T37:1386

T37:1443

H01:038

H01:045

H01:052

H02:058

H02:066

73EJF3:26

73EJF3:36

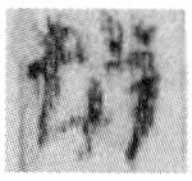
73EJF3:109

73EJF3:151

73EJF3:159A

73EJF3:172

73EJF3:240

73EJF3:430A+263A

73EJF3:558

73EJD:13

73EJD:218

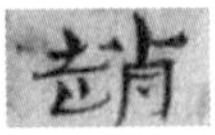
73EJD:233

73EJD:280+250A

72EJC:18

72EJC:142

72EJC:214

73EJC:300

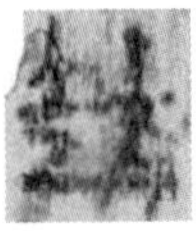
73EJC:447A

73EJC:470

73EJC:546

73EJC:628

73EJC:643

72ECC:13

趚 0188

T24:738

止 0189

T01:023

T01:029

T01:089

T03:055

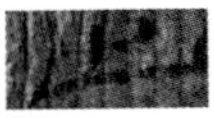
T03:114

T03:114

止部　止

T06:038A

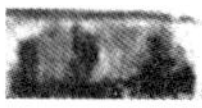
T06:130

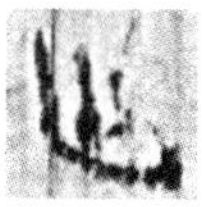
T09:035

T09:062A

T09:087

T10:146A

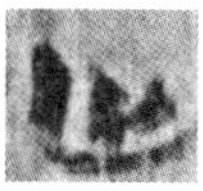
T10:210A

T10:313A

T10:492

T21:011

T21:012

T21:013

T21:031

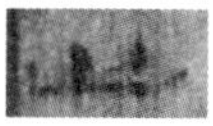
T22:137

T23:481B

T23:896B

T23:929

T24:138

T24:240A

T24:250

T24:250

T24:739

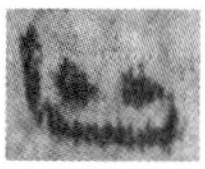
T25:060

T27:013

T29:074

T31:128

T33:039

T33:040A

T34:006A

T34:006A

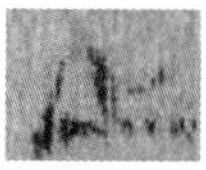
T37:091A

T37:102

T37:113

前

0190

T37:420

T37:519A

T37:519A

T37:524

T37:526

T37:658

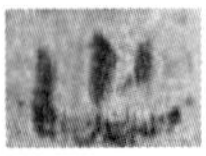
T37:733

T37:1076A

T37:1095A

T37:1095A

T37:1128

T37:1168

T37:1211

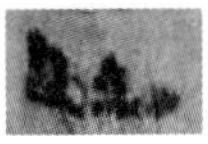
T37:1499A

H01:027

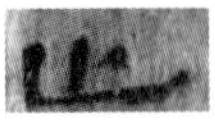
F01:010

73EJF3:175+219+583+196+407

73EJF3:350

73EJF3:469

73EJF3:535

73EJD:54

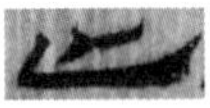
73EJD:65

73EJD:277

73EJC:445A

73EJC:529A

T01:001

T01:001

T01:022A

T01:132

T03:007

T03:007

T03:033A

T04:108A

T04:108A

T04:108A

T04:108B

T04:198

T07:013A

T07:171B

T07:193B

T09:061B

T10:206

T10:406
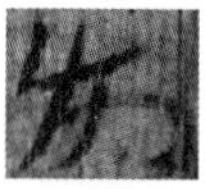
T10:406

T21:103

T21:141

T21:176
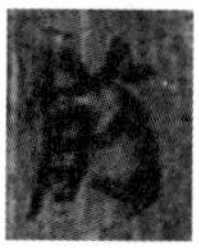
T21:177
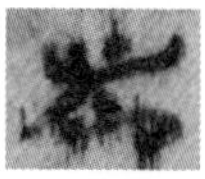
T21:306

T22:086

T23:019B

T23:239

T23:262

T23:279A

T23:284

T23:356

T23:359A

T23:359A

T23:360A

T23:406A

止部

前

T23:408

T23:410

T23:481A

T23:612
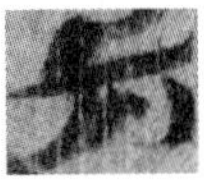
T23:651A

T23:674

T23:788A

T23:807

T23:811B

T23:855B

T23:866A
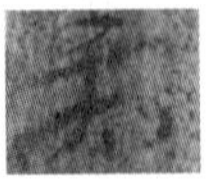
T23:888

T23:896A

T23:896B
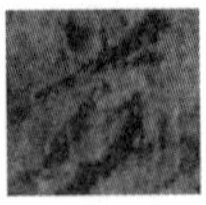
T23:917A

T24:015A

T24:032

T24:038

T24:065A

T24:073B
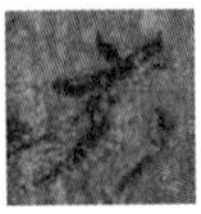
T24:160B

T24:233

T24:312

T24:467

T24:470B
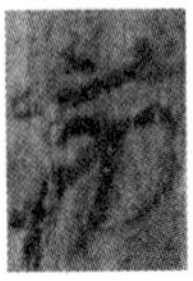
T24:615

T24:700

T26:167+201

T27:046

T28:020

T30:028A

T30:028A

T30:204

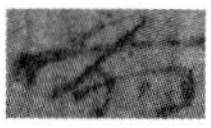
T31:198B

T31:219

T32:070

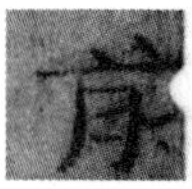
T32:073

T33:014

T33:050

T35:006

T37:179A

T37:270A

T37:708B

T37:786A

T37:1299A

F01:002

F01:027

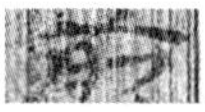
73EJF2:42

73EJF3:3

73EJF3:3

73EJF3:5

73EJF3:6

73EJF3:9

73EJF3:273+10

73EJF3:273+10

73EJF3:12

73EJF3:13

73EJF3:281+18

73EJF3:19

73EJF3:20

73EJF3:30+21

73EJF3:30+21

73EJF3:24

73EJF3:24

73EJF3:26

73EJF3:27

73EJF3:27

73EJF3:28

73EJF3:28

73EJF3:29

73EJF3:415+33

73EJF3:415+33

73EJF3:47

73EJF3:96

73EJF3:96

73EJF3:97

73EJF3:97

73EJF3:98

73EJF3:98

73EJF3:99

73EJF3:148

73EJF3:197+174B

73EJF3:182A

73EJF3:183A

73EJF3:183B

73EJF3:183B

73EJF3:241

73EJF3:430A+263A

73EJF3:280

73EJF3:295A

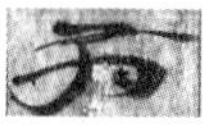
73EJF3:315A

73EJF3:329A

73EJF3:344

73EJF3:358

73EJF3:359

73EJF3:359

73EJF3:361

73EJF3:361

73EJF3:362

73EJF3:362

73EJF3:363

73EJF3:416+364

73EJF3:416+364

73EJF3:365

73EJF3:366

73EJF3:366

73EJF3:367

73EJF3:385

73EJF3:406

73EJF3:413

73EJF3:413

73EJF3:414

73EJF3:414

73EJF3:458

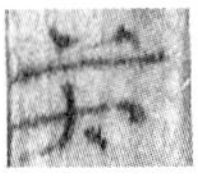
73EJF3:514A

73EJF3:554

73EJD:16B

73EJD:48

73EJD:97

73EJD:156A

73EJD:156B

73EJD:280+250A

73EJD:311B

73EJD:319C

72EJC:2B

72EJC:255

73EJC:599A

72ECC:53

72ECC:83A

歷

歷

0191

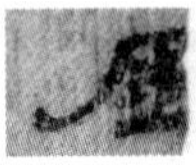
T24:182

歸

歸

0192

T03:055

T05:064

T06:040

T06:091

T10:208

T23:237A

T23:298

T23:692

T23:727

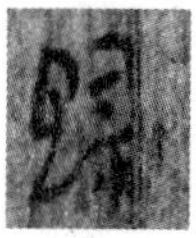
T23:789B

T23:808A

T24:269A

T24:276

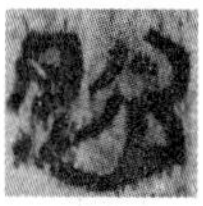
T24:865

T27:109

T30:012

T33:010

T37:526

T37:529

T37:530

T37:727A

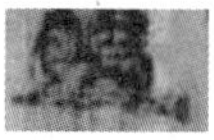
T37:749A

T37:865

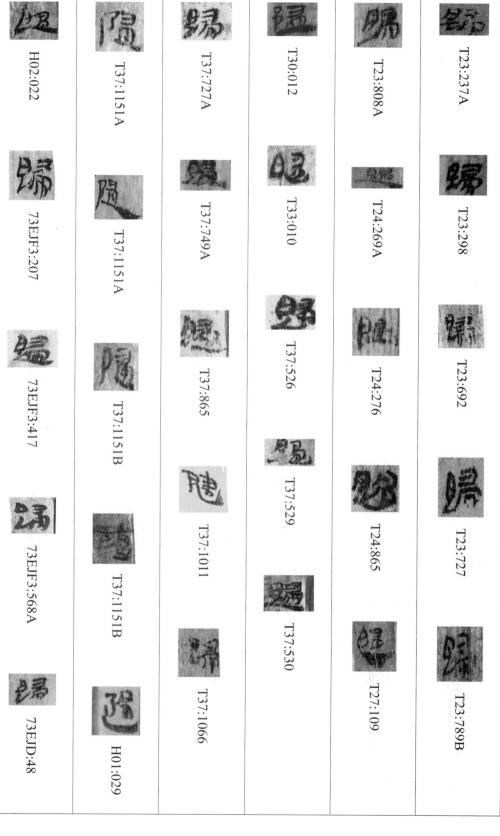

T37:1011

T37:1066

T37:1151A

T37:1151A

T37:1151B

T37:1151B

H01:029

H02:022

73EJF3:207

73EJF3:417

73EJF3:568A

73EJD:48

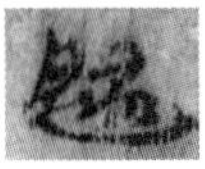
73EJD:64

73EJD:150

73EJD:231
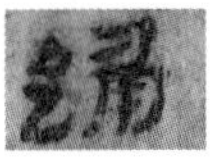
73EJD:308

登

0193

T01:092

T01:133

T02:092
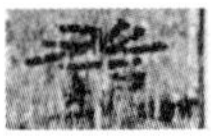
T03:051

T03:053

T07:051

T07:071B

T07:113

T10:158

T10:361
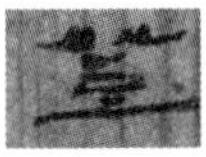
T21:483

T23:061

T23:177A

T23:408
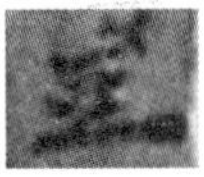
T23:666
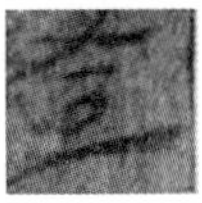
T23:885A

T24:327
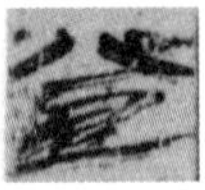
T24:764
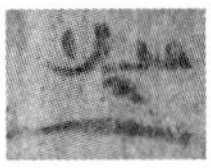
T24:906
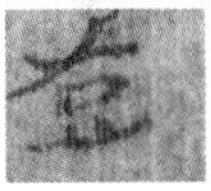
T25:059

T25:098

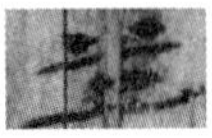
T25:105
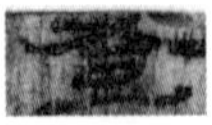
T26:059
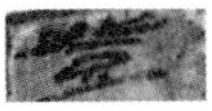
T26:156

T28:010

T29:058

T30:035A

步

0194

T30:263

T31:127

T32:041

T33:039

T37:234

T37:521

T37:521

T37:1095A

T37:1184

T37:1345

H01:018

73EJD:210

73EJD:271

按：所从「癶」或訛作「艹」。

T03:095

T04:041A

T04:098B

T09:083

T09:194

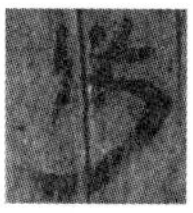
T15:012

T15:012

T23:467

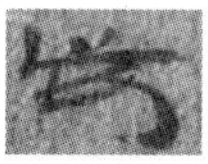
T23:533

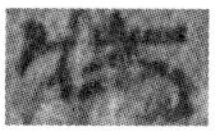
T23:533

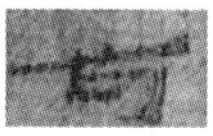
T23:732

T23:974

T24:205

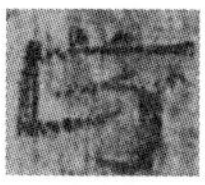
T26:236

T28:028

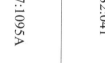

T30:189

T32:039

T37:357

T37:414

T37:622

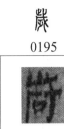

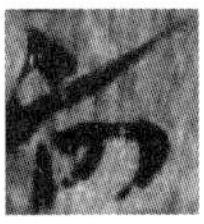
T37:696

T37:874

T37:1033

T37:1174

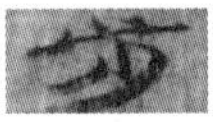
T37:1192

T37:1343

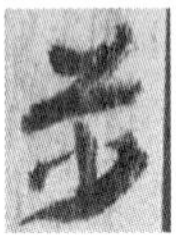
73EJF3:319

73EJC:415

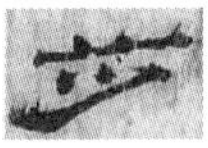
73EJC:609

72EDAC:7

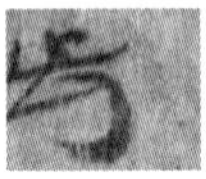
72EDAC:7

歲

歲

0195

T01:001

T01:006

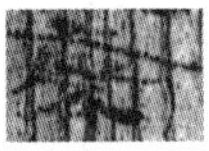
T01:080A

T02:080A

T02:093

T02:104

T03:040

T03:077

T03:108

T04:054

T04:098A

T04:151

T05:100

T06:041A

T06:052

T06:059

T06:059

T07:017

T07:108

T07:192

T08:020

T08:063

T08:065

T08:068

T08:070

T08:071
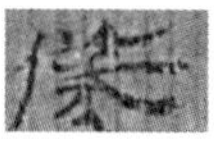
T08:091

T09:016

T09:043

T09:046

T09:087

T09:087

T09:125

T09:136

T09:228

T09:249

T10:102

T10:110A
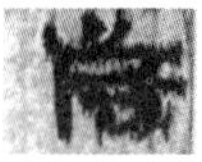
T10:126

T10:164

T10:173

T10:181

T10:182

T10:212

T10:261

T10:285

T10:291

T10:297

T11:001

T14:013
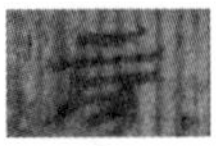
T21:048

T21:152

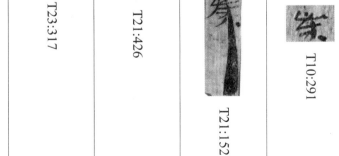

T21:203

T21:209

T21:216

T21:219

T21:426

T21:427

T22:151
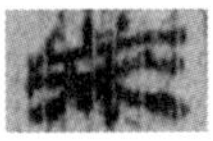
T23:228

T23:257
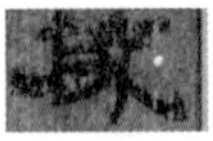
T23:317

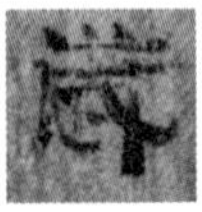
T23:429

T23:660

T23:673

T23:712

T23:818

T23:897A
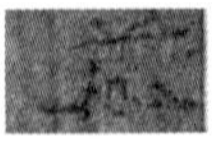
T23:905

T23:968

T23:977

T24:029

T24:100

T24:126

T24:195

T24:206

T24:212

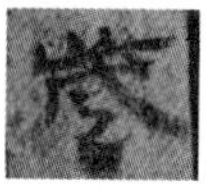
T24:239

T24:248

T24:262

T24:262

T24:309

T24:366

T24:412

T24:430

T25:043

T25:055

T25:102

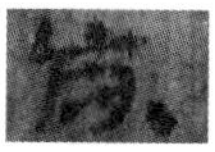
T25:109

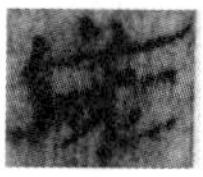
T26:036

T26:042

T26:076

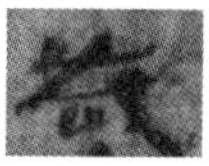
T26:088A

T26:088A

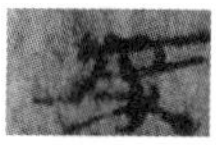
T26:238

T27:011

T27:019

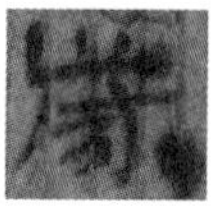
T27:059

T27:087

T28:009A

T28:009A

T28:107

T29:114A

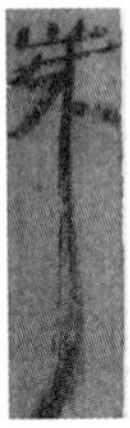
T29:135

T30:020

T30:023

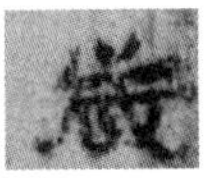
T30:062

T30:062

T30:062

T30:062

T30:062

T30:094B

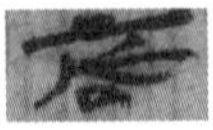
T30:182

T30:266

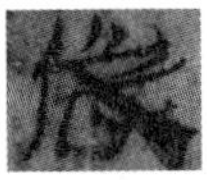
T30:266

T31:023

T31:079

T31:090

T31:150

T33:042

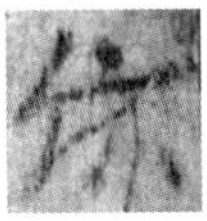
T33:065A

T34:006A

T35:004

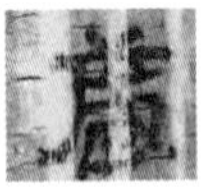
T37:037

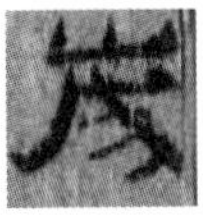
T37:077

T37:081

T37:175

T37:177

T37:178

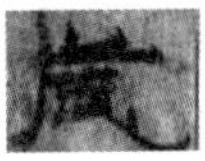
T37:231

T37:279A

T37:340

T37:359

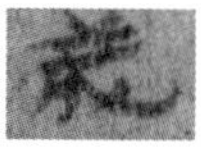
T37:365

T37:379

T37:414

T37:416

T37:416

T37:618

T37:623

T37:672

T37:711

T37:735

T37:755

T37:755

T37:756

T37:757

T37:757

T37:758

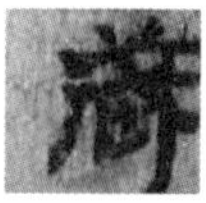
T37:758

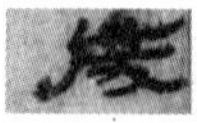
T37:759

T37:761

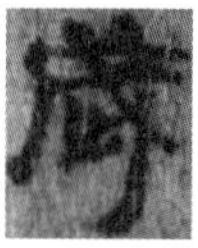
T37:762

T37:779

T37:779

T37:784A

T37:785

T37:787

T37:826

T37:827

T37:896

T37:927

步部 歲

T37:969

T37:973

T37:999

T37:1003

T37:1015

T37:1042

T37:1057A

T37:1101

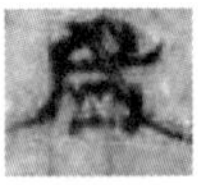
T37:1193

T37:1405

T37:1443

T37:1491

T37:1506

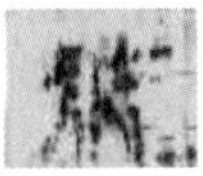
T37:1577

T37:1584

H01:003A

H01:023

H02:002

H02:009

H02:014

H02:017

H02:040

H02:040

H02:041

H02:041

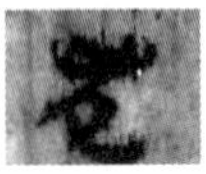
F01:026

73EJF3:24

73EJF3:37

73EJF3:49+581

73EJF3:101

步部 歲

73EJF3:290+121

73EJF3:132

73EJF3:135

73EJF3:135

73EJF3:156

73EJF3:189+421

73EJF3:256

73EJF3:344

73EJF3:347

73EJF3:372

73EJF3:372

73EJF3:570+547

73EJF3:560

73EJD:58A

73EJD:58A

73EJD:62

73EJD:198

73EJD:226

73EJD:232

73EJD:256

72EJC:13

72EJC:16

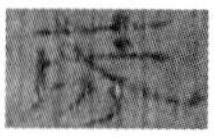
72EJC:285

73EJC:305

73EJC:568

73EJC:616

73EJC:662

此

0196

72EDIC:21

T01:051

T07:081

T21:047

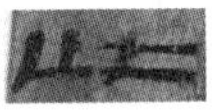
T21:058

T22:006

T23:066A

T23:323A

T23:899B

T24:038

T24:247A

T24:712

T29:065B

T30:136

T34:024

T37:1534

H01:046

H02:048B

73EJF3:246

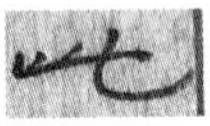
73EJF3:382B

73EJF3:392B

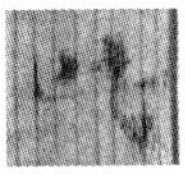
73EJF3:618

73EJT4H:5A

73EJD:280+250A

73EJD:304B

72EJC:272B

73EJC:677

正

0197

肩水金關漢簡字形編·卷二下

T01:002

T01:069

T03:048A

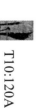

T03:053

T03:109

T04:034

T04:120

T06:052

T07:098A

T07:184

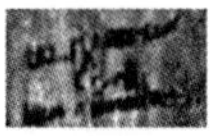
T07:190

T08:075

T09:144A

T09:162A

T09:269

T09:335

T10:120A

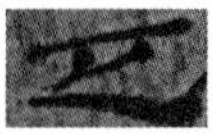
T10:120A

T10:120A

T10:255

T11:013

T14:016

正部 正

T14:031A

T14:031B

T15:013

T21:042A

T21:101

T21:103

T21:104

T21:314

T23:003
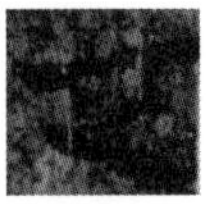
T23:079A

T23:288

T23:350

T23:966

T24:012

T24:024B

T24:032
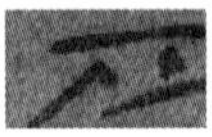
T24:033

T24:046

T24:218

T24:262

T24:267A

T24:303A

T24:351
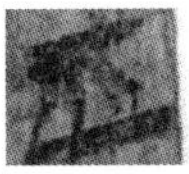
T24:627A

T25:059
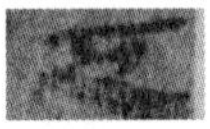
T26:042
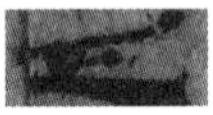
T26:111

T28:009A

T29:016
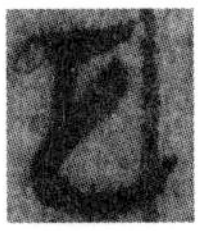
T30:023

T30:033A

正部 正

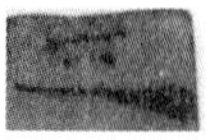
T30:033B

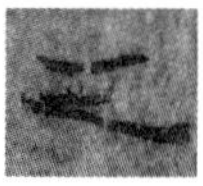
T30:034A

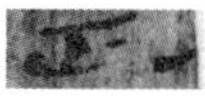
T30:061

T30:062

T30:138

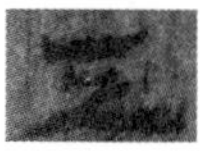
T30:151A

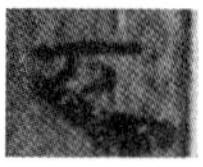
T30:214

T31:040

T31:069

T31:074

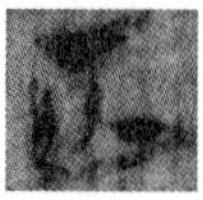
T31:097A

T37:130

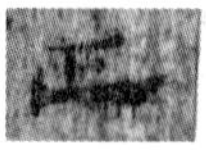
T37:152

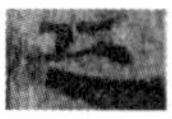
T37:156

T37:176

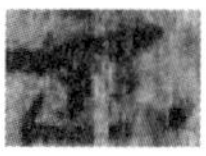
T37:177

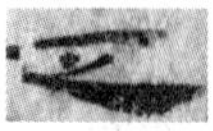
T37:520A

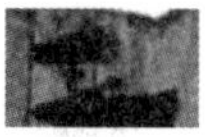
T37:520B

T37:530

T37:616B

T37:625

T37:754

T37:756

T37:758

T37:762

T37:763

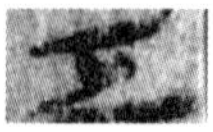
T37:778

T37:805A

T37:937

T37:1007

T37:1058

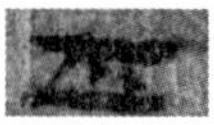
T37:1075A

T37:1075A

T37:1089

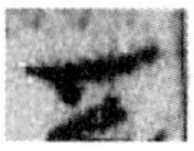
T37:1207

正部 正

T37:1408

T37:1462

T37:1587

F01:101

73EJF2:10

73EJF2:25

73EJF3:41A

73EJF3:41B

73EJF3:120A

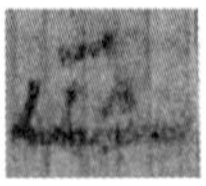
73EJF3:127A

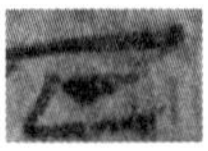
73EJD:40A

73EJD:42

73EJD:44

73EJD:44

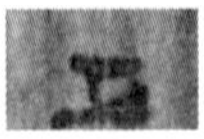
73EJD:75B

73EJD:131

72EJC:15A

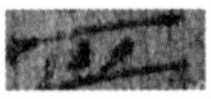
72EJC:46

72EJC:144

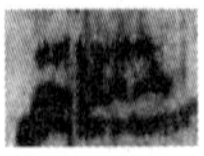
73EJC:316A

73EJC:316A

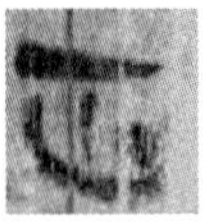
73EJC:531A

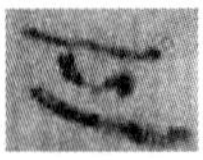
73EJC:555A

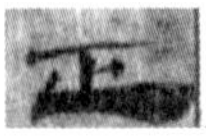
72EDAC:7

乏

0198

T21:059

T22:087

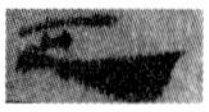
T33:041A

T37:786B

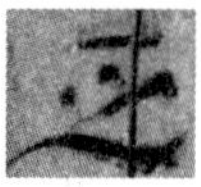
73EJF3:182A

73EJF3:183B

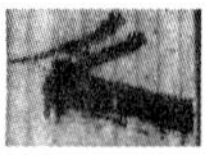
73EJF3:392B

是

0199

T09:120

T23:303

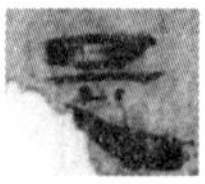
T24:104

T24:156

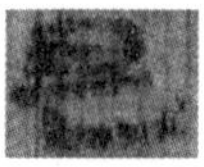
T24:814

T30:148A

T31:104A

T37:529

T37:1336

T37:1399A

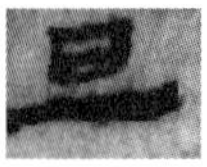
T37:1399B

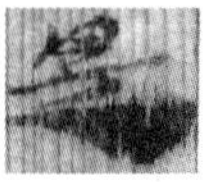
73EJF3:325

73EJF3:559

73EJD:33A

73EJD:65

73EJC:542B

73EJC:557

73EJC:563

迹

0200

T01:002

T01:002

T04:098B

T04:098B

T10:241

T10:318

T10:351

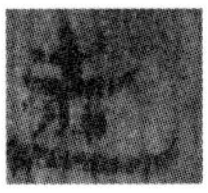
T21:106

T21:367

T21:367

T22:058

T22:058

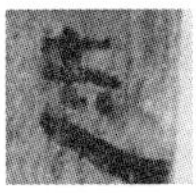
T22:088

T23:286A

T23:286B

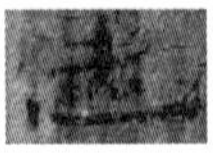
T23:361A

T23:483

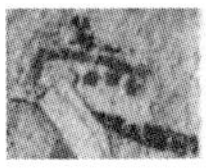
T23:483

T24:236

T24:313

T24:434

T24:434

T26:194

T26:196

T27:044A

T27:044B

T27:044C

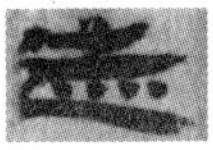
T27:044D

T28:107

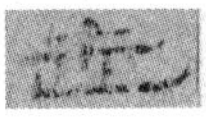
T29:048

邁

0201

T29:107

T31:105

T37:056

T37:1168

T37:1361

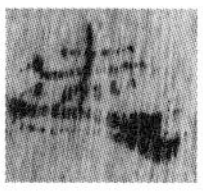
73EJD:320A

73EJD:320C

73EJC:488

73EJC:506

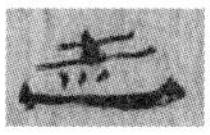
73EJC:606

T31:102A

迣

0202

T03:055

T09:207A

T23:696

T23:878

T23:925

T24:155

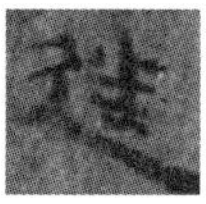
T24:245

T24:259

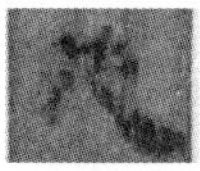
T28:079

T37:260

T37:520A

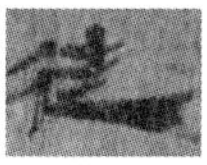
T37:520A

T37:526

T37:553

T37:1070

T37:1088

73EJF3:328B

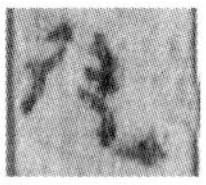
73EJD:206

72EJC:156

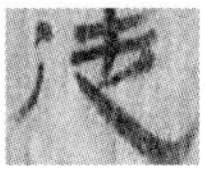
73EJC:359

延
0203

T31:102A

隨
0204

T24:250

T29:098

T37:989

73EJF3:315B

72EJC:119

遵
0205

T23:244

適
0206

T01:002

T02:090

T04:095

T04:116

T07:024

T07:025

T07:200

T21:096

T21:149

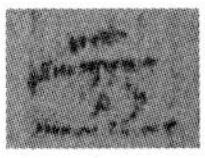
T23:232B

過

0207

T23:289

T23:365A

T23:365B

T23:371

T23:408

T23:426

T23:491A

T23:697

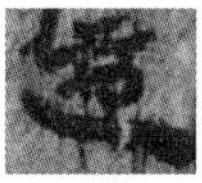
T24:138

T24:432

T26:054

T26:175

T28:048

T28:113

T30:085

T37:081

T37:1425

73EJF3:107

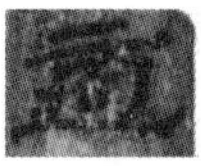
73EJT4H:67

73EJD:7

73EJD:48

73EJD:280+250B

73EJD:288

73EJC:418

T01:022A

T01:022A

T01:022A

T03:006

T03:055

T03:055

T03:114

T03:114

T04:041A

T04:098B

T04:098B

T04:098B

T04:119

T05:028

T05:071

T05:072

T06:023A

T06:038A

T06:067A

T07:023

T07:068

T07:116B

T07:136

T07:159

T08:021

T09:012A

T09:030

T09:092A

T09:092A

T09:099

T09:104

T09:104

T09:108

T09:124

T09:133

T09:144A

T09:231

T10:099

T10:120A

T10:120A

T10:121A

T10:121A

T10:124A

T10:208

T10:212

T10:213A

T10:232A

T10:236A

T10:253
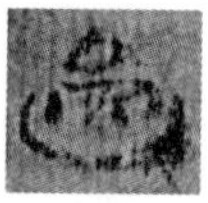
T10:253

T10:313A

T10:313A

T10:315A

T10:359

T10:389

T21:002

T21:009
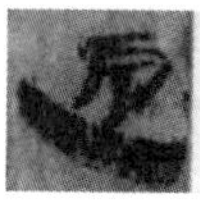
T21:056

T21:064

T21:064

T21:104
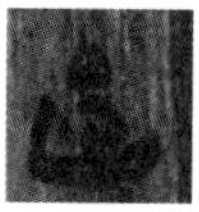
T21:172

T21:176

T21:200

T22:008

T23:066A

T23:229A
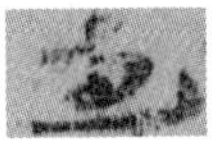
T23:328
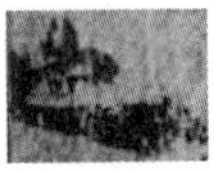
T23:335

T23:359A

T23:621

T23:647

T23:656

T23:740A

T23:857A

T23:890

T23:897A

T23:911

T24:014

T24:023A

T24:023A

T24:034

T24:035A

T24:127

T24:149

T24:240A
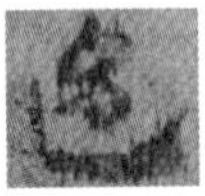
T24:249

T24:266A

T24:266A

T24:267A

T24:269A

T24:304
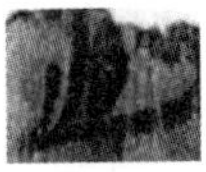
T24:304

T24:410

T24:427A

T24:431

T24:532A

T24:648

T24:689

T24:720

T24:771

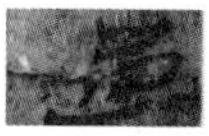
T24:816

T24:977A

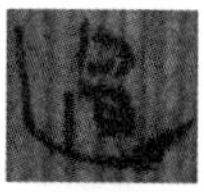
T25:006

T25:015A

T25:053

T25:178

T25:186

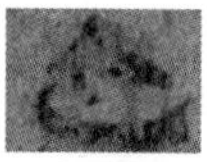
T26:042

T26:065

T26:087

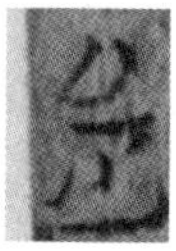
T26:087

T26:208

T26:210

T27:013

T27:050

T28:064

T29:068

T30:011

T30:013

T30:016

T30:210A

T31:034A

T31:062

T31:066

辵部

過

T31:066

T31:075

T31:136

T33:039

T33:039

T33:040A

T33:044A

T33:077

T34:006A

T34:006A

T34:011

T35:003

T35:007

T35:013

T37:005

T37:007

T37:018

T37:089

T37:119

T37:140

T37:284

T37:285

T37:303

T37:420

T37:451

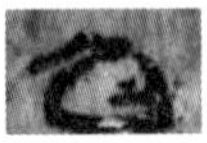
T37:519A

T37:519A

T37:520A

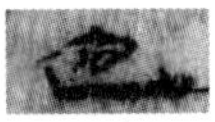
T37:521

T37:521

T37:524

T37:524

T37:525

T37:526

T37:528

T37:680

T37:692

T37:693

T37:702A

T37:733

T37:749A

T37:752A

T37:778

T37:780

T37:782

T37:792

T37:792

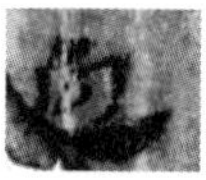
T37:854

T37:878A

T37:878A

T37:909

T37:928

T37:960

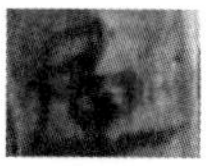
T37:1045

T37:1070

T37:1075A

T37:1076A

T37:1076A

T37:1094A

T37:1095A

T37:1095A

T37:1188

T37:1202

T37:1401

T37:1416

T37:1450

T37:1453

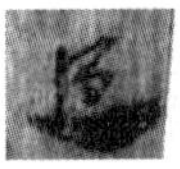
T37:1454

T37:1462

T37:1491

T37:1491

T37:1499A

T37:1500

T37:1501

H01:073B

H02:001

H02:005A

F01:025

F01:076

73EJF3:2

73EJF3:111

73EJF3:114+202+168

73EJF3:118A

73EJF3:167

73EJF3:175+219+583+196+407

73EJF3:181

73EJF3:185

73EJF3:261

73EJF3:288

73EJF3:293

73EJF3:328B

73EJF3:343

73EJF3:438

73EJF3:438

73EJF3:508

73EJF3:526

73EJF3:569

73EJD:2

73EJD:19A

73EJD:37A

73EJD:40A

73EJD:44

73EJD:64

73EJD:103

73EJD:244

73EJD:246

73EJD:260A

72EJC:15A

72EJC:65

72EJC:270A

73EJC:435

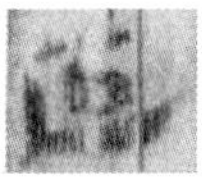
73EJC:529A

73EJC:555A

73EJC:590

73EJC:599B

72EBS7C:1A

72EBS7C:1A

進

0208

T01:217A

T05:104

T08:017

T09:319B

T10:410

T21:312B

T24:142

T28:018

T37:1052A

F01:001

F01:001

F01:002

F01:010

F01:012

73EJD:31A

造

0209

T05:036

T06:135B

T07:087

T09:083

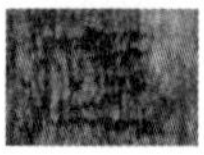
T11:004

T21:121

T21:299

T21:468

T24:121

T24:256

T24:262

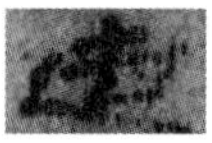
T24:418

T24:649

T25:007A

T25:092

T26:009

T26:184

T26:216

T37:784A

T37:1089

T37:1153

T37:1217

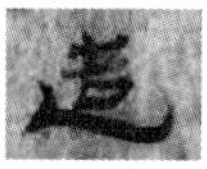
T37:1491

T37:1544

73EJF2:3

73EJF3:137

73EJF3:139

73EJF3:139

73EJF3:255

73EJF3:354

73EJF3:368

73EJF3:465+500

73EJF3:569

73EJC:438

73EJC:439

73EJC:588

遝

0210

T21:047

T23:929

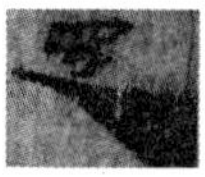
T24:705

T24:828

T28:061

T28:061

73EJC:311

逆

0211

T01:001

T01:002

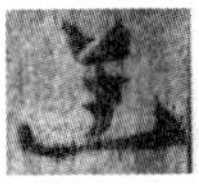
T23:731A

T23:878

T23:896A

T25:130

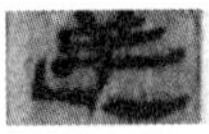
T30:040

73EJF3:420

73EJD:75B

73EJC:600

迎

0212

T01:057

T01:167

T04:030

T07:023

T10:034

T11:003

T23:886

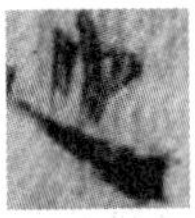
T24:081

T24:304

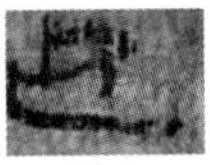
T24:431

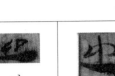

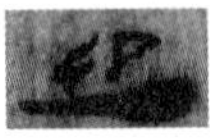
T26:080

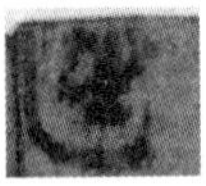
T28:013A

T30:017

T31:097A

T37:099

T37:740A

T37:932A

T37:1315

T37:1491

T37:1535B

73EJF3:36

73EJF3:118A

73EJF3:126

73EJF3:161

73EJF3:167

73EJF3:375

73EJF3:569

73EJD:22

72EJC:107

73EJC:547

遇

0213

T05:054

T10:178

T25:034

逢

0214

T06:041A

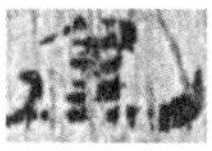
T06:041A

T21:058

T21:295A

T23:302B

T25:005

T28:013A

T30:015

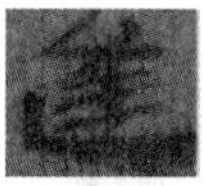
T30:244

T31:067

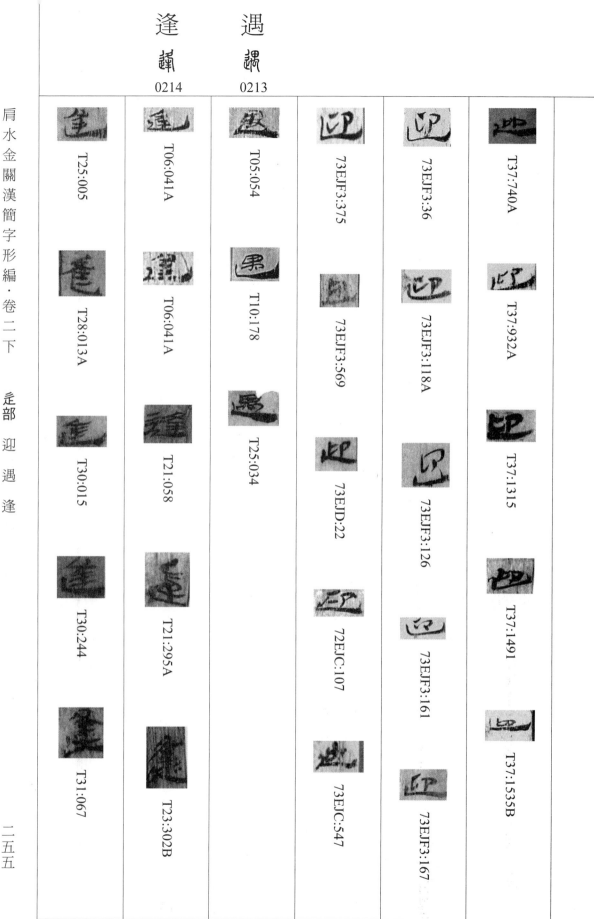

73EJC:565

通

0215

T01:164

T03:098

T04:021

T06:080

T06:119

T07:024

T07:163

T07:172A

T09:028

T09:101

T09:330

T10:062

T10:107

T10:150

T10:209

T10:295

T10:350

T10:378

T14:033A

T21:137

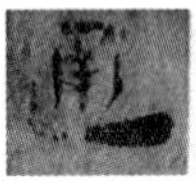
T21:452

T23:027

T23:192

T23:202

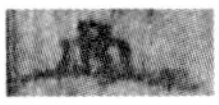
T23:263

T23:354B

T23:812

T23:848A

T23:931

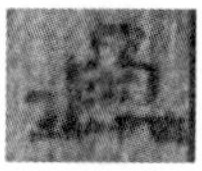
T23:931

T23:931

T23:991

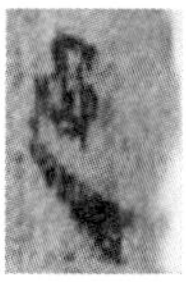
T23:998

T24:046

T24:152

T24:663

T24:714

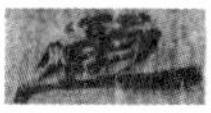
T24:715

T25:097

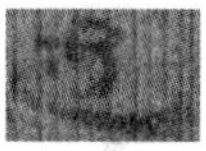
T25:122

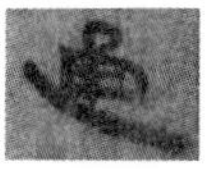
T26:121

T28:047

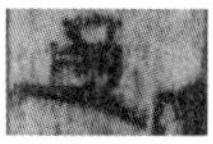
T28:103

T30:022

T30:041

T30:202

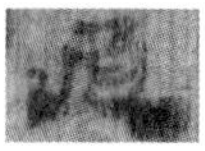
T32:026

T32:046

T37:522A

T37:522A

T37:733

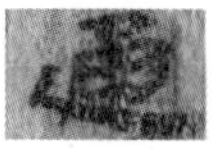
T37:1059

T37:1084

T37:1587

73EJF3:413

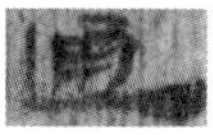
73EJD:66

73EJD:154A

73EJD:185

73EJD:258A

73EJD:304B

72EJC:3

72EJC:57+148

73EJC:591

辿

0216

T02:016

T05:068A

T21:440

T23:574

T24:521

T25:004

T26:082

T37:759

73EJF3:231

72EBS7C:2A

遷

0217

T04:098A

T05:076

T05:076

T07:114

T08:003

T09:054

T23:226

T23:563

T23:967

T25:124

運

0218

還

0219

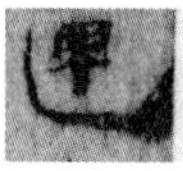
T28:054

T31:075

T33:032

T34:041

T37:271

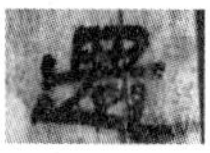
T37:1007

73EJF3:171

73EJF3:400

73EJC:604

T21:097

T23:414

73EJF3:472+540

T08:047

T23:861A

T23:866B

T24:194

T24:354

T24:449A

T25:084

T31:117

T33:010

T37:522A

T37:744B

T37:1052A

73EJF3:110

73EJF3:116B

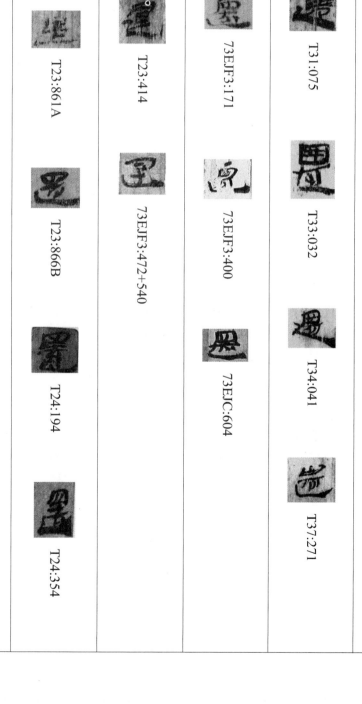

送

0220

73EJD:252

T06:127

T09:007

T09:103A

T10:227

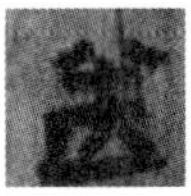
T14:025

T21:131A

T21:306

T23:291B

T23:635

T23:641

T23:645

T23:929

T24:073A

T24:154

T24:376A

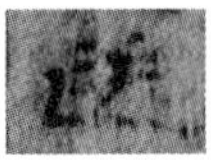
T24:418

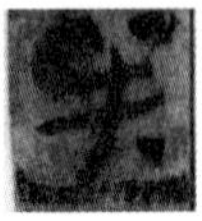
T27:054

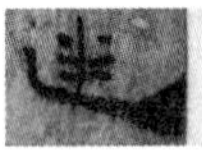
T28:054

T31:155

T37:082

T37:130

T37:131

T37:161A

T37:229

T37:520A

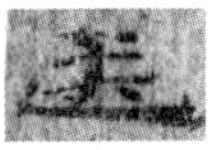
T37:783A

遣

0221

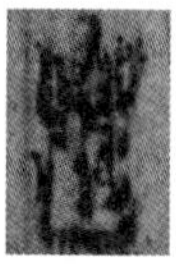

T01:001

T02:016

T02:018

T03:004

T03:011A

72EJC:268

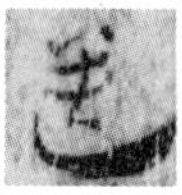

73EJC:472

72ECC:13

按：或訛與「逆」同形，亦見於《居延漢簡》72.4。

73EJF3:389

73EJF3:429+434

73EJD:5

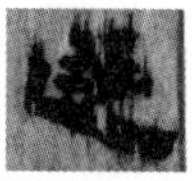

73EJD:44

73EJD:206

73EJF3:181

73EJF3:470+564+190+243

73EJF3:298

73EJF3:336+324

T37:1078

T37:1315

F01:117

73EJF3:51

73EJF3:114+202+168

T37:958

T37:972

T37:1040

T37:1070

T37:1073

T03:065

T03:114

T04:128

T04:198

T06:023A

T06:091

T07:030

T07:112

T08:009

T08:078

T09:103A

T09:104

T10:163A

T10:210A

T10:239A

T10:327B

T11:010

T15:009

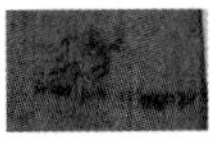
T21:110

T21:306

T23:079A

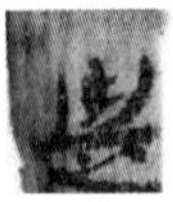
T23:110

T23:279A

T23:423

T23:535

T23:621

T23:729

T23:857A

T23:907A

T23:919A

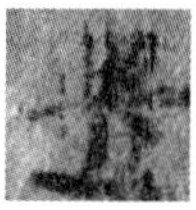
T23:919A

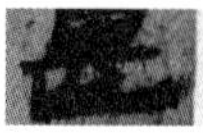
T23:929

T24:009A

T24:024A

T24:025

T24:036

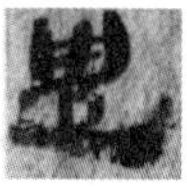
T24:118

T24:138

T24:140

T24:149

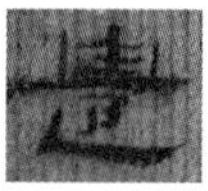
T24:267A

T24:269A

T24:327

T24:517A

T26:081

T26:084B

T26:117

T26:121

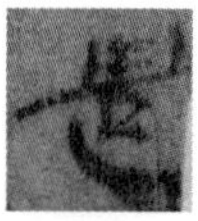
T27:090

T28:107

T30:028A

T30:028A

T30:035B

T30:134

T30:204

T31:021

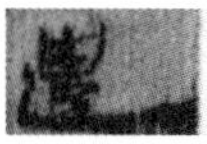
T31:066

T32:024

T35:003

T35:009A

辵部　遣

T37:005

T37:007

T37:023A

T37:029

T37:033

T37:097

T37:140

T37:519A

T37:525

T37:528

T37:640
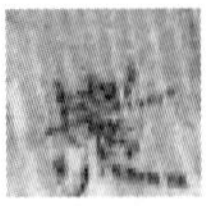
T37:690

T37:749A

T37:770A

T37:778

T37:782

T37:783A

T37:788A

T37:928

T37:1067A

T37:1070

T37:1148

T37:1149

T37:1151B

T37:1151B

T37:1174

T37:1176

T37:1379A
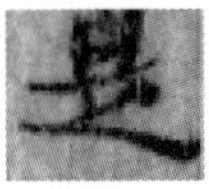
T37:1402

T37:1499A

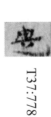

T37:1500

T37:1501

T37:1530

T37:1535A

H01:014

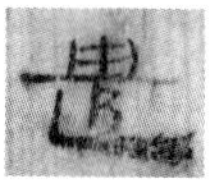
H02:086

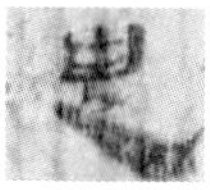
F01:027

F01:027

F01:027

73EJF3:2

73EJF3:39A

73EJF3:54

73EJF3:114+202+168

73EJF3:115

73EJF3:118A

73EJF3:125A

73EJF3:157

73EJF3:160

73EJF3:167

73EJF3:181

73EJF3:319

73EJF3:475

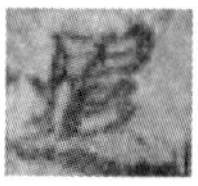
73EJF3:508

73EJT4H:5A

73EJD:6

73EJD:36A

73EJD:40A

73EJD:42

73EJD:43A

73EJD:44

73EJD:64

73EJD:262A

72EJC:1

72EJC:284

72EJC:286

73EJC:313A

73EJC:418

72EBS7C:1A 按：「遣」或訛與「遺」同形。

遲

𨒈

0222

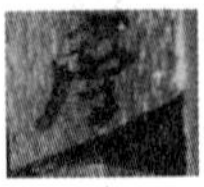
T22:011C

73EJD:260A

連

𨗚

0223

T10:379

T24:032

T24:592

T24:795

T29:071

T29:135

T30:062

T37:232

T37:1105

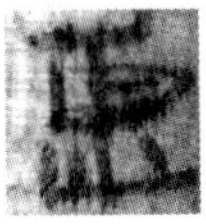
73EJD:281A

72EJC:119

72EJC:144

逋

0224

T02:074

T23:574

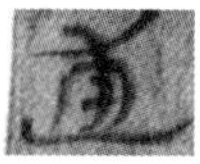
T24:235

73EJF3:422

73EJF3:422

遺

0225

T04:110B

T15:011A

T24:249

T24:258

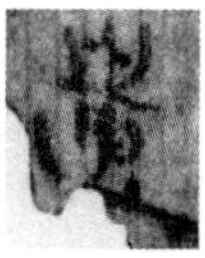
T26:124

T31:066

T31:141

H02:006

73EJF3:505

73EJD:26A

73EJC:529A

73EJC:531A

逯

0226

T01:039

T01:126

T05:054

T10:249

T21:373

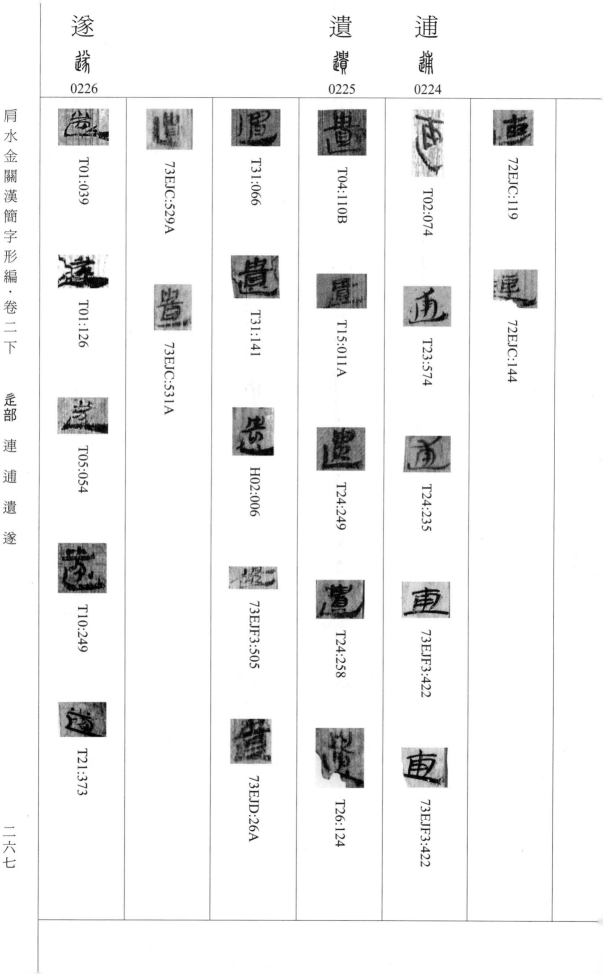

T21:373

T22:034

T23:525A

T23:614

T23:921

T23:967

T24:836

T24:902

T24:968
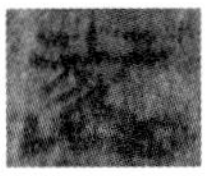
T25:051

T26:236

T29:092
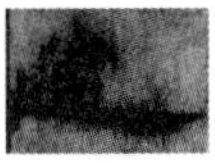
T30:086

T37:743

T37:995

T37:1108
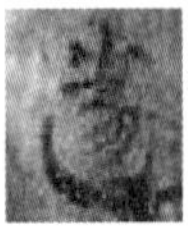
T37:1151B

T37:1166

73EJF3:344

73EJD:47

72ECC:18

逃

0227

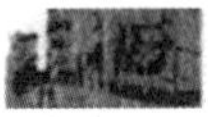
T23:677

T31:071

追

0228

T07:093

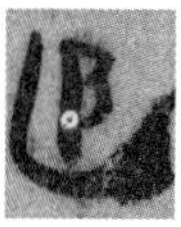

T26:083

T37:1026

73EJF3:171

72EJC:140

72EJC:140

73EJC:606

逐

0229

T01:001

T01:001

T01:187

T04:018

T09:104

T21:306

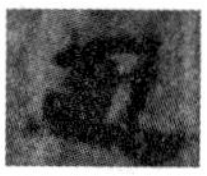

T23:878

T24:275A

T28:126

T30:026

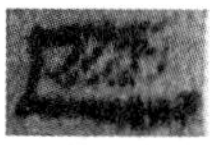

T31:066

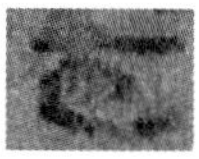

T37:140

T37:540

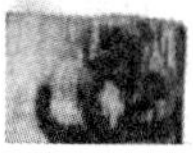

T37:722

73EJF3:330

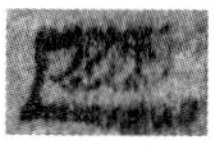

72EBS7C:1A

迺

0230

73EJF3:344

按：《說文》，遒「迺或从酋」。

近

0231

T04:157

T21:059

T21:169

T23:590

T24:802

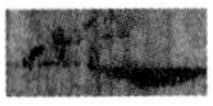
T26:001A

T26:200

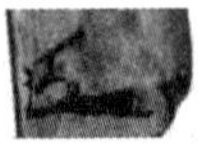
T37:1052B

F01:118A

73EJF3:81+80

72EBS7C:2A

迫

0232

T07:025

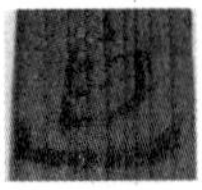
T15:008A

T21:174

T21:289

T23:136

T23:360A

T23:674

T23:880A

T23:896B

T24:065A

T27:101

73EJD:16B

73EJD:192

73EJC:444

遮

0233

T03:105

T06:093

T09:332

T21:208

73EJF3:273+10

73EJF3:473

遼

0234

T37:1536A

遠

0235

T04:184A

T06:035

T06:068A

T06:175

T08:061

T10:229A

T22:005

T23:896A

T23:919A

T24:547

T24:802

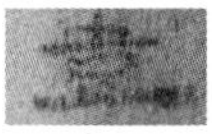
T25:051

T37:1492

73EJC:593

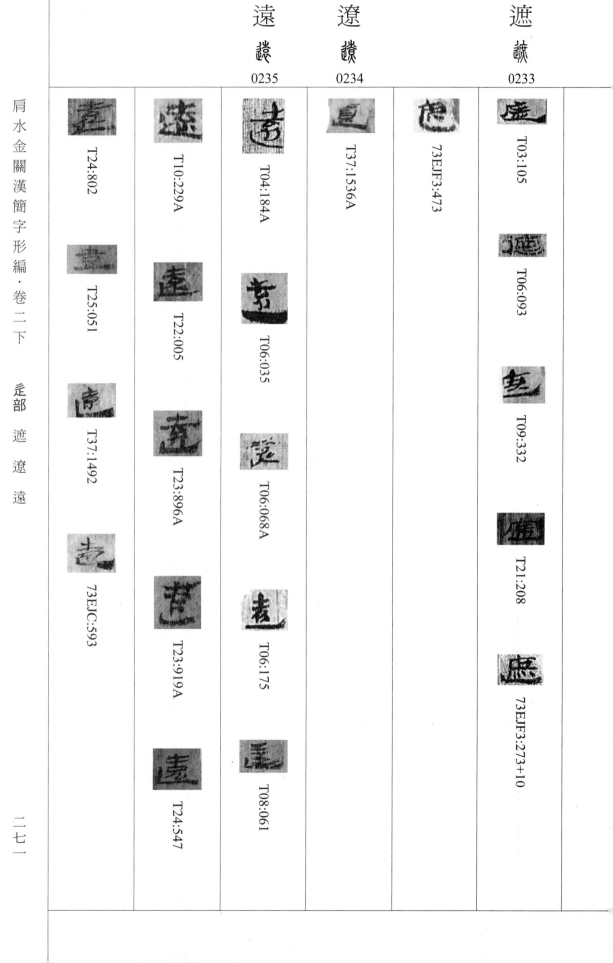

道

0236

T01:001

T01:001

T01:029

T01:033

T03:092

T04:101

T06:081A

T07:042

T08:004

T09:088

T09:104

T09:104

T09:113

T09:225B

T10:062

T10:107

T10:150

T10:208

T10:209

T10:295

T21:001

T21:056

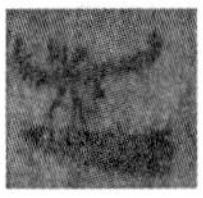
T21:106

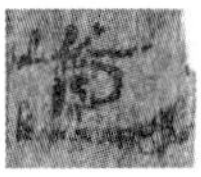
T21:141

T21:389

T21:425

T21:436

T22:006

T22:006

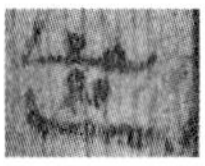
T22:038A

T22:111A

T22:114

T23:110

T23:134A

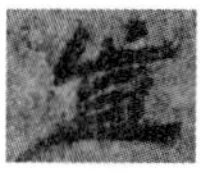
T23:279A

T23:379

T23:621

T23:890

T23:896A

T23:919A

T24:009A

T24:010B

T24:127

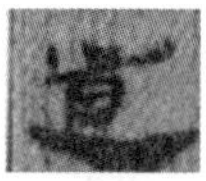
T24:240A

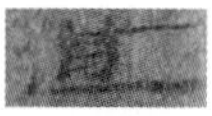
T24:269A

T24:431

T24:698

T24:720

T24:894

T24:965

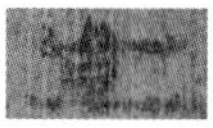
T25:015A

T26:081

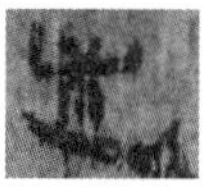
T26:116

T26:121

T28:028

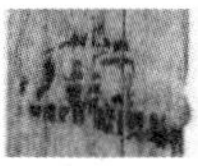
T28:038

T28:047

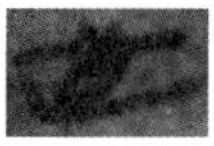
T28:107

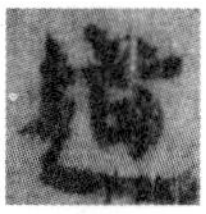
T28:113

T29:114A

辵部 道

T30:028A

T30:067

T30:202

T31:062

T31:066

T31:133

T31:162A

T32:007

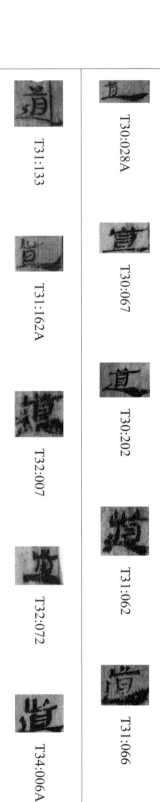

T32:072

T34:006A

T34:006A

T34:006A

T34:044

T37:005

T37:007

T37:133

T37:303

T37:519A

T37:519A

T37:523A

T37:693

T37:749A

T37:763

T37:778

T37:780

T37:782

T37:1059

T37:1101

T37:1176

T37:1401

T37:1450

T37:1451A

T37:1491

T37:1499A

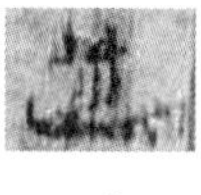
T37:1500

H02:042

H02:046

73EJF3:101

73EJF3:167

73EJF3:271

73EJF3:572

73EJD:64

73EJD:69

73EJD:258A

73EJD:277

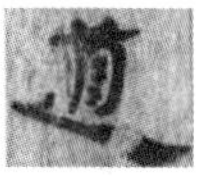
72EJC:1

73EJC:360

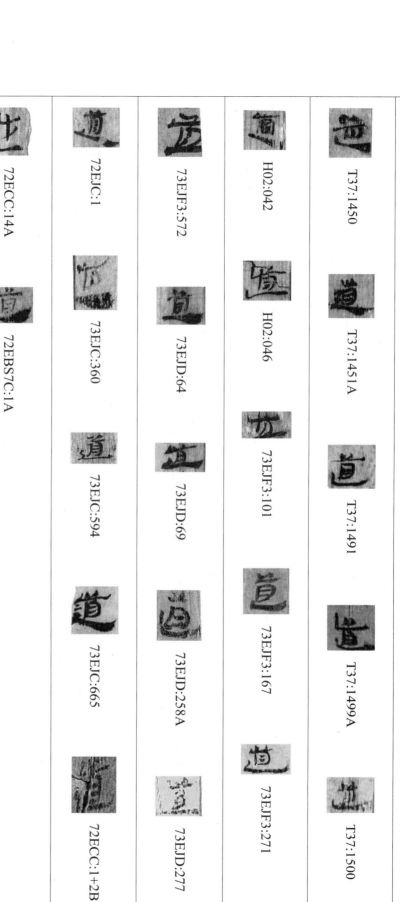

73EJC:594

73EJC:665

72ECC:1+2B

72ECC:14A

72EBS7C:1A

邊

0237

T03:021

T05:030

T21:002

T21:198A

T23:727

T24:709

T37:782

T37:870

73EJF2:34

73EJF3:160

73EJC:599A

德

0238

T01:007

T01:029

T01:033

T01:150

T01:178A

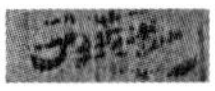
T03:043

T04:149

T05:007

T07:013A

T08:004

T14:001

T21:051

T21:232B

T22:010

T23:482

T23:620

T23:621

T23:716

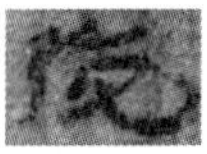
T23:775

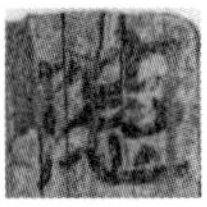
T23:788B

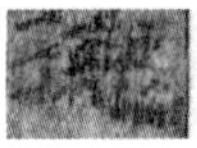
T23:879

T23:929

T24:257

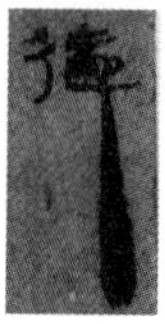
T24:260

T24:863

T26:118

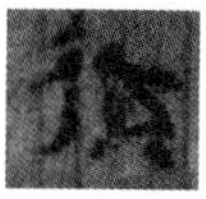
T27:013

T29:092

T30:041

T30:133

T32:074

T37:348

T37:357

T37:457

T37:523A

T37:704

T37:742

T37:782

T37:892

T37:1005

T37:1344

T37:1451A

H01:040

H02:045

H02:076

73EJF2:10

73EJF3:119A

73EJF3:436A

73EJF3:572

72EJC:32

73EJC:390

復

0239

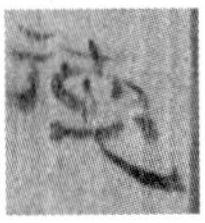
73EJC:434

73EJC:593

T01:061

T01:145A

T01:262

T03:054B

T03:104

T03:113

T05:008A

T05:079

T07:013A

T07:049

T07:164

T08:016

T10:221A

T14:020

T21:269

T22:137

T22:137

T23:405

T23:637A

T23:896B

T23:929

T24:078

T24:104

T24:247B

T24:964

T24:984

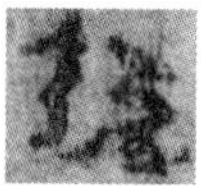
T25:060

T25:084

T27:004

T27:063

T29:070

T31:148

T34:006A

T34:006A

T37:004

T37:520A

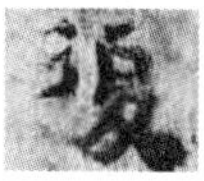
T37:526

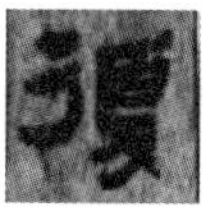
T37:659A

T37:1133

T37:1391

H01:003A

H01:003A

H02:022

F01:010

73EJF3:57B

73EJF3:525B

73EJD:350

73EJD:388

72EJC:92

73EJC:409

73EJC:593

73EJC:607

往

0240

T09:012A

T09:035

T10:071

T10:078

T10:160

T10:208
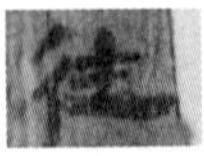
T21:009

T21:142

T23:044

T23:265B
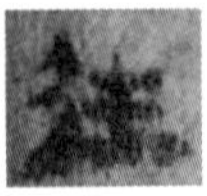
T23:335

T23:359A

T25:006
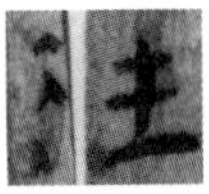
T27:054

T30:204

T31:154

T33:037
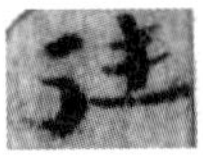
T37:379

T37:520A

T37:1535B

F01:001

73EJF3:430B+263B

73EJF3:464

72EJC:256+22

73EJC:529A

73EJC:531A

73EJC:599B

微

0241

T09:001

T09:007

T14:016

T23:443

T24:365

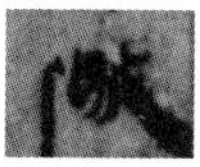
T28:107

T30:170

T37:034

T37:056

T37:161A

T37:701

T37:1522

循

0242

T05:076

T06:073A

T09:149

T21:252

T22:122

T23:768

T24:012

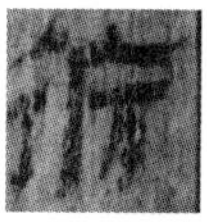
T24:857

T31:062

T37:135

T37:425

T37:674

T37:675

T37:937

T37:1026

彳部 循 微 徐

73EJF3:557

73EJD:303

73EJD:312

73EJC:444

73EJC:496

微
微
0243

T11:005

徐
徐
0244

T01:175

T02:004

T05:009

T05:010

T06:052

T07:008

T07:084

T07:168

T10:081

T10:147

T10:208

T10:401

T15:004

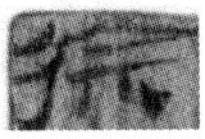
T21:082

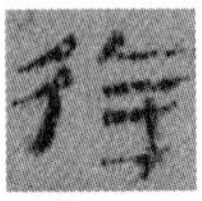
T21:316

T23:007A

T23:323A

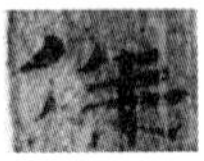
T23:323A

T23:735

T23:896B

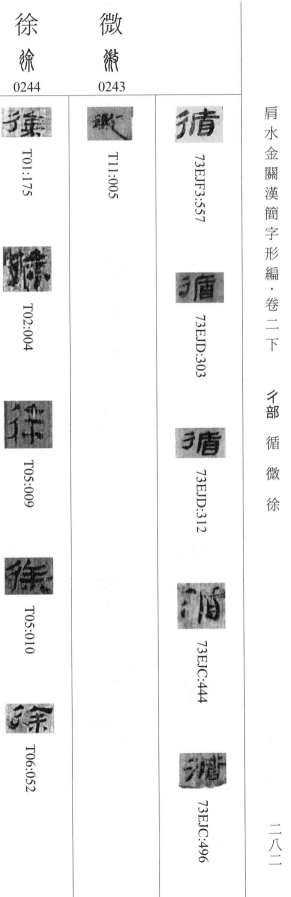

T23:977

T23:977

T23:996A

T23:996A

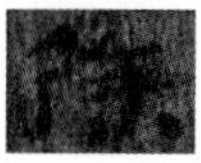
T24:217

T24:930

T24:987

T25:019

T26:087

T30:168

T33:040A

T37:029

T37:161A

T37:240

T37:522A

T37:522A

T37:837

T37:1028

T37:1057A

T37:1058

T37:1070

T37:1491

T37:1507

T37:1588

H01:051

73EJF3:34

73EJF3:158

73EJF3:414

73EJD:53

73EJC:675

待

待

0245

T01:022A

T23:450

T23:610B

T25:069

73EJF3:182A

73EJF3:217B+309A+593A

按：或从「亻」。漢代文字「彳」「亻」常混同。

後

後

0246

T01:001

T02:037

T03:001

T03:001

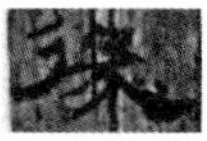
T03:096

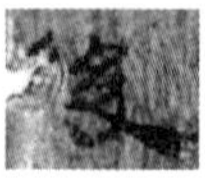
T04:025

T06:041A

T07:001

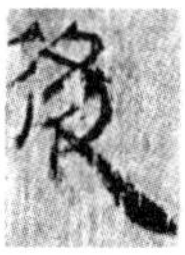
T07:017

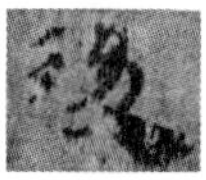
T09:212B

T21:103

T21:266

T22:005

T22:122

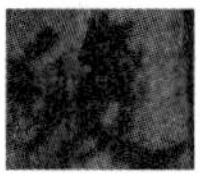
T23:306

T23:308

T23:704

T24:036

T24:067

T24:146

T24:190A

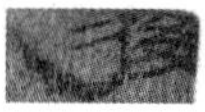
T24:795

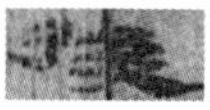
T26:167+201

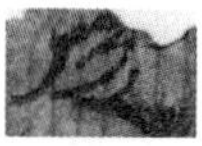
T26:174A

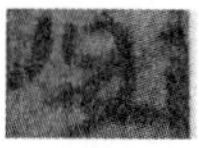
T26:263

T28:022

T30:043

T30:136

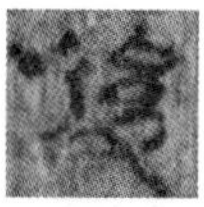
T32:040

T37:993

T37:1151B

H01:004

73EJF3:50+533

73EJF3:113

73EJF3:143+211+425

73EJF3:209+200

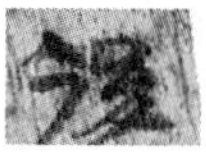
73EJF3:300

73EJD:39A

得

0247

T01:001

T01:002

T01:010

T01:020

T01:022A

T01:033

T01:044

T01:057

T01:062

T02:029A

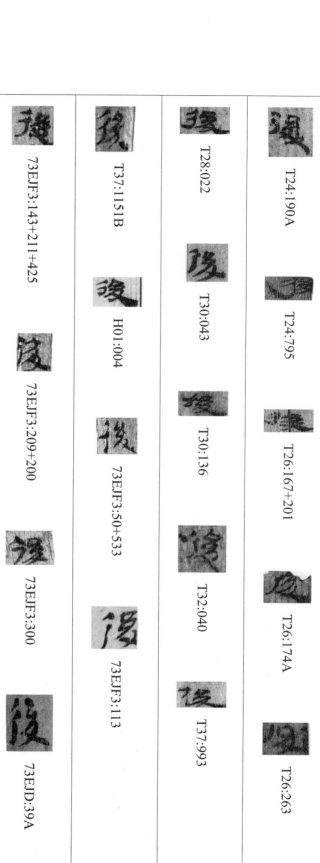

T02:072

T03:030

T03:053

T03:054A

T03:055

T03:082
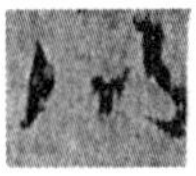
T04:042B
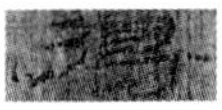
T04:051

T04:064

T04:065

T04:076

T04:102

T04:169

T04:182
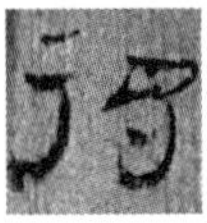
T05:055A

T05:068A

T05:073

T05:083

T06:038A
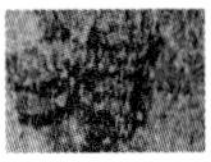
T06:039B

T06:051

T06:083A

T06:083A

T06:127

T06:180

T06:192

T07:005

T07:037

T07:040

T07:051
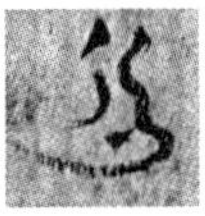
T07:117

T08:003

T08:045A

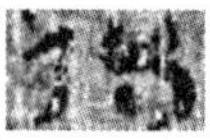
T08:054A

T08:105A

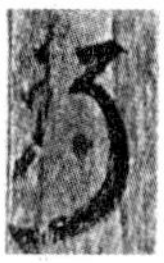
T08:105A

T08:105A

T09:005

T09:007

T09:042

T09:051

T09:061B

T09:068A

T09:087

T09:092A

T09:121

T09:123

T09:143

T09:189

T09:229

T09:238

T09:243

T10:063

T10:079

T10:102

T10:102

T10:120A

T10:123A

T10:124A

T10:134

T10:156

T10:162

T10:208

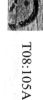

T10:208

T10:216

T10:221A

T10:222

T10:226A

T10:228

T10:229A

T10:253

T10:288

T10:303

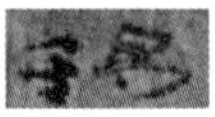
T10:326

T10:352

T10:406

T11:005

T11:007

T11:008

T11:017

T14:001

T15:010
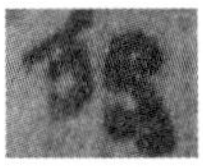
T21:015

T21:047

T21:047
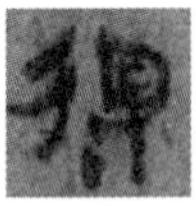
T21:056

T21:059

T21:101

T21:176

T21:212

T21:272
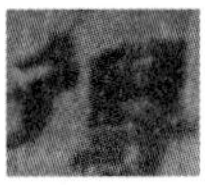
T21:310

T21:413

T21:423

T22:111A

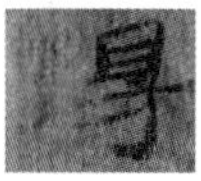
T23:014

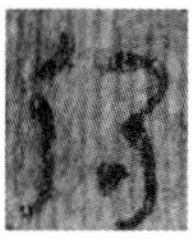
T23:031

T23:054

T23:054

T23:054

T23:055

T23:097

T23:131

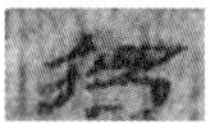
T23:155

T23:256

T23:275

T23:309

T23:330

T23:341

T23:341

T23:359A

T23:359A

T23:360A

T23:362

T23:364B

T23:373

T23:377

T23:384

T23:386

T23:404A

T23:467

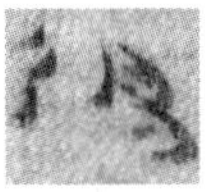
T23:502B

T23:631

T23:658

T23:661

T23:773

T23:774

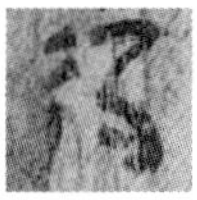
T23:788B

T23:866B

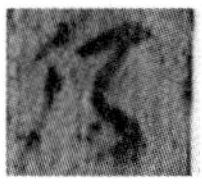
T23:887

T23:896A

T23:897A

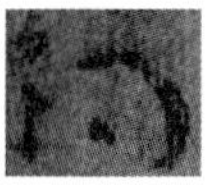
T23:918B

T23:919A

T23:919A

T23:919A

T23:924

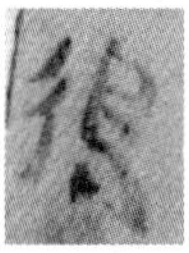
T23:932

T23:967

T23:978

T23:994A

T24:005

T24:011

T24:011

T24:012

T24:015A

T24:022

T24:028

T24:070A

T24:099

T24:111

T24:121

T24:167

T24:169

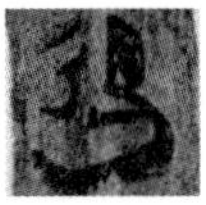
T24:170

T24:202

T24:239

T24:245

T24:248

T24:304

T24:333

T24:334A

T24:367A

T24:374

T24:384A

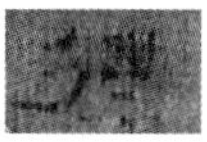
T24:396

T24:515

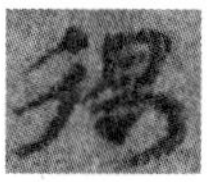
T24:532A

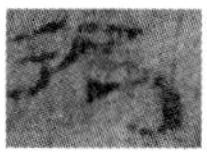
T24:534

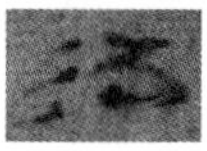
T24:534

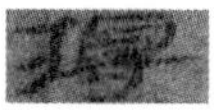
T24:554

T24:557

T24:788

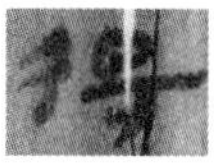
T24:815

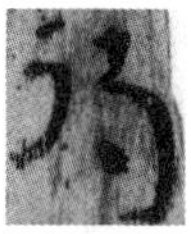
T24:865

T24:880

T24:894

T24:951

T24:964

T25:046

T25:059

T25:113

T26:011

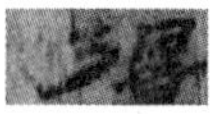
T26:054

T26:063

T26:073

T26:087

T26:118

T26:133

T26:154

T26:156
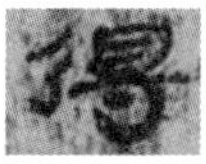
T26:181

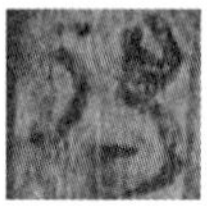
T26:182

T27:001

T27:011
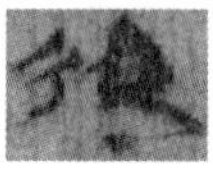
T27:056

T27:101

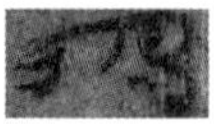
T28:050

T28:064

T28:091A

T29:005

T29:058

T29:070

T29:135

T30:011

T30:013

T30:016

T30:020

T30:039

T30:062

T30:081A

T30:132

T30:149

T30:157

T30:182
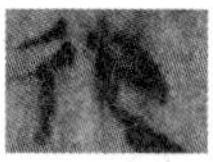
T31:030
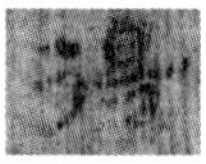
T31:054A
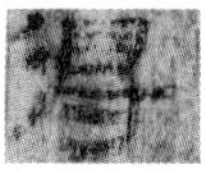
T31:054B

T31:085

T31:088

T31:114B

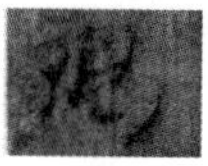
T31:162A

T32:014

T32:056

T33:004

T33:037

T33:039

T33:040A

T33:065A

T33:083

T33:089

T34:007

T34:011

T34:011

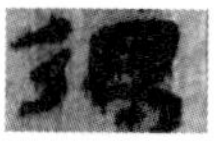
T34:012

T35:004

T37:006

T37:052

T37:052

T37:055

T37:079

T37:103

T37:110

T37:119

T37:162

T37:237

T37:243

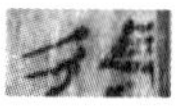
T37:243

T37:271

T37:284

T37:357

T37:389

T37:491

T37:492

T37:496

T37:521

T37:522A

T37:523A

T37:523A

T37:527

T37:530

T37:536

T37:621

T37:622

T37:628

T37:631
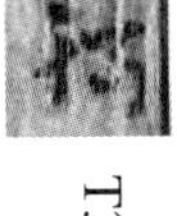
T37:678
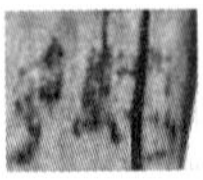
T37:680

T37:690

T37:716A

T37:742

T37:745

T37:756

T37:759

T37:763

T37:779

T37:792

T37:803A

T37:827
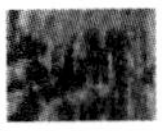
T37:846

T37:857A

T37:862

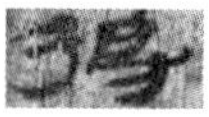
T37:889

T37:920

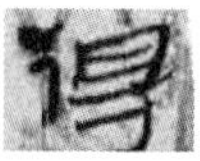
T37:924

T37:932B

T37:975

T37:984

T37:992

T37:995

T37:996

T37:998

T37:1007

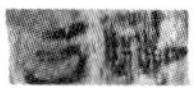
T37:1027

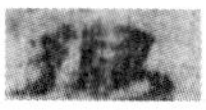
T37:1028

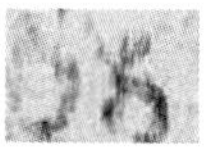
T37:1036

T37:1058

T37:1061A

T37:1076A

T37:1078

T37:1092

T37:1100

T37:1100

T37:1125

T37:1130

T37:1149

T37:1152

T37:1154

T37:1156

T37:1163

T37:1174

T37:1195

T37:1224

T37:1308

T37:1324

T37:1331

T37:1333

T37:1393

T37:1414

T37:1441B

T37:1450

T37:1458A

T37:1460

T37:1466

T37:1491

T37:1495

T37:1512

T37:1581

T37:1582

T37:1585A

H01:023
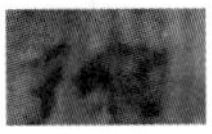
H02:012

H02:016

H02:048A

H02:048A

H02:048B

H02:048B

H02:048B

H02:048B

F01:011

F01:025

F01:086

F01:110

73EJF2:38

73EJF3:43

73EJF3:49+581

73EJF3:51

73EJF3:60

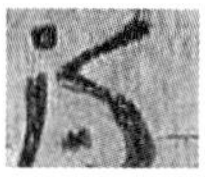
73EJF3:65

73EJF3:118A

73EJF3:159A

73EJF3:161

73EJF3:175+219+583+196+407

73EJF3:175+219+583+196+407

73EJF3:178A

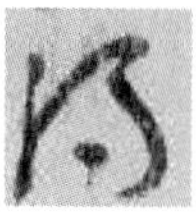
73EJF3:179A

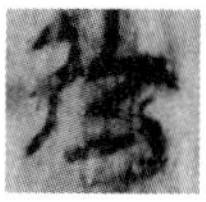
73EJF3:182A

73EJF3:246

73EJF3:254

73EJF3:262

73EJF3:430A+263A

73EJF3:272

773EJF3:511+306+291

73EJF3:314

73EJF3:328A

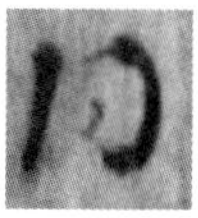
73EJF3:328B

73EJF3:353

73EJF3:373

彳部 得

73EJF3:376

73EJF3:423

73EJF3:440

73EJF3:446

73EJF3:446

73EJF3:462

73EJF3:467

73EJF3:518+517

73EJF3:518+517

73EJF3:538

73EJF3:558

73EJD:3

73EJD:6

73EJD:40B

73EJD:40B

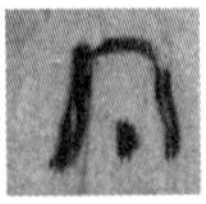
73EJD:49A

73EJD:62

73EJD:65

73EJD:134

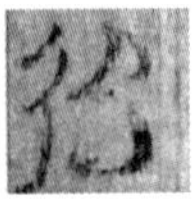
73EJD:135A

73EJD:156A

73EJD:210

73EJD:236

73EJD:276

73EJD:304B

73EJD:307B

73EJD:337

73EJD:365

72EJC:11

72EJC:94

72EJC:116A

72EJC:121

72EJC:136

72EJC:142

72EJC:154

73EJC:300

73EJC:311

73EJC:313A

73EJC:316A

73EJC:373

73EJC:428

73EJC:436

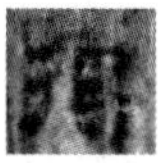
73EJC:478

73EJC:478

73EJC:492

73EJC:492

73EJC:501

73EJC:549A

73EJC:599A

73EJC:609

72EDAC:7

72EDAC:7

72ECC:1+2A

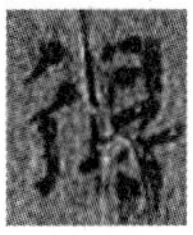
72ECC:1+2B

72ECC:1+2B

72ECC:38

72EDIC:2

律

0248

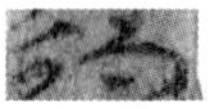
72EBS7C:4

T01:002

T01:027

T02:029A

T03:004

T03:055

T03:055

T03:060

T03:078

T03:114

T04:041A

T04:056

T04:102

T04:182

T05:028

T05:068A

T05:071

T05:072

T05:076

T06:014B

T06:023A

T07:022A

T07:025

T07:026A

T07:112

T07:142

彳部 律

T08:013A

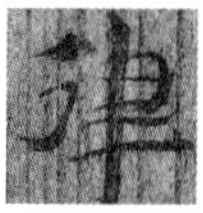
T08:051A

T09:005

T09:035

T09:047A

T09:051

T09:062A

T09:069

T09:092A

T09:104

T09:133

T09:154

T09:175A

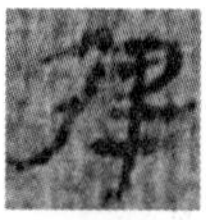
T09:387

T10:115A

T10:120A

T10:207

T10:210A

T10:213A

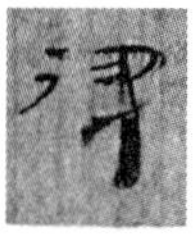
T10:217

T10:236A

T10:303

T10:304

T10:313A

T10:411

T14:031B

T15:013

T15:019

T21:038A

T21:059

T21:059

T21:059

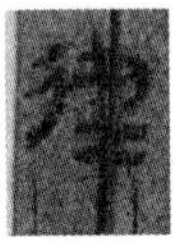
T21:064

T21:102A

T21:103

T21:104

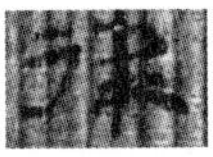
T21:200

T21:239

T21:392

T22:002

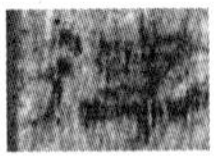
T22:021A

T23:134A

T23:200:②

T23:288

T23:301

T23:335

T23:425

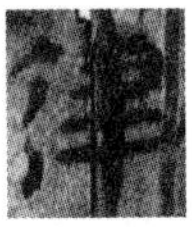
T23:569A

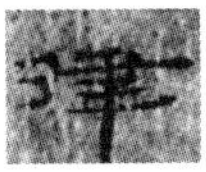
T23:623

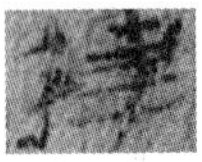
T23:897A

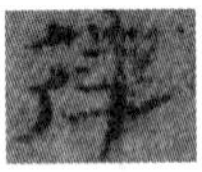
T23:897A

T23:929

T23:929

T24:014

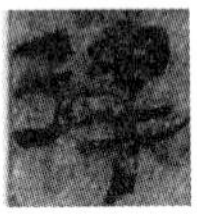
T24:023A

T24:141

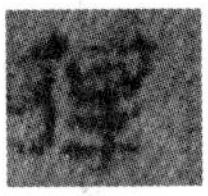
T24:240A

T24:245

T24:250

T24:264A

T24:266A

T24:304

T24:427A
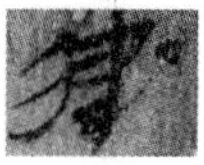
T24:532A

T24:767

T24:801

T26:024

T26:088A

T26:140

T26:208
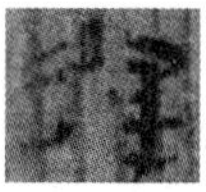
T27:013
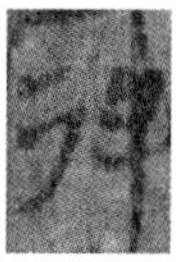
T28:013B

T28:026

T29:055A

T29:074
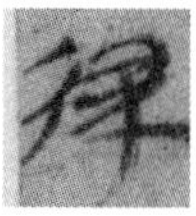
T30:016

T30:026

T31:062

T31:064

T31:066

T31:066

T31:083

T31:148

T32:056

T33:005

T33:039

T33:039

T33:040A

T33:047

T33:077

T33:089

T34:006A

T34:006A

T35:003

T35:007

T37:004

T37:018

T37:029
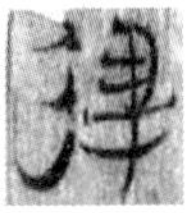
T37:055

T37:088A

T37:089
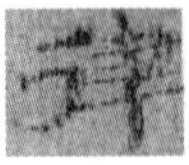
T37:091A
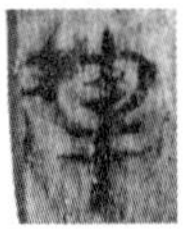
T37:172

T37:234

T37:246B

T37:284

T37:294A
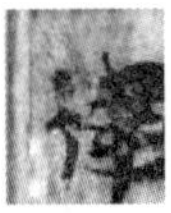
T37:480A

T37:494

T37:497

T37:519A

T37:521
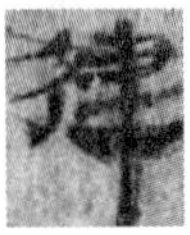
T37:524

T37:524

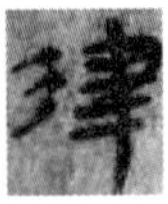
T37:525

T37:527

T37:527

T37:529

T37:530

T37:530

T37:530

T37:549

T37:601

T37:645

T37:692

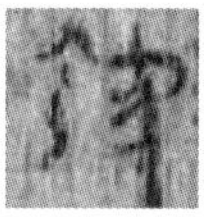
T37:702A

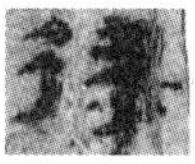
T37:704

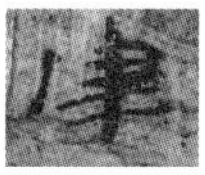
T37:705

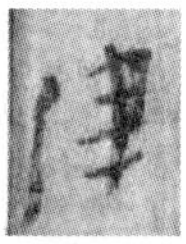
T37:706

T37:707A

T37:720

T37:722

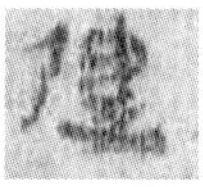
T37:733

T37:738A

T37:743

T37:744B

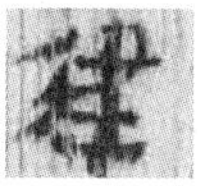
T37:752A

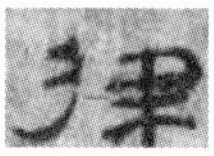
T37:771

T37:780

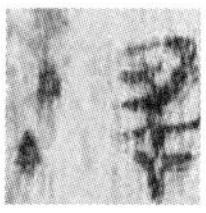
T37:783A

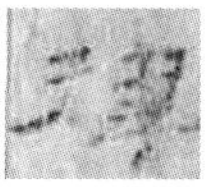
T37:788A

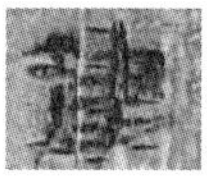
T37:799A

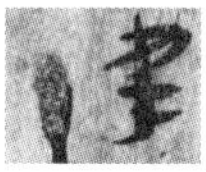
T37:800A

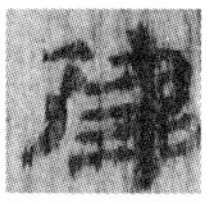
T37:828A

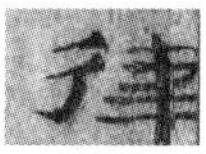
T37:836A

T37:902

T37:909

T37:964

T37:976

T37:1010

T37:1032A

T37:1061A

T37:1064

T37:1066

T37:1070

T37:1073

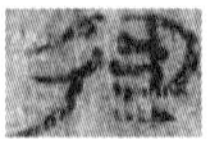
T37:1076A

T37:1076A

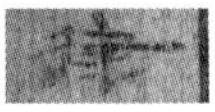
T37:1092

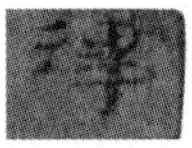
T37:1093

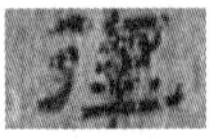
T37:1094A

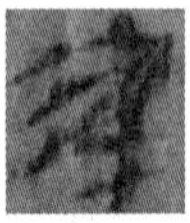
T37:1095A

T37:1097A

T37:1134

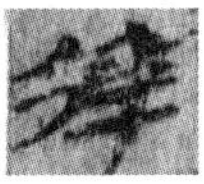
T37:1162A

T37:1177

T37:1184

T37:1186A

T37:1191A

T37:1252

T37:1270

T37:1309

T37:1311

T37:1365

T37:1409

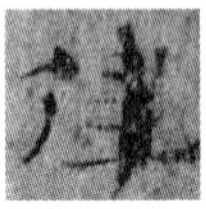
T37:1450

T37:1491

T37:1499A

T37:1499A

T37:1502A

T37:1503A

H02:005A

H02:013

F01:025

F01:082

73EJF3:1

73EJF3:40A

73EJF3:114+202+168

73EJF3:118A

73EJF3:120A

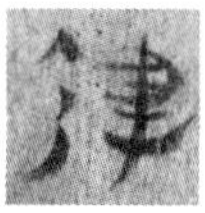
73EJF3:125A

73EJF3:153

73EJF3:155A

73EJF3:169

73EJF3:171

73EJF3:175+219+583+196+407

73EJF3:175+219+583+196+407

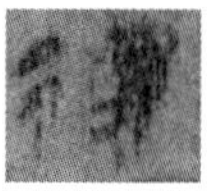
73EJF3:180A

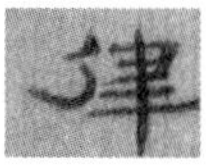
73EJF3:181

73EJF3:184A

73EJF3:470+564+190+243

73EJF3:254

73EJF3:293

73EJF3:350

彳部　律

73EJF3:469

73EJF3:513

73EJF3:526

73EJF3:541

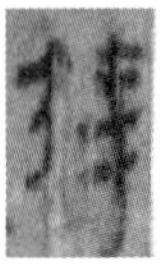
73EJD:19A

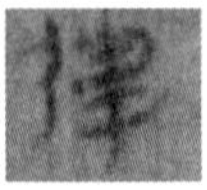
73EJD:19A

73EJD:22

73EJD:36A

73EJD:37A

73EJD:42

73EJD:43A

73EJD:44

73EJD:64

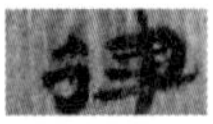
73EJD:65

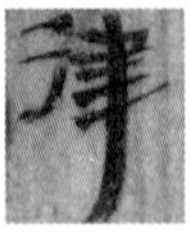
73EJD:148A

73EJD:244

73EJD:280+250B

73EJD:260A

73EJD:270

73EJD:307B

73EJD:379

72EJC:2A

72EJC:35

73EJC:291

73EJC:302

73EJC:435

73EJC:445A

73EJC:446A

73EJC:449

73EJC:655

72EBS7C:1A

72EBS7C:1A

御

0249

T01:001

T01:001

T01:002

T03:098

T06:187

T10:069

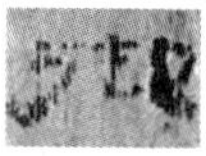
T10:074

T10:077

T10:081

T10:087

T10:093

T10:099

T10:260

T10:311

T10:322

T22:037

T23:658

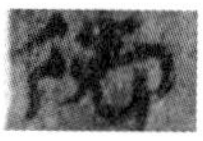
T23:707

T23:878

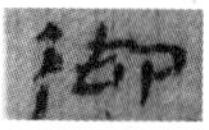
T24:015A

T24:419

T30:068

T30:094B

T31:142

T37:958

T37:972

H01:022B

H01:040

F01:001

F01:001

廷

0250

T03:104

T05:023B

T09:035

T09:092A

T10:070

T10:071

T10:083

T10:120A

T10:168

T10:228

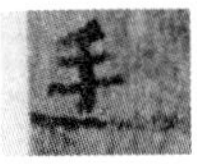
T10:312A

T10:453

T15:011A

T23:229A

T23:236

T23:295

T23:306

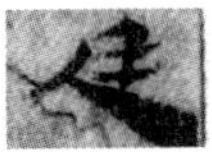
T23:420

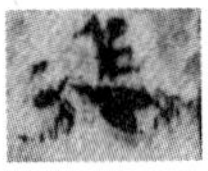
T23:776

T23:777

建

0251

T01:029

T03:043

T04:102

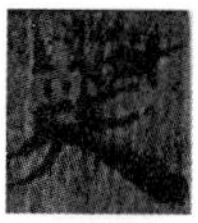
T05:029

T06:042

72EJC:270A

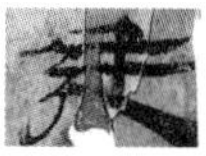
73EJC:364

73EJC:529A

73EJF3:518+517

73EJD:307B

72EJC:15A

72EJC:119

T37:1418

T37:1584

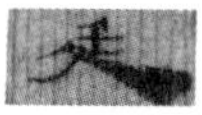
H01:056

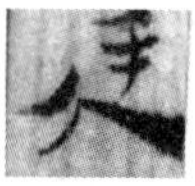
H02:006

73EJF3:50+533

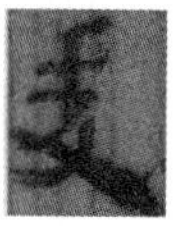
T30:011

T30:210A

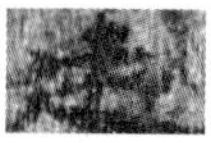
T37:530

T37:534

T37:627

T24:024A

T24:024A

T24:026

T24:168

T24:407

T06:167

T09:149

T15:005A

T21:206A
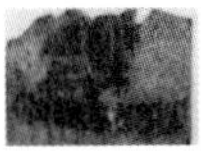
T21:211

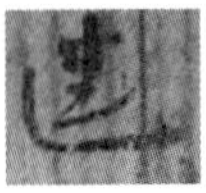
T22:013

T22:022
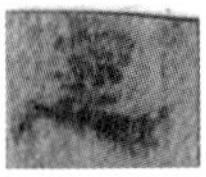
T22:070

T23:002

T23:172A

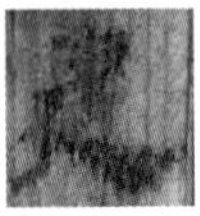
T23:189

T23:200:①
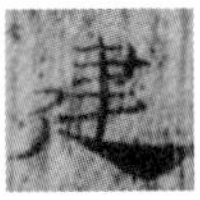
T23:290
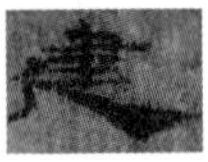
T23:318

T23:352

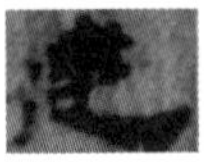
T23:878

T23:902

T24:022
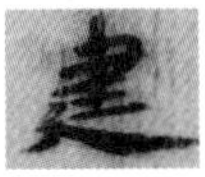
T24:036

T24:214

T24:384A
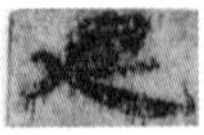
T26:050

T28:009A
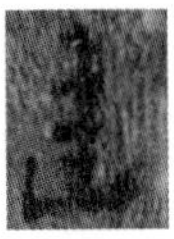
T30:029B

T30:061

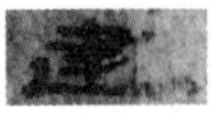
T30:117
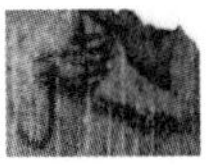
T31:056

T31:065

T31:076

T31:107

廴部　建

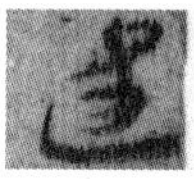
T31:167

T32:006

T33:046

T33:051

T34:043
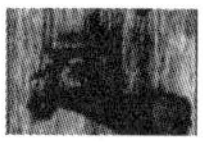
T37:016

T37:047B

T37:097

T37:152

T37:161A
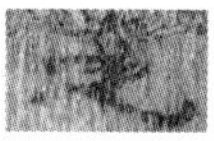
T37:175
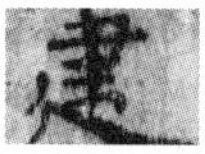
T37:176
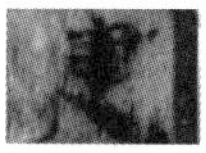
T37:177
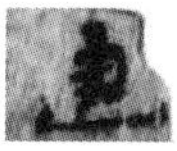
T37:290A

T37:448

T37:530

T37:561

T37:585A

T37:591

T37:615

T37:617

T37:625

T37:639

T37:640
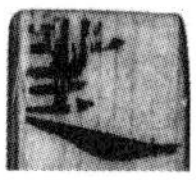
T37:651A

T37:671

T37:706
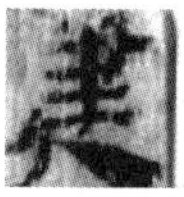
T37:749A

T37:754

T37:755

T37:756

T37:756

T37:758

T37:762
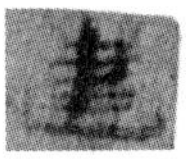
T37:788A

T37:803A

T37:875

T37:962A
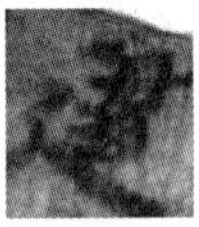
T37:1045

T37:1058

T37:1094A

T37:1207

T37:1229A

T37:1329

T37:1408

T37:1456

T37:1494

T37:1503A

T37:1537A

T37:1538

T37:1546
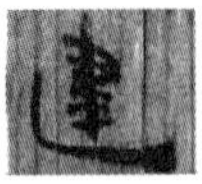
H01:040

H01:048

F01:025

73EJF2:10

73EJF3:29
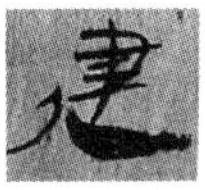
73EJF3:39A

73EJF3:44

73EJF3:45

73EJF3:76+448A

73EJF3:79+509

73EJF3:101

73EJF3:104

73EJF3:106

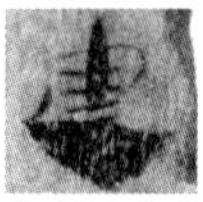
73EJF3:107

73EJF3:111

73EJF3:115

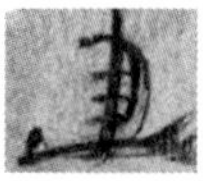
73EJF3:116A

73EJF3:117A

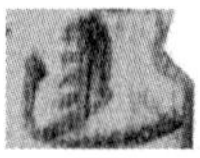
73EJF3:118A

73EJF3:119A

73EJF3:123A

73EJF3:125A

73EJF3:153

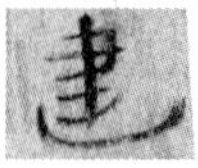
73EJF3:154

73EJF3:155A

73EJF3:176

73EJF3:176

73EJF3:179A

73EJF3:181

73EJF3:192

73EJF3:338+201

73EJF3:249

73EJF3:387

73EJF3:405

73EJF3:463

延

𢓊

0252

73EJF3:468+502

73EJF3:483

73EJT4H:39

73EJD:6

73EJD:37A

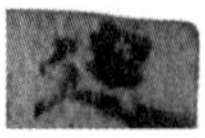
73EJD:40A

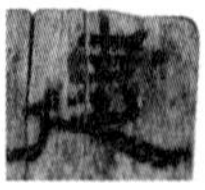
73EJD:43A

73EJD:44

73EJD:65

73EJD:131

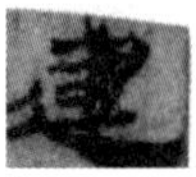
73EJD:246

72EJC:64

72EJC:107

73EJC:519

73EJC:525A

73EJC:589

73EJC:603

73EJC:617

73EJC:619A

73EJC:619A

72EBS7C:2A

T01:012

T01:078

T01:083

T01:140

T01:151

T01:154

T02:023
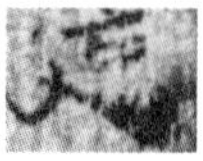
T02:023

T02:023
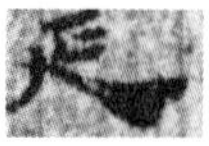
T02:023

T02:023

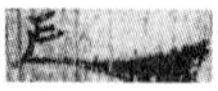
T02:023

T02:049

T02:057

T03:005

T03:047A
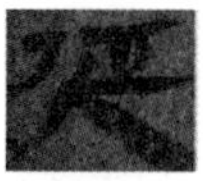
T03:047B

T03:055

T03:057

T03:057

T03:067

T03:102

T03:106
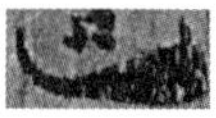
T04:057
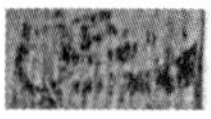
T04:088

T04:089

T04:099

T05:007

T05:023A

T05:027

T05:039

T05:052

T06:014A

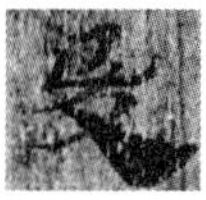
T06:023A

T06:027A
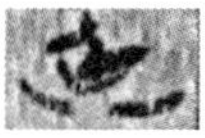
T06:027A

T06:038A

T06:041A

T06:041A

T06:081A

T06:081B

T06:091

T06:091

T06:126

T06:126

T06:126

T06:130

T07:008

T07:022A

T07:032

T07:036

T07:053

T07:058

T07:083

T07:097

T07:098A

T07:166A

T08:039

T08:051A

T08:051B

T08:054A

T08:062

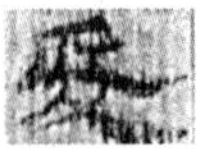
T08:069

T09:001

T09:012A

T09:050

T09:052A

T09:054

T09:060

T09:063B

T09:073

T09:085

T09:104

T09:119

T09:125

T09:127

T09:152A

T09:156

T09:216

T09:228

T09:231

T09:246

T09:278

T09:311

T10:055

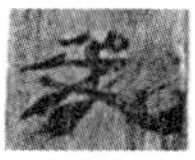
T10:079

T10:081

T10:120A

T10:121A

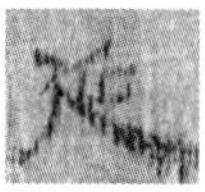
T10:135

T10:153

T10:159

T10:185

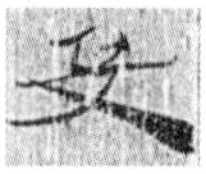
T10:207

T10:214

T10:224

T10:226B

T10:263

T10:287

T10:313A

T10:315A

T10:321

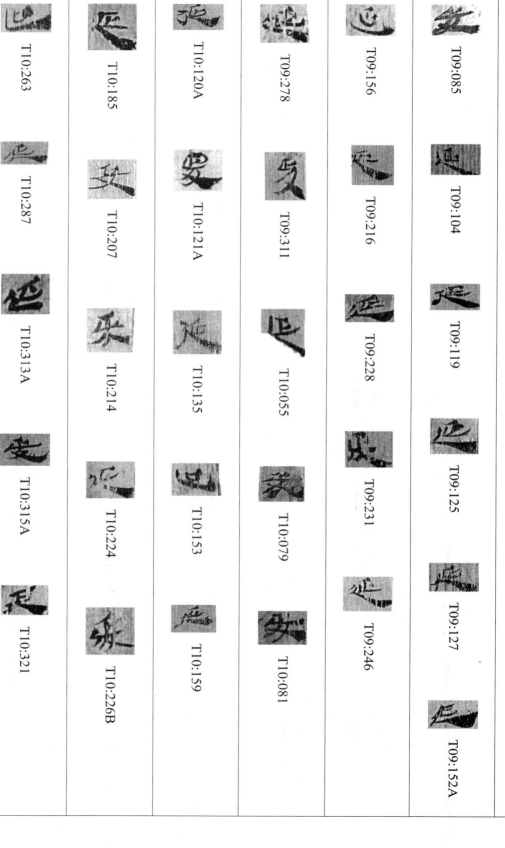

延部　延

T10:334

T10:336

T10:340

T10:370
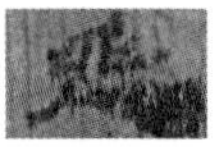
T10:392

T10:417

T11:004

T14:019

T15:006

T15:007

T15:007

T15:019

T15:022

T21:001

T21:001

T21:021
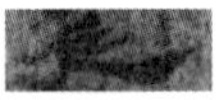
T21:040

T21:145

T21:160

T21:176

T21:201

T21:202
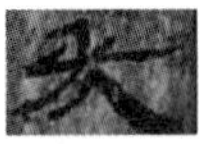
T21:208
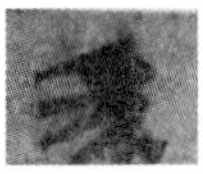
T21:212

T21:223

T21:262

T21:268

T21:310
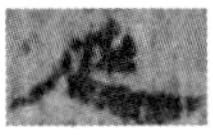
T21:311

T21:322

T21:330

T21:399

T21:430

T22:029

T22:032

T22:084

T22:111A

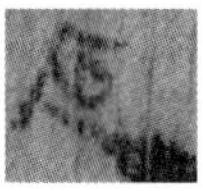
T22:111A

T22:111A

T22:111A

T22:111A

T22:149

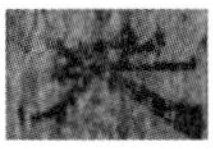
T23:015A

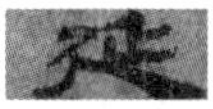
T23:017A

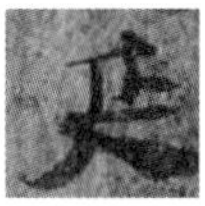
T23:079A

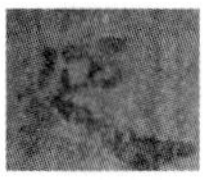
T23:133A

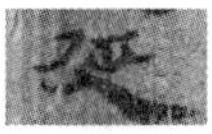
T23:141A

T23:141B

T23:176

T23:277

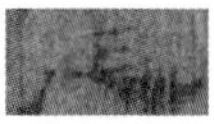
T23:334

T23:345

T23:375

T23:413

T23:481B

T23:502A

T23:535

T23:636

T23:707

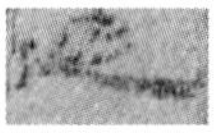
T23:724

T23:765

T23:770

延部 延

T23:774

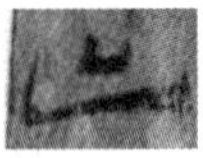
T23:894A

T23:894B

T23:905

T23:907B

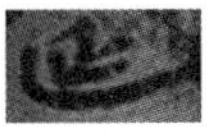
T23:933

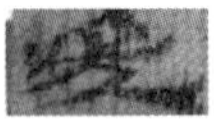
T23:970

T23:977

T24:014

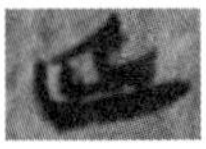
T24:026

T24:026

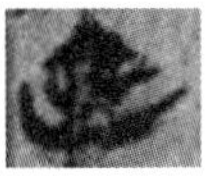
T24:026

T24:036

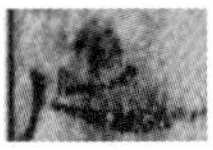
T24:060B

T24:068

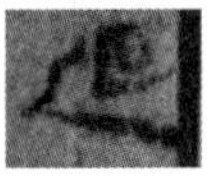
T24:078

T24:130

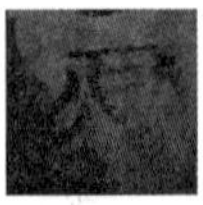
T24:134

T24:138

T24:149

T24:208

T24:222

T24:240A

T24:240A

T24:240B

T24:249

T24:250

T24:264A

T24:264B

T24:267A

T24:268A

T24:268A

T24:269A

T24:334A

T24:359

T24:416A

T24:464

T24:503

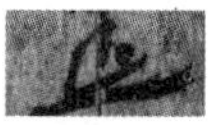
T24:634A

T24:781

T24:803

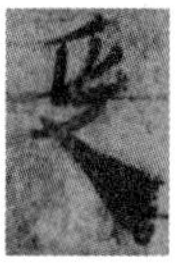
T24:981

T25:009

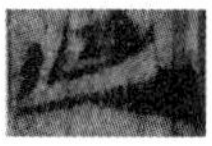
T25:019

T25:043

T25:043

T25:050

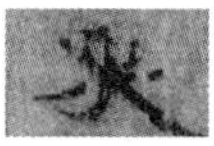
T25:053

T25:055

T25:096

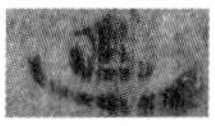
T25:101

T25:105

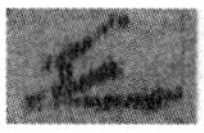
T25:113

T26:016

T26:025

T26:056

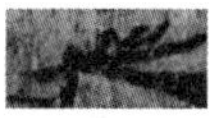
T26:059

T26:191

T26:197

T27:005

T27:033

T27:069

T28:050

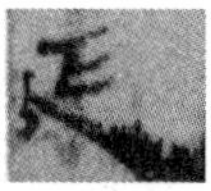
T28:066

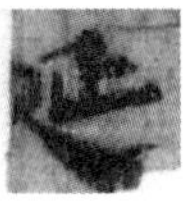
T29:131

T30:007+019

T30:023

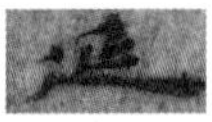
T30:023

T30:065

T30:120

T30:185

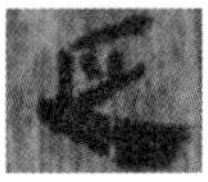
T30:206

T30:216

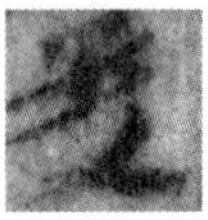
T30:254

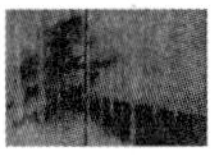
T31:009

T31:014

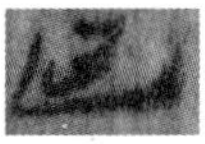
T31:027

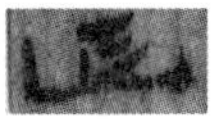
T31:027

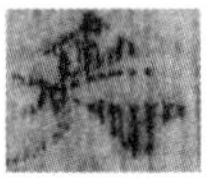
T31:054A

T31:062

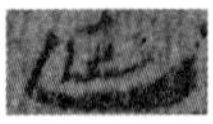
T31:066

T31:097A

T31:114B

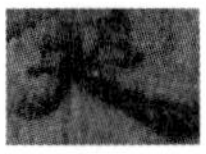
T31:135

T31:148

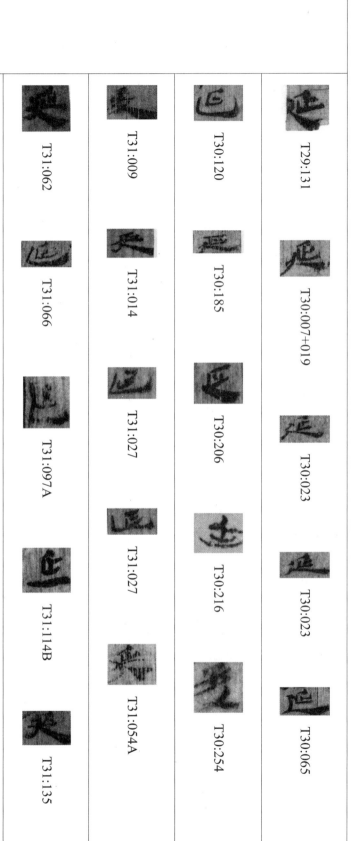

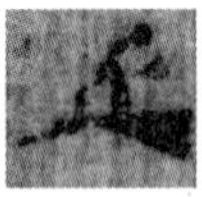
T31:155

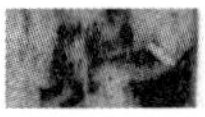
T32:075

T33:039

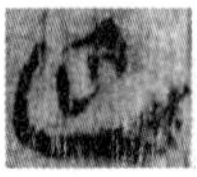
T33:040A

T33:041A

T33:044A

T33:048

T34:001A

T34:006A

T34:006B

T34:008

T35:008

T37:028A

T37:028B

T37:033

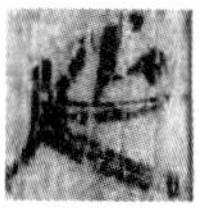
T37:059

T37:067

T37:089

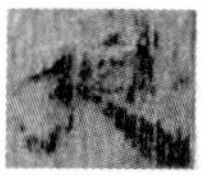
T37:091A

T37:097

T37:106

T37:151

T37:153

T37:161A

T37:162

T37:169A

T37:169B

T37:205

T37:226

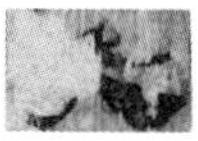
T37:227

T37:246A

T37:248

T37:260

T37:273

T37:276A

T37:276B

T37:284

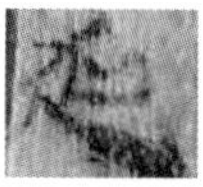
T37:303

T37:315

T37:345

T37:354

T37:384

T37:391

T37:393

T37:400A

T37:400A

T37:418

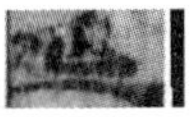
T37:419

T37:425

T37:446

T37:451

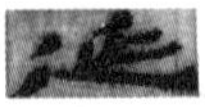
T37:465

T37:470

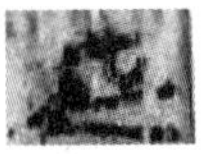
T37:500

T37:519A

T37:519A

T37:519A

T37:519B

T37:520A

T37:520A

T37:520B

T37:521

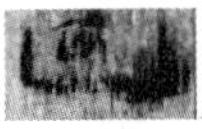
T37:521

T37:521

T37:521

T37:521

T37:522A

T37:522A

T37:522A

T37:522A

T37:522A

T37:522B

T37:524

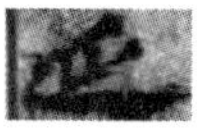
T37:524

T37:525

T37:527

T37:527

T37:527

T37:528

T37:528

T37:529

T37:531

T37:547

T37:548

T37:553

T37:637

T37:637

T37:640

T37:669

T37:671

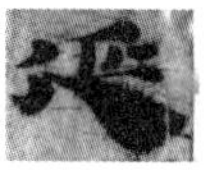
T37:674

T37:678

T37:693

T37:698

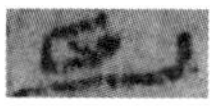
T37:701

T37:704

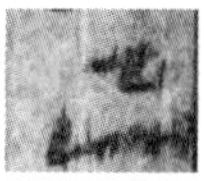
T37:706

T37:707A

T37:720

T37:738A

T37:748

T37:748

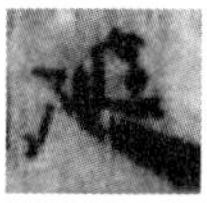
T37:749A

T37:753

T37:753

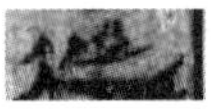
T37:757

T37:760

T37:765

T37:776A

T37:778

T37:778

T37:781A

T37:782

T37:782

T37:785

T37:814

T37:833A

T37:836B

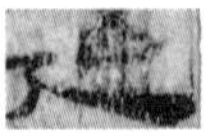
T37:837

T37:871

T37:885

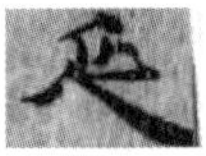
T37:913A

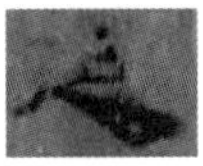
T37:913A

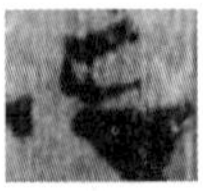
T37:937

T37:938

T37:961

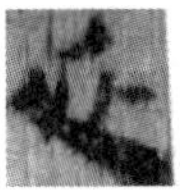
T37:968A

T37:975

T37:976

T37:993

T37:1013

T37:1020A

T37:1026

T37:1040

T37:1045

T37:1057A

T37:1058

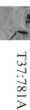

T37:1063

T37:1067A

T37:1070

T37:1070
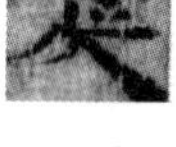
T37:1076A

T37:1094A

T37:1097A

T37:1101
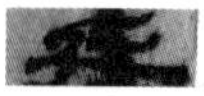
T37:1105
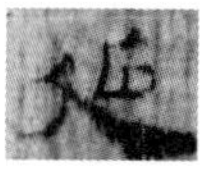
T37:1108

T37:1113

T37:1117

T37:1120

T37:1132

T37:1159

T37:1167A

T37:1185

T37:1202

T37:1221

T37:1283

T37:1310

T37:1325

T37:1369

T37:1375A

T37:1389

T37:1391

T37:1396A

T37:1400A

T37:1441A

T37:1441B

T37:1443

㢟部 延

T37:1450

T37:1450

T37:1451A

T37:1452

T37:1454

T37:1468A

T37:1491
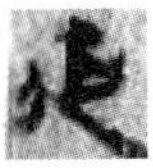
T37:1491
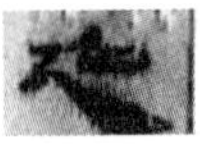
T37:1500

T37:1500

T37:1509

T37:1517

T37:1518

T37:1520

T37:1523

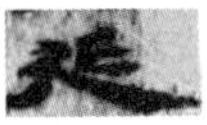
T37:1584
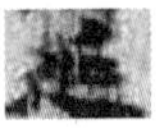
T37:1584

T37:1588

T37:1588

H01:004

H01:012B

H01:025

H01:051

H02:010

H02:012

H02:013

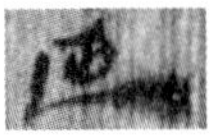
H02:014

F01:031

F01:082

F01:110

F01:118A

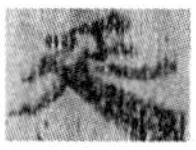
73EJF2:14

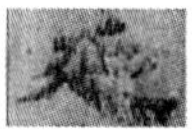
73EJF2:14

73EJF2:38

73EJF3:1

73EJF3:41A

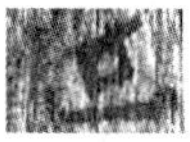
73EJF3:42

73EJF3:76+448A

73EJF3:76+448B

73EJF3:93

73EJF3:98

73EJF3:101

73EJF3:106

73EJF3:107

73EJF3:114+202+168

73EJF3:117A

73EJF3:118A

73EJF3:118B

73EJF3:120A

73EJF3:138

73EJF3:157

73EJF3:158

73EJF3:167

73EJF3:175+219+583+196+407

73EJF3:175+219+583+196+407

73EJF3:181

延部 延

73EJF3:184A

73EJF3:470+564+190+243

73EJF3:249

73EJF3:430B+263B

73EJF3:270

73EJF3:271

73EJF3:311

73EJF3:336+324

73EJF3:327

73EJF3:328A

73EJF3:371

73EJF3:377

73EJF3:400

73EJF3:400

73EJF3:441

73EJF3:449A

73EJF3:510A

73EJF3:519

73EJF3:553

73EJD:3

73EJD:19A

73EJD:33A

73EJD:34

73EJD:40A

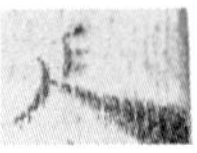
73EJD:41B

73EJD:44

73EJD:45

73EJD:48

73EJD:53

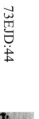

73EJD:60

73EJD:65

73EJD:73B

73EJD:85

73EJD:170

73EJD:202

73EJD:232

73EJD:307B

73EJD:357

72EJC:1

72EJC:7

72EJC:618+47

72EJC:121

72EJC:155A

72EJC:159A

72EJC:218

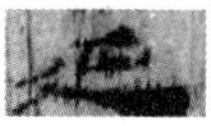
72EJC:236

72EJC:236

73EJC:292

73EJC:292

73EJC:311

73EJC:336

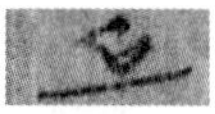
73EJC:336

73EJC:352

73EJC:366

73EJC:477

73EJC:526A

73EJC:529A

行

0253

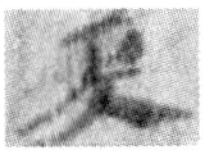
73EJC:529A

73EJC:534

73EJC:585

73EJC:594

73EJC:617

73EJC:632

72EDIC:3

72EBS7C:1A

72EBS7C:2A

T01:097

T02:097

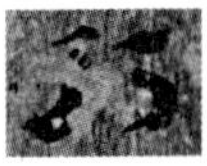
T03:011A

T03:070

T03:092

T04:025

T04:102

T04:139

T05:007

T05:072

T05:076

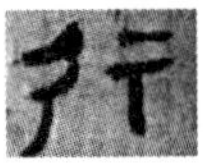
T06:038A

T06:198

T08:008

T08:008

T08:031

T09:104

T09:288

T10:002A

T10:059

T10:115A

T10:146A

T10:154A

T10:211

T10:213A

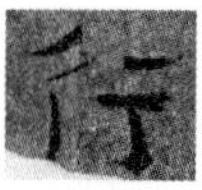
T10:319

T10:360

T14:014

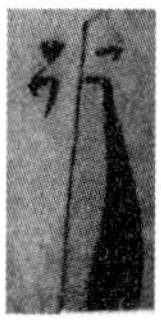
T14:033A

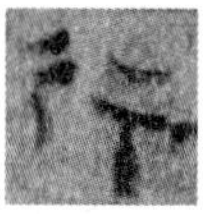
T21:001

T21:039

T21:042A

T21:042A

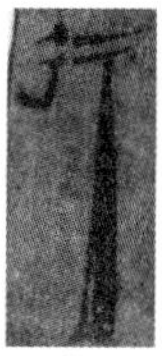
T21:042A

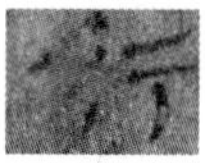
T21:043A

T21:043A

T21:043A

T21:047

T21:064

T21:068

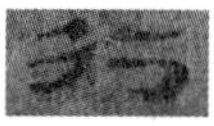
T21:103

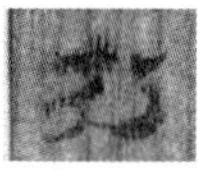
T21:106

T21:143

T21:355

T21:409

T21:409

T22:114

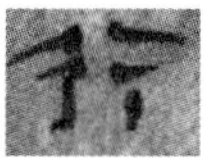
T22:122

T22:136

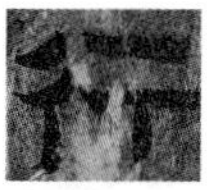
T23:067

T23:079A

T23:131

T23:219

T23:285

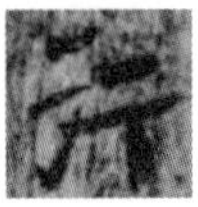
T23:291B

T23:301

T23:339

T23:359A

T23:362

T23:620

T23:717A

T23:743

T23:764

T23:789B

T23:824

T23:933

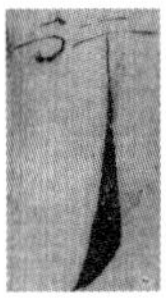
T23:946

T24:009A

T24:024A

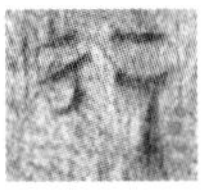
T24:025

T24:046

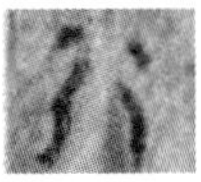
T24:081

T24:113A

T24:149

T24:188

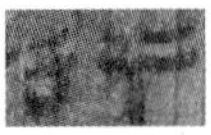
T24:247A

T24:269A

T24:417B

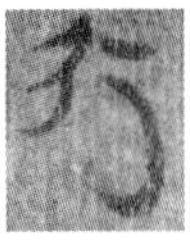
T24:533A

T24:739

T24:778

T24:816

T25:149B

T26:001A

T26:024

T26:083

T26:116

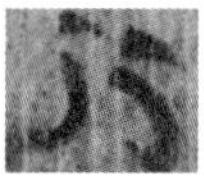
T26:179

T27:046

T27:050

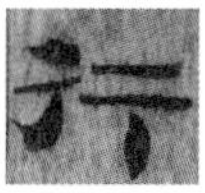
T27:060A

T28:020

T28:028

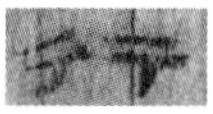
T28:038

T28:054

T29:029

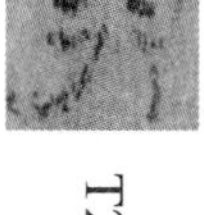
T29:078

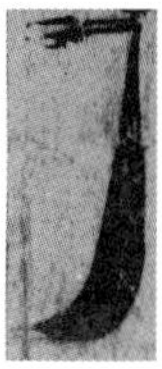
T29:123

T30:067

T30:163

T30:179

T30:188

T30:204

T30:204

T31:009

T31:140

T31:140

T31:140

T31:140

T31:140

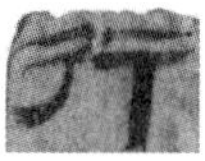
T31:141

T32:033

T32:033

T33:028

行部 行

T37:035

T37:346

T37:425

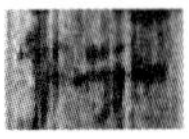
T37:492

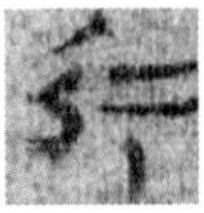
T37:523A

T37:531

T37:534

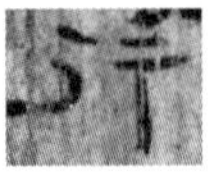
T37:535B

T37:573

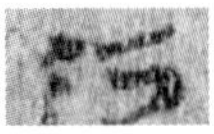
T37:628

T37:716A

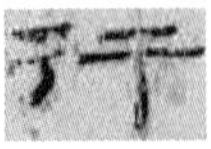
T37:718

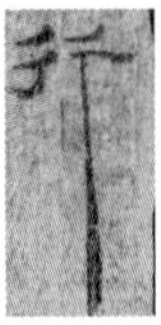
T37:726

T37:733

T37:763

T37:782

T37:795

T37:835A

T37:1013

T37:1052A

T37:1056

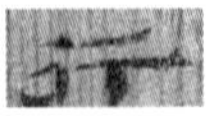
T37:1092

T37:1106

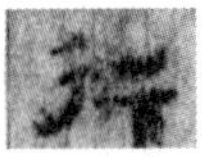
T37:1175

T37:1233A

T37:1247

T37:1432

T37:1439

T37:1441A

T37:1494

T37:1501

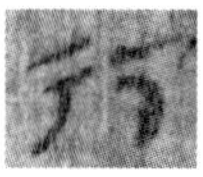
H01:013

H02:012

H02:047A

F01:004

F01:013

F01:015

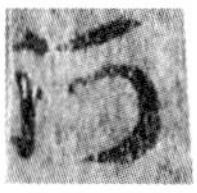
73EJF2:46A

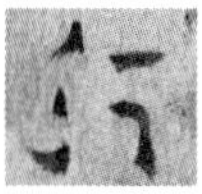
73EJF3:125A

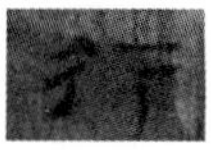
73EJF3:153

73EJF3:167

73EJF3:254

73EJF3:433+274

73EJF3:311

73EJF3:327

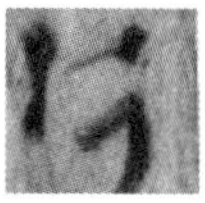
73EJF3:328B

73EJF3:328B

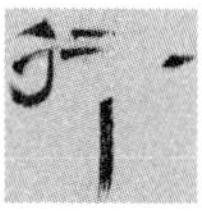
73EJF3:380

73EJF3:382B

73EJF3:427

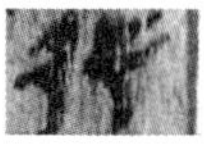
73EJF3:466

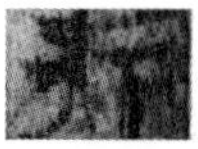
73EJF3:508

73EJF3:523

73EJF3:526

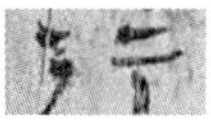
73EJF3:628

73EJD:42

73EJD:51

73EJD:107A

73EJD:255

73EJD:260A

73EJD:277

73EJD:279

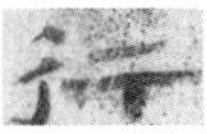
73EJD:316

73EJD:317A

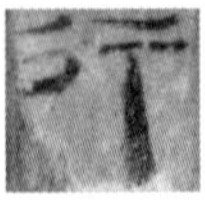
73EJD:319A

72EJC:255

72EJC:267A

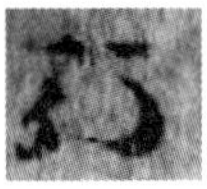
73EJC:444

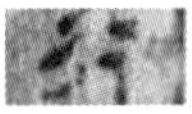
73EJC:474

73EJC:589

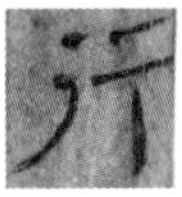
73EJC:595A

73EJC:600

73EJC:604

72ECC:13

72ECC:13

72ECC:35

72ECC:38

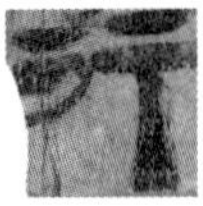
72ECC:55

72EBS7C:2A

術

0254

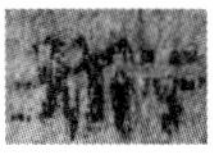
T23:879

T23:879

T23:969

T30:202

街

0255

T24:556

T28:026

衢

0256

T30:202

衙

0257

T37:1537A

T37:1538

T37:1546

衞

0258

T03:105

T15:002

T28:058

T37:1156

T37:1584

F01:012

73EJF2:6

73EJF3:402

齒

0259

T04:054

T04:151

T05:100

T06:059

T06:059

T07:017

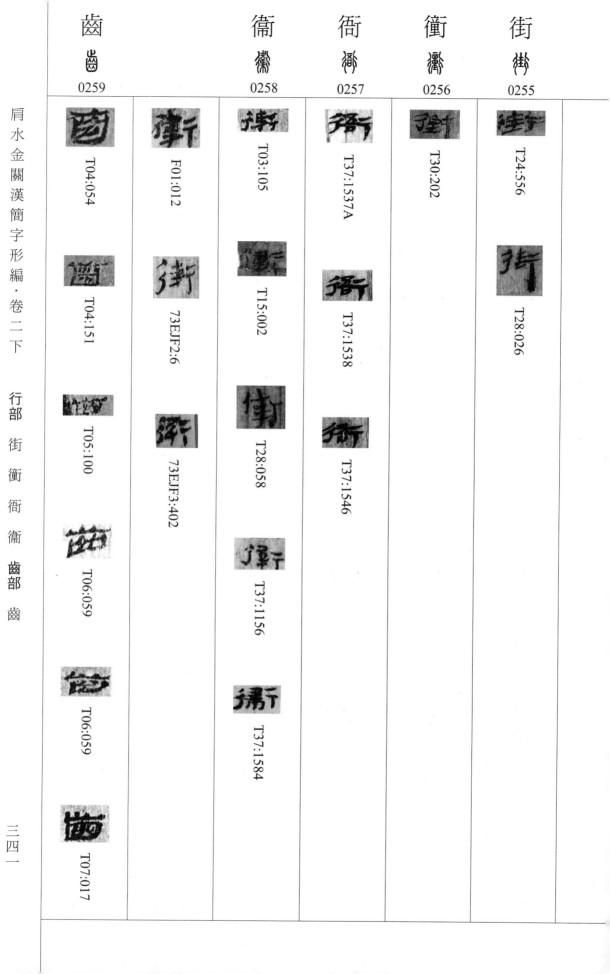

齒部 齒

T07:052

T08:063

T08:065

T08:068

T08:070

T09:043

T09:046

T09:095

T09:249

T10:110A

T10:126

T10:151

T10:173

T10:261

T10:262

T10:297

T10:380

T11:004

T14:013

T21:048

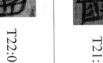

T21:209

T21:213

T21:216

T21:276

T21:426

T22:099

T23:257

T23:429

T23:673

T23:712

T23:897A

T23:905

T24:019

T24:195

T24:206

T24:212

T24:412

T24:412

T24:430

T25:102

T26:016

T26:035

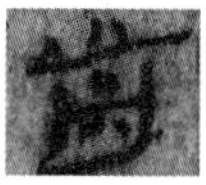
T26:036

T26:238

T30:020

T30:266

T31:150

T31:200

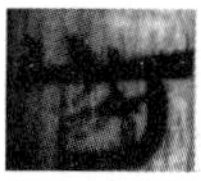
T33:059A

T35:004

T37:036

T37:365

T37:416

T37:456

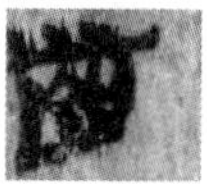
T37:618

T37:623

T37:712

T37:735

T37:779

T37:779

齒部

齒

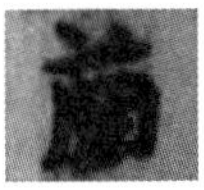
T37:785

T37:896

T37:927

T37:961

T37:963
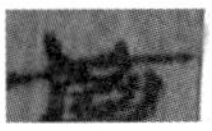
T37:999

T37:1015

T37:1042

T37:1193

T37:1405

T37:1443
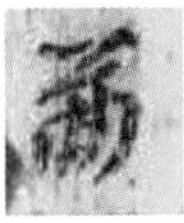
T37:1506

T37:1522

T37:1577

T37:1584

H02:009

H02:040

H02:041

F01:031

73EJF3:37

73EJF3:290+121

73EJF3:132

73EJF3:135

73EJF3:135

73EJF3:156
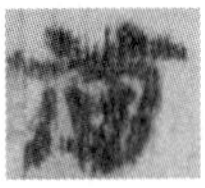
73EJF3:178A

73EJF3:189+421

73EJF3:256

73EJF3:344

73EJF3:347

73EJF3:372

73EJF3:372

73EJF3:481

73EJF3:570+547

73EJD:26A

73EJD:58A

73EJD:128

73EJD:198

73EJD:256

72EJC:285

73EJC:616

73EJC:650

72EDIC:21

齔

0260

T21:374A

H01:052

牙

0261

T24:822

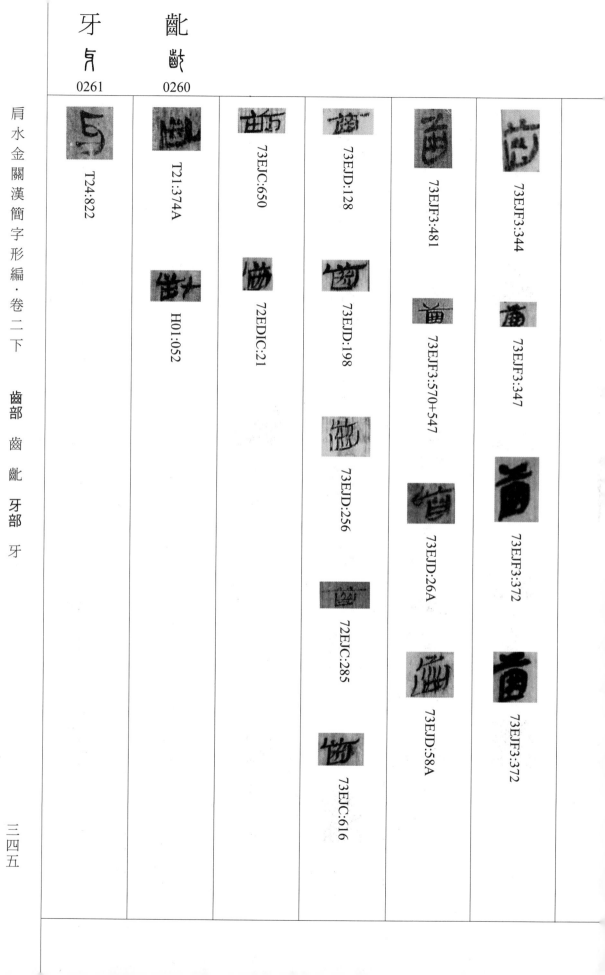

足

0262

T01:022A

T01:048

T01:090A

T01:230

T01:304

T02:055A

T04:067

T06:044B

T06:172

T06:176

T07:081

T09:218A

T10:124A

T10:220A

T10:332A

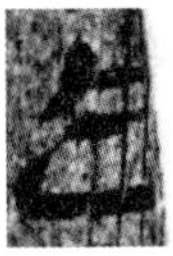
T10:343B

T15:001A

T21:312A

T23:207A

T23:239

T23:279A

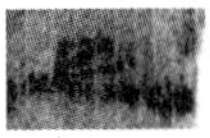
T23:554

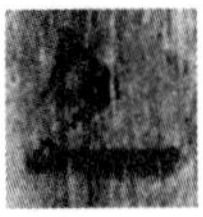
T23:894B

T24:015A

T24:772

T24:795

T24:973

T26:150

T26:174A

T29:114A

T30:028A

T30:028A

T30:097

T30:107

T30:169

T37:654A

H02:042

H02:047A

H02:048A

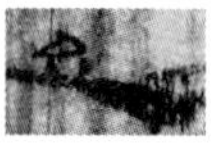
H02:056A

F01:002

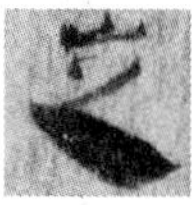
73EJF3:183A

73EJF3:604A

73EJT4H:5A

73EJD:28B

73EJD:124A

73EJD:266A

72EJC:165

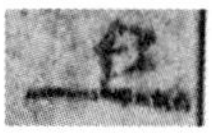
73EJC:451

72ECC:12A

踵

0263

73EJC:506

踶

0264

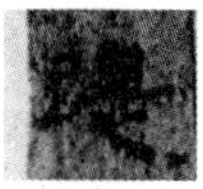
T23:280

0265 蹇 （篆：蹇）

T30:116A

0266 路 （篆：路）

T01:201

T02:042

T03:102

T15:009

T21:037

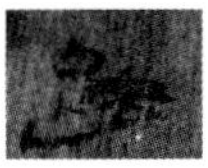

T29:019A

T30:219

72EJC:143

0267 跕

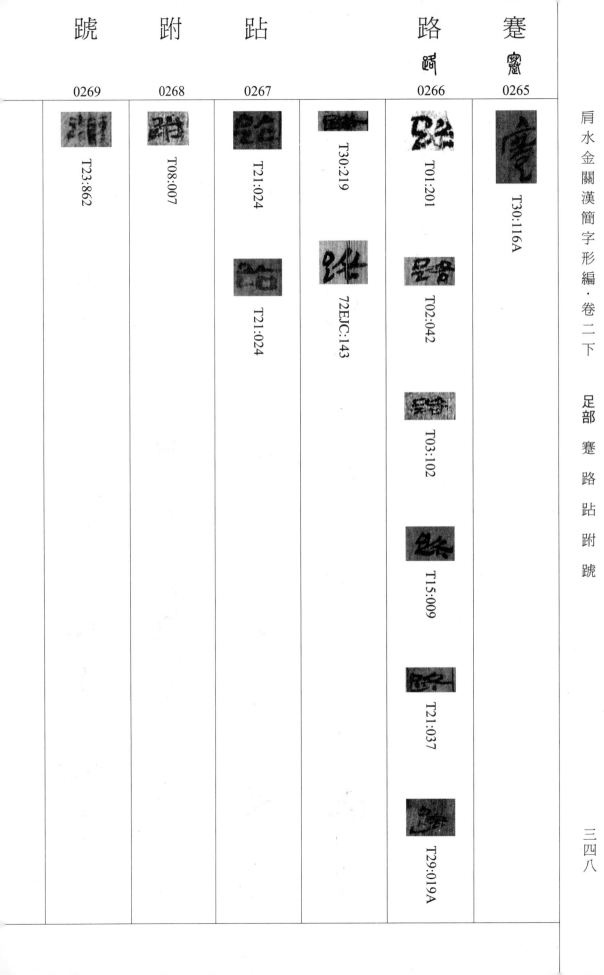

T21:024

T21:024

0268 跗

T08:007

0269 ⿰𧾷虎

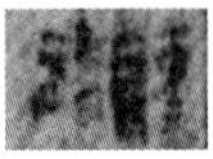

T23:862

品
品
0270

T21:103

T24:911

T37:1129

73EJF3:81+80

龠
龠
0271

T04:079

T27:099

T28:109

73EJF3:418

73EJF3:464

扁
扁
0272

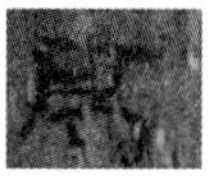
T21:114

T31:064

F01:013

F01:015

72EJC:119